다르마를 통해 본
마음챙김 명상

The Dharma of Modern Mindfulness

다르마를 통해 본

MBSR (마음챙김에 근거한 스트레스 완화) 프로그램의 핵심

마음챙김 명상

Beth Ann Mulligan 저 | 안희영 역

학지사

역자 서문

마음챙김 명상이나 마음챙김에 근거한 스트레스 완화(Mindfulness-Based Stress Reduction: MBSR) 프로그램을 깊이 있게 체험하려면 다르마(Dharma)를 이해하여야 한다. 이 책은 현대사회에서 널리 전수되고 있는 마음챙김 명상의 기반이 되는 붓다의 핵심적인 가르침 혹은 불교 다르마(Buddhist Dharma)로 알려진 MBSR의 사상적 뿌리에 대해서 다루고 있다.

저자인 베스 앤 멀리건(Beth Ann Mulligan)은 의사보조사이며 동시에 MBSR과 MSC 프로그램의 인증지도자 및 지도자 트레이너이다. 오랫동안 선 수행을 하면서 통합의학센터에서 강의하고 미국 전역에서 집중명상을 지도하기도 한다.

MBSR을 제대로 지도하려는 사람은 MBSR 지도자 과정을 이수하게 되는데 지도자 과정의 핵심내용은 다르마를 중심으로 한 불교사상적·

명상적 요소, 경험학습, 신경과학 및 심신의학적 요소, 집단과정으로 이루어져 있다. MBSR 지도자가 되기 위해서는 마음챙김 명상의 다르마적인 요소의 이해와 함께 끊임없는 자기수련을 해야 되기 때문에 꼭 필요한 과정이다. 그러나 MBSR에서 지도자는 다르마나 그에 관련한 언어를 사용하지 않는다. MBSR은 그런 언어 없이도 상식적이고, 보편적이며, 증거에 기반을 둔 방식을 통해 다르마의 핵심으로 참여자를 인도한다.

MBSR의 창안자 존 카밧진(Jon Kabat-Zinn) 박사는 다르마를 주류사회에 전하는 수많은 방편 중의 하나로 MBSR을 개발하였다. 다르마가 아닌 것은 MBSR이 아니라는 이야기가 된다. 카밧진 박사는 20대 초반에 불교명상 수행에서 만난 자신의 경험을 살려 다양한 수행전통을 거치면서 다르마의 핵심을 서양의 과학적인 전통인 의학과 접목하여 스트레스, 질병, 고통에 시달리는 현대인을 위해 병원이라는 주류사회 속으로 끌어들였다. 2천5백 년이 넘는 동안 고대사회로부터 면면히 흘러온 위대한 다르마 전통이 현대사회라는 새로운 강물과 만난 지 40여 년이 되었다. 미국의 시사 주간지 『Times』 등에 '마음챙김 혁명'이라는 특집기사가 날 정도로 현대의 서구사회, 즉 학교, 병원, 기업 등의 주류사회에서 마음챙김 명상은 매우 큰 인기를 얻고 있다. 그러나 이러한 두 전통의 합류가 어떤 결과를 초래할지 아직 아무도 모른다. 다르마의 심오한 펼쳐짐은 분명하면서도 동시에 우리가 알 수 없는 영역과도 맞닿아 있는 것으로 보인다.

문제는 다르마를 이해하는 것이 그렇게 쉽지만은 않다는 데 있다. 이 책의 저자는 MBSR 프로그램을 중심으로 그 주제를 다루는 용감한 일을 시작하였다. 그리고 자기 나름의 방식으로 어느 정도 그 목적을 달성한 듯이 보인다. 저자의 용기와 성공에 지지와 축하의 말을 전하고 싶다. 이 책의 번역을 결정한 후 MSC 지도자 과정에 참가했다가 공동지도자의 한 명으로 한국에 온 저자와의 만남이 있었다. 서문을 쓴 멜리사 블랙커(Melissa Blacker) 선사와는 20년쯤 전부터 MBSR 교육 장면에서 여러 번 만남의 기회가 있었다. 두 분의 진솔하고 명료한 언행 속에서 참선수행의 기운을 느낀 적이 있다. 저자가 수행을 통해 이해한 다르마를 자신의 MBSR 수업 경험 속에서 구현해 나가는 모습은 인상적이다.

마지막으로 카밧진 박사가 불교라는 종교적 맥락에서 다르마를 강조한 것이 아니라 깨어 있음, 연민 그리고 지혜라는 인류 보편의 내재된 특질을 발현하고자 하는 열망에서 다르마를 중시하고 있다는 것을 기억할 필요가 있다. 다르마 수행, 마음챙김 수련을 하기 위해 불교도가 될 필요는 없다. 다르마는 누군가의 전유물이 아니며 바른 삶을 원하는 누구에게나 열려 있고 그것을 이해하고 체현하는 모두에게 유익한 세상을 유지하고 발현하는 법칙이자 삶이기 때문이다. 다르마의 힘과 기쁨, 그 유익함이 세상 모든 이에게 펼쳐지고 있음에 무한한 감사를 느낀다. 다르마의 구현 속에서 살아 있는 모든 존재가 상처에서 치유되고 고통에서 자유롭기를…….

이 책이 나오기까지 고생하신 모든 분에게 감사드린다. 특히 초고 번역에 도움을 준 김정화 박사원생, 좋은 책의 번역을 흔쾌히 승낙해 주시는 학지사의 김진환 사장님 그리고 편집부 박수민 편집자님과 직원 일동에게 깊은 감사의 마음을 전한다.

2020년 1월

안희영

추천사

베스 앤 멀리건(Beth Ann Mulligan)은 세 가지 역할을 하며 살고 있다. 전문 의료인으로서 육체적 통증으로 스트레스를 받고 있는 사람들에게 치료자이자 동반자 역할을 하고 있다. 선 수행자로서 탄생과 고통과 죽음이 있는 이 신비한 삶의 한가운데 숨어 있는 빛나는 진리를 발견하기 위해 헌신을 다하고 있다. 그리고 MBSR 프로그램 지도자로서 평범한 사람들에게 육체적·정신적·정서적 고통과 새로운 관계를 맺도록 가르치고 있다.

이 책에서 베스는 자신의 세 가지 역할이 어떻게 상호 연결되는지 보여 줄 방법을 찾아낸다. 그녀는 산과 사막에서 살면서 그리고 일이 많은 의료 클리닉에서 의사보조사로 일하는 내내, 8주간의 MBSR 프로그램을 가르치면서 이야기와 가르침을 통해 우리 모두에게 자신의 진심을 보여 준다. 다른 모든 MBSR 지도자와 마찬가지로 그녀는 참가자들을 지도할 때 불교의 가르침과 용어를 드러나게 사용하지 않는다. 그러나 이 책을 보면, 우리는 그녀의 마음을 알 수 있고 MBSR의 주요 기반 중 하나인 불교의 고전적 가르침을 이해할 수 있다.

나는 1992년에 존 카밧진(Jon Kabat-Zinn)을 처음 만났다. 당시 나는 젊은 엄마이자 아내였으며 심리치료사였고 선(Zen)에 관해 배우고 있었다. 나는 그때까지 내 삶에서 이렇게 여러 가지 역할을 통합할 수 있는 방법을 찾을 수가 없었다. 나는 매사추세츠주 우스터에 있는 매사추세츠 대학교의 스트레스 완화 클리닉에서 존의 MBSR 수업에 앉아 눈물을 흘리고 있었다. 그는 다양한 문제를 해결하기 위해 수업에 참가한 모든 사람의 마음을 어루만지는 방법을 알고 있었다. MBSR 수업을 가르치면서, 클리닉에서 해결할 수 있는 방법을 찾아서 다행이었다.

마음챙김센터(Center for Mindfulness: CFM)에서 존의 후임자인 사키 산토렐리(Saki Santorelli) 총책임자 밑에서, 나는 마침내 클리닉 센터의 부책임자(assistant director)가 되어 MBSR을 가르치기 위해 프로그램을 배우는 사람들을 지도하는 전문 교육 프로그램의 책임자가 되었다.

베스가 이런 지도자 교육을 받으러 센터에 왔을 때 나는 바로 그녀가 수련이 깊고, 모든 것을 배움으로 전환하는 능력을 가졌으며, 가식적이지 않고 사랑스러운 사람이라는 것을 알았다. 베스는 그녀가 평범한 사람이 아닌 것처럼 뽐내거나 행동하지 않았다. 이러한 특징은 그녀의 책에서 생생하게 드러난다.

20년이라는 놀라운 세월이 지난 후, 나는 선 수행과 가르침에 집중하기 위해 대학을 떠났다. 그러나 존, 사키 그리고 센터의 많은 멘토와 친구로부터 배운 것은 내가 선을 가르치는 방법에 큰 영향을 미쳤다. 그것은 사람들을 있는 모습 그대로 깊이 존경하고, 전문 용어나 외국어에 의

존하지 않고 선과 불교의 가르침을 전달하는 데 평범한 언어를 사용하는 것이다.

MBSR 수업에서 붓다의 말씀과 가르침인 불교가 언급되지 않는다는 것을 반복하는 것이 중요하다고 느낀다. 그러나 MBSR 지도자들이 이러한 고전적인 가르침을 아는 것은 매우 중요하다. 베스가 말했듯이, 존 카밧진은 마음챙김을 발명하지 않았다. 아무도 발명하지 않았다. 매 순간에 존재할 수 있는 능력은 처음부터 모든 사람이 가지고 있는 것이다. 붓다는 이 깨어 있는 방식으로 사는 것이 어떤 것인지를 발견한 사람이다. 존은 이 고대의 가르침과 현대의 심리학, 신경과학, 스트레스 생리학 및 의학을 평범하고 명쾌한 언어로 결합하여 프로그램으로 만든 사람이다. 이제 베스는 이 책을 우리에게 선물로 주었고, 그래서 독자들은 이 가르침을 직접 경험할 수 있다. 즐기기를!

멜리사 마이오젠 블랙커, 선사,
선원장과 지도자,
바운들리스 웨이 선

Melissa Myozen Blacker, Roshi
Abbot and Guiding Teacher,
Boundless Way Zen

이 책의 추천사를 쓴 멜리사 마이오젠 블랙커(Melissa Myozen Blacker)는 존 카밧진(Jon Kabat-Zinn) 박사가 설립한 메사추세츠 의과대학 소속의 마음챙김센터에 1993년 합류해서 MBSR 지도자 팀에서 스트레스 완화 클리닉의 부책임자 및 MBSR 지도자 프로그램의 책임자로서 활동했다. 그녀는 마음챙김 명상을 개인적으로 지도하며 집단워크숍과 수업 침묵집중명상도 지도하고 있다.

많은 개울, 하나의 강

다양한 연령대와 문화적 배경을 가진 사람들이 병원 회의실에서 원을 이루어 함께 앉아 있다. 한 명은 휠체어에, 몇몇 사람은 의자에, 다른 사람들은 바닥에 방석을 놓고 앉아 있다. 그들은 매우 고요하고 조용하다. 그들은 마치 하나의 유기체처럼 함께 호흡하는 것처럼 보인다. 무엇을 하는 걸까? 아무것도 안 하는 걸까? 누군가가 지도를 하고 있거나 가르치고 있는가? 이에 대해 말하기 어렵다. 밖에서 사이렌이 울려도 아무도 움직이지 않는다. 몇 분 후 '메디박' 헬리콥터의 독특한 리듬 소리가 머리 위로 들린다

누군가가 곧 응급실로 실려 가 사람들이 긴급하게 집중하며 둘러쌀 것이다. 몇 시간 전만 해도 나는 중환자실에 있는 환자를 보러 병원 복

도를 달려가느라 바쁜 사람 중 한 명이었다. 이 원 안에서 침묵을 하며 우리가 선한 의지를 발산하고 있다는 것을 알 수는 없겠지만 우리는 자신과 상대방, 병원 사람들, 친구와 가족 그리고 모든 살아 있는 존재가 잘되기를 바란다.

30분 후 나는 종을 친다. 눈을 뜨고, 팔을 뻗어 들이 올린다. 사람들은 방을 둘러보고 서로 눈이 마주치면 미소를 짓는다. 8주간의 MBSR 프로그램의 마지막 순간이다. 이 30명의 사람은 함께 여행을 떠났고, 심지어 모험도 했다. 이 사람들은 무언가 함께 겪었다. 분명하다. 방금 전만 해도 감사의 말이 많이 들렸고, 변화에 관한 이야기도 들렸다. 이제 우리는 몇 분 동안 말없이 앉아서 서로에게 조용히 감사를 표하면서, 우리의 여정을 인정하며 앉아 있다.

이 8주짜리 프로그램을 시작했을 때, 당신은 내가 지도자라는 것을 즉시 알았을 것이다. 출석부를 가지고 가서 참가자들이 들어올 때 확인을 했다. 나는 그들을 환영하고 수업 자료를 건네주었다. 나는 사람들과 시작 명상(opening meditation)을 하고 나서 꽤 많이 이야기를 했다. 나는 참가자들에게 MBSR 프로그램을 설명했다(곧 독자들에게도 그럴 것이다). 그러나 8주 동안 시간이 갈수록 나는 점점 더 말을 적게 할 것이고, 가르침은 이 원 안에서 언제 어디서든 나올 것이다. 이것이 MBSR의 본질적 형태이다. 이는 프로그램의 창시자인 존 카밧진이 '안에서 밖으로(inside-out)' 또는 경험적 학습이라고 부르는 것이다. 이 학습 방식은 불교의 가르침을 공유하는 곳에서도 볼 수 있다. 우리가 명상이라고 부르는 이 고요함과 침묵을 함께 수련할 때 모든 사람은 자신과 서로의 스승이 된다. 비록 내가 지도자이긴 하지만, 나 또한 고통으로부터의 해방이 가능하다는 것과 우리 모두가 현명하고 온전하다는 것을 참가자들로부터 반복적으로 배우고 있다.

이 책의 아이디어가 떠오르자 나는 이 책을 쓰는 방법을 즉시 알았다. 여러분을 내가 하는 MBSR 수업 중 하나와 의료 행위를 하는 클리닉과, 불교 명상을 공부하고 가르치는 다르마 센터로 초대하고, 참가자들이 MBSR 수업에서 다르마에 관해 그들이 이해한 것에 대해 이야기하도록 하겠다. 여기서 다르마는 현실의 본질에 대한 붓다의 영원한 가르침으로 정의한다.

참가자이자 지도자인 린다

10년 전 린다(Linda)는 한쪽 팔은 팔걸이에 얹고 다른 손으로 조종할 수 있는 특별한 보행기를 사용하여 앞에서 언급한 바로 그 회의실로 들어왔다. 보행기 앞쪽에는 주머니가 있었는데 거기에는 밝은색 눈의 도우미견, 키키라는 작고 하얀 푸들이 앉아 있었다. 키키는 내 눈을 똑바로 쳐다보면서, 마치 "우리 주인에게 뭘 하려고 하죠?"라고 말하는 것처럼 보였다. 린다는 불안한 표정으로 앉을 곳을 찾아 주위를 둘러보고 눈을 내리깔았다. 나는 그녀에게 다가가 인사를 하고 그녀가 자리를 잡도록 도왔다. "이 스트레스 완화 프로그램에 오는 것이 정말 스트레스에요. 하긴 모든 것이 스트레스지요."

"그래요. 알아요, 린다. 여기 오려고 노력해 줘서 고마워요." 내가 말했다.

나는 지역 사회 사람들이 MBSR에 대해 배우기 위해 오는 오리엔테이션에서 린다를 만났다. 내가 아는 것은 그녀가 최근 시애틀에서 캘리

포니아 남부 사막으로 이사를 했다는 것이다. 시애틀에서는 기술자였고, 회사에서 높은 직책의 엔지니어였다. 작년에 그녀는 쉽게 진단하거나 치료가 안 되는 복잡한 신경질환에 걸렸다. 그녀는 발작과 만성통증 그리고 잦은 낙상으로 고통받았다. 그녀는 자신을 돌볼 수가 없었다.

지난주에 만났을 때 그녀는 내게 말했다. "나는 거의 모든 것을 잃어버렸어요. 나의 경력, 사회적 활동으로서의 일, 파트너, 내게는 종교와도 같았던 테니스까지 다 잃었어요. 육체적으로나 감정적으로나 너무 힘들어요. 메이요 클리닉에서 임상실험을 받고 있지만, 이 수업은 가능한 한 많이 듣고 싶어요. 이게 내 최후의 수단이에요. 도움이 될까요?"

"이건 다음 8주 동안 우리가 함께 살펴보아야 할 중요한 질문인 것 같아요." 내가 대답했다. "보장은 못하겠지만, 이 프로그램이 당신처럼 아주 어려운 상황에 있는 사람들을 돕고 삶을 많이 변화시키는 것을 보았어요. 시도해 볼 가치가 있다고 생각해요." 나는 잠시 말을 멈추고 그녀의 눈을 들여다보았다. "당신은 용기와 결단력이 꽤 있어 보여요." 그녀는 잠시 동안 눈에 띄게 밝아졌다. 마치 자신이 장애보다 더 많은 것이 있다는 것을 잊은 것 같았다.

당신이 이 책을 집어 들었다면, 당신은 MBSR이 무엇이고 린다가 막 무엇을 시작하려고 했는지에 대해 어느 정도 알 수 있을 것이다. 그렇지 않다면 나와 함께하면 된다. 나는 그것에 대해 말할 뿐만 아니라 함께 수업을 할 것이다! 당신은 린다와 똑같은 병이나 상실을 겪은 것은 아니겠지만, 어떤 형태로든 고통과 슬픔을 겪었을 것이다. 어쩌면 당신의 고통은 자녀나 배우자를 잃는 엄청난 상실일 수도 있고, 큰 재정적 변화, 압도적인 업무량 또는 지구 자체의 재앙에서 온 것일지도 모른다. 당신 또한 인간이라는 이유만으로 고통을 겪고 답을 찾아봤을 것이라고 생각한다.

수업 8주 동안 린다는 병에 걸리기 전에 성공했던 여러 분야에서 했던 것처럼 똑같이 부지런했다. 그녀는 명상수련에서 큰 평화를 발견하고 그녀를 둘러싼 상황을 전과는 다르게 대하기 시작했다. 3회기 때 그녀는 이렇게 말했다. "이번 주에는 기분이 안 좋을 때 '오늘은 안 좋은 날이야.'라고 말하는 대신 '이건 안 좋은 순간이야.'라고 말하고 나중에는 '오늘은 다른 날이야.'라고 말하는 나 자신을 발견했어요. 사실, 나는 점차적으로 '나쁜' 또는 '힘든'이라는 단어를 '다른' 것으로 바꾸고 있어요. 그렇게 하면 느끼는 것도 다르게 되죠."

8회기가 끝날 무렵, 외적인 것은 그리 변하지 않았다. 린다는 아직 진단 검사를 받고 있었다. 그녀는 직장도, 파트너도, 테니스도 돌려받지 못했다. 통증이 조금 줄어들고 발작 빈도가 줄었지만, 그 이상의 것이 있었다. 내면의 뭔가가 변한 것이다. 그녀는 그 어느 때보다 평화롭게 지내고 있었다. "8주 전에는 불가능하다고 생각했는데 지금은 괜찮은 삶을 살고 있어요." 린다가 상황을 대하는 태도는 명상수련에 기초한 이 프로그램에 참여함으로써 극적으로 변했다. 프로그램이 끝나고 나는 그녀로부터 1년에 두 번 꽃이 피는 아름다운 난초를 받았고, 그것을 볼 때마다 '아, 린다가 꽃을 피우고 있구나.'라는 생각이 든다. 우리는 지금까지 계속 연락을 하기 때문에 그녀가 그렇다는 것을 안다.

존 카밧진과 MBSR의 세계로 들어가다

몇 년 전만 해도 나는 린다와 같은 환자들에게 일시적으로 증상을 완화시키고 친절한 말을 하는 것 외에는 아무것도 제공하지 않았고, 내 동료들도 건강관리에 참여하지 않았다. 우리는 병을 치료하거나 고치지 않으면 그녀가 평화롭게 살 수 있는 무언가를 처방할 수 없었다. 1979년 분자생물학자이자 오랜 시간 불교 전통 명상과 요가를 해 온 존 카밧진은 다른 가능성을 줄 수 있는 상당히 다른 것을 만들어 냈다.

그는 매일 명상수련을 하면서 놀라운 가치를 발견했다. 그는 또한 일이 많은 의료 센터에서 일했다. 그곳에서 의사들과 이야기하면서, 그는 그들이 단지 환자의 약 20% 정도만 치료한다고 느낀다는 것을 알고 놀랐다. "다른 사람들은 어떻습니까?" 그가 물었다. 그들은 "글쎄요, 일부는 저절로 나아지고, 나머지는 우리가 정말로 그들에게 별로 도움이 되지 않는 만성적으로 불확실한 상태에 빠져 있습니다."라고 말했다.

카밧진은 명상과 요가가 건강관리 시스템에서 다루지 못하는 치료하기 어려운 만성 질환을 가진 환자들에게 도움이 될 수 있다는 것을 깨달았다. 이 환자들은 불교를 가르치는 곳이나 요가 수업에 갈 가능성이 거의 없었다. 하지만 그들은 의사를 포함한 지구상의 그 누구도 아닌 자신들을 위해 치료를 대체하는 것이 아니라 치료에 필수적인 요소로서 명상 배우기를 도전해 볼 수 있었다. 이 아이디어는 의료 센터의 심장부에서 마음챙김 함양을 기반으로 명상 훈련을 하도록 하는 것이었다. 이것은 상당히 엄격할 수도 있지만, 신념이나 교리, 종교로 다가가지 않고 고대부터 오랜 시간 검증된 수련으로 단순히 고통이 완화되기를 희망하며 그룹 형식으로 진행하는 것이다.

카밧진은 지혜롭게 빨리어(붓다 시대 언어) 단어 두카(dukkha)를 선택하여 '고통'으로 번역한 뒤, 다소 완화시켜서 '스트레스'로 번역했다. 그는 계속해서 대부분의 현대 사람이 다소 쉽게 공감할 수 있는 개념인

'스트레스를 완화하기' 위한 프로그램을 만들었다. 이것으로 그는 가능한 한 광범위하게 지지를 받을 수 있었다.

카밧진은 이 프로그램을 8주간의 커리큘럼으로 개발하여 Mindfulness-Based Stress Reduction이라고 명명했다.

이 프로그램에는 명상수련에 대한 집중적인 훈련, 요가를 기반으로 한 마음챙김 운동, 스트레스 생리학의 교육적인 요소, 스트레스를 받는 상황에 대한 창의적인 대응, 의사소통, 관계 및 건강한 선택을 포함하여 삶의 많은 영역에 대한 알아차림이 포함되어 있다.

이 프로그램에 대한 소식은 1990년에 처음 출판된 존 카밧진의 베스트셀러인 『마음챙김 명상과 자기치유(Full Catastrophe Living)』와 1993년에 처음 방영된 PBS 특별편인 〈치유와 마음(Healing and Mind)〉을 통해 퍼졌다. 빌 모이어스(Bill Moyers)와 UMASS 메디컬 센터의 환자들이 8주 동안 진행한 이 다큐멘터리는 나를 포함하여 수백만 명의 사람에게 MBSR을 알렸다. 설립 이래 수십 년 동안 이루어진 증거기반 연구에 따르면, MBSR은 사람들을 도울 뿐 아니라 많은 측정 가능한 이점이 있다는 것을 보여 주며, 단지 몇 가지 알려진 이점만 언급해도 만성 통증과 우울증과 불안의 완화, 면역 기능의 향상 등이 있다.

건강 전문가를 위한 전문 교육이 UMASS CFM을 통해 가능해졌고, 더 많은 MBSR 지도자가 배출되어 사회 각계각층의 사람이 MBSR을 배울 수 있게 되었다. MBSR은 수많은 언어로 많은 국가와 다양한 문화에서 배울 수 있다. 바로 지금 이 순간에도 누군가는 도움을 받고 있다. 당신이 이런 사람 중 한 명일지도 모른다.

MBSR과 다르마로 들어가는 문

　MBSR 프로그램이 끝나고 2주 후, 린다는 내게 전화를 걸어서 자신에게 많이 도움이 된 수련의 기원에 대해 더 알고 싶다고 말했다. 그녀가 붓다의 가르침을 탐구하도록 내가 도울 수 있을까? 내가 자주 받는 요청은 아니다. 대부분의 사람은 평생 동안 지속적인 수련을 통해서 그들에게 충분히 도움이 되는 MBSR 프로그램을 고수하는 데 만족한다. 그러나 일부 사람은 이 현대 프로그램의 기반인 고대 지혜 전통 중 하나인 붓다의 가르침에 대한 호기심을 가진다. 그럴 때 나는 린다에게 그랬듯이 그 생각을 지지하며 내가 가르치고 있는 팜스프링스(Palm Springs)의 인사이트 부디스트센터(Insight Buddhist Center)에서 수련을 하도록 권한다. 나는 또한 린다에게 책을 몇 권 추천했고, 그녀는 스스로 일대일로 지도해 주는 불교 비구니를 지도자로 찾았다.

　그녀는 선원에 정기적으로 오게 되었고 심지어 특별한 행사에 자원하기도 했다. 이 책에 대한 아이디어가 떠오르자, 린다가 이야기해 보기에 적합한 사람일 거라고 생각했다. 나는 MBSR의 불교적 토대의 가치와 다르마가 내게 준 것에 대해 나만의 감각을 가지고 있지만, 이러한 고대의 가르침이 더 많은 청중에게 어떤 의미인지, 그들의 고통을 다른 방식으로 어떻게 변화시킬 수 있는지에 대한 느낌을 알고 싶었다.

　그래서 나는 그녀에게 물었다. "붓다의 가르침을 탐구하는 것이 당신의 수련이나 삶에 어떤 영향을 미쳤나요?"

　"고통을 더 큰 그릇에 넣게 되었어요."라고 그녀는 간결하게 말했다. 무슨 뜻인지 알 것 같았지만, 좀 더 얘기해 달라고 부탁했다.

　"소금에 대한 이야기를 아세요?"

"말해 주세요." 내가 말했다.

"수년간의 수행에도 불구하고 끔찍한 고통을 겪은 붓다의 제자가 있었어요. 어느 날 여러 가지 많은 것을 시도한 후, 붓다는 물 한 잔에 소금 한 숟가락을 넣어 마시라고 말씀하셨어요. '맛이 어떠하냐?' 붓다가 물었어요. '매우 짭니다.' 제자가 말했어요. '자, 이 커다란 주전자에 소금을 넣어라. 이제 맛이 어떠하냐?' '그렇게 짜지 않습니다.' 제자가 말했어요. '그리고 이제 소금을 개울에 넣고 개울물을 마셔 보아라.' 제자는 지시대로 했고, 고통은 완화되었고, 그는 자유를 얻었어요. 붓다의 길을 계속 가는 나와 내 상태가 이것과 같아요. 나에게 개울은 나의 온전성과 인류 전체를 보는 것이에요."

"고마워요." 내가 말했다. "도움이 많이 되네요. 다른 건 없나요?"

"아주 많이 있어요. 물어본 걸 후회할지도 몰라요! 그 가르침은 내 고통에 대한 것뿐만 아니라 내가 누구라고 생각하는지에 대해 더 많은 공간을 주었어요. 나는 내 가치가 학위와 직장, 집, 파트너, 탄탄한 몸, 항상 강한 것이라고 생각했어요. 그 모든 것을 잃었을 때, 처음에는 내가 누구인지 몰랐어요. 내가 아무것도 아닌 것처럼 느껴졌어요. 하지만 시간이 지남에 따라 내가 그 이상이라는 것을 알게 되었어요. 그리고 나는 그런 것들이나 내 병으로 한정되지 않았어요. 어떻게 된 일인지 아세요?"

"말해 주세요."

"수업이 있었던 첫날 저녁에 날 봤잖아요. 내가 거기에 있기로 용감하게 결심했다고 하셨죠. 내가 있는 곳에서 문이 열리는 것 같았어요. 그래서 내 병에 문이 닫히고요. 나 자신을 볼 수 없을 때는 나는 당신과 다른 선생님들과 함께 이런 경험을 여러 번 해 왔어요. 당신은 내가 할 수 있을 때까지 지켜보았어요. 또 윤리와 자애에 대한 가르침으로 마음과 연결해 준 것에 감사해요. 솔직히 말해서, 베스, 내가 아프기 전에도 그런 것들이 내 인생에서 사라져 버렸어요. 나는 성공하려고 애쓰느라 끊임없이 바쁜 생활을 하며 나의 가장 핵심적인 가치관과 돌볼 능력에 대한 연결고리를 잃어버렸어요. 나는 불교도는 아니지만, 그 가르침을 사랑하고 그 길에 감사해요. 나는 MBSR과 붓다의 가르침은 하나의 강으로 이어지는 많은 개울 중 두 곳이라고 하겠어요."

린다와 함께 차를 마시면서 시간을 보내고, 나는 이 책을 쓰기 위해 내가 알아야 할 것을 정확히 알게 되었다. 나 자신과 마찬가지로 많은 사람은 '다르마의 문'을 통해 MBSR로 입문했다. 즉, 우리는 현대의 이 프로그램의 풍부함에 대해 알기 훨씬 전에 불교 수행자였다. 우리가 MBSR을 발견했을 때 그것은 '다르마의 문'을 통해 오기를 원하지 않거나 할 수 없는 사람들에게 안도감을 주는 잘 만들어진 수단처럼 보였다. 그리고 또 다른 면은 내가 불교를 믿는 의사들에게 MBSR을 가르칠 때이다. 그들은 이렇게 말한다. "나는 내 몸과의 연결을 통해 많은 것을 배웠습니다. 나는 전에 본 적이 없는 방식으로 일상생활에서 수행을 적용하는 법을 배웠습니다."

나는 1995년 빌 모이어스의 PBS 다큐멘터리 〈치유와 마음〉을 보고 MBSR로 들어가는 문을 발견했다. 당시 나는 1982년에 듀크 P.A. 프로그램을 졸업한 후 위원회 인증을 받은 의사보조사로 의료실습을 하고 있었다.

또한 10대 때부터 고통을 해결하기 위해 명상과 요가를 수련해 왔다. 나는 복잡한 알코올 중독자 가정에서 자라면서 거기에 동반되는 폭력과 방치로 고통을 심하게 겪었는데, 특히 나 자신이 쓸모없다는 생각과 외롭다는 느낌을 받았다. 나는 절실하게 평화와 유대감을 찾고 있었다.

친구의 제안을 통해 나는 틱낫한(Thich Nhat Hanh)의 가르침을 알게 되었다. 나는 그와 함께 첫 번째 명상수행을 했고, 일주일 동안 그와 스님들과 그리고 수백 명의 성실한 수행자와 침묵 속에서 내 마음을 사로잡는 자유를 맛보았으며, 내가 실제로 괜찮을지도 모른다는 가능성을 엿볼 수 있었다. 이것은 나를 붓다의 길로 인도했고, 바로 이날까지 계속 이어졌다. 수년간 명상과 요가 수행 그리고 전문적인 의료 행위를 나란히 함께해 왔다. 이제 이것들을 통합할 수 있을 것 같다.

내가 맡은 환자들과 비슷한 사람들이 다큐멘터리에서, 익숙한 의료 센터에서 '내부로부터의 치유'를 위해 명상과 요가를 하는 것을 보았을 때 이 두 세계는 강력한 방법으로 나에게 통합되었다.

나는 마음을 빼앗기고 영감을 받았다. 이 프로그램은 내 고통을 변화시킨 고대 수행을 통해 내가 받은 방식대로 환자에게 봉사하고 싶어하는 염원을 일깨워 주었다. 이후 몇 년 동안 MBSR을 가르치는 데 많은 전문적인 교육을 받은 후 이 가능성이 지역 병원과 인접한 암 센터 그리고 이웃 학교, 대학, 비영리 단체에서 현실로 꽃피울 수 있음을 보았다. 나는 또한 내가 지도자로 일하는 다르마 센터에서 MBSR을 가르치지만, 붓다에 대해서는 언급하지 않고 다르마 용어도 사용하지 않는다. 나는 교과과정을 그대로 가르친다. 많은 개울이 하나의 강으로 흘러간다. 각 개울마다 제각기 생명력을 부여하므로 보충할 필요가 없다. 하지만 여전히 그 강이 있다.

MBSR과 공 두 개

몇 년 전, 존 카밧진과 오랜 다르마 스승인 크리스티나 펠드만(Christina Feldman)이 가르치는 마음챙김에 기반한 중재법을 사용하는 지도자들을 위한 명상수련에서 크리스티나는 다음과 같은 이야기를 해 주었다. "최근에 마음챙김에 관한 한 기사가 영어 신문에 실렸습니다. '건포도 마음챙김'이라는 제목이 붙은 이 글은 '25년 전 미국의 과학자가 마음챙김을 발명했다.'라는 문장으로 시작됩니다. 나는 정확하지 않은 기사에 대해 편지를 보냈습니다. 그들은 공(zero) 두 개를 잊고 있었습니다. 마음챙김은 적어도 2,500년의 전통에서 비롯된 것입니다." 부드러운 웃음소리가 방 안에서 잔잔하게 퍼지는 가운데, 중요한 무언가가 밝혀지고 있었다. 나는 그것을 느꼈고 알았다. 그리고 그것은 몇 년 동안 생각해 오던 어떤 것이 되었다. 이 책을 싹트게 한 것은 그 씨앗일지도 모른다. 두 개의 공은 어떤 것인가? 두 개울이 합쳐지면 무엇을 발견할 수 있을까?

붓다의 이야기, 우리의 이야기

약 2,500년 전에 살았던 것으로 추정되는 싯다르타 고타마(Siddhartha Gautama, 그의 실제 이름) 또는 붓다(Buddha, 그의 영적 이름, '깨어난 사람'을 의미함)로 알려진 사람의 이야기가 오늘날까지도 수백만 사람의 마음을 사로잡는다. 왜? 붓다의 이야기, 그의 삶, 그의 고행 그리고 자유에 대한 그의 길은 다양한 문화와 나이 및 배경을 가진 많은 사람이 공감할 수 있다. 그의 이야기를 몇 가지 들어 보고 당신이 어떤 식으로든 공감하는지 알아보자.

학자들은 싯다르타가 기원전 500~600년경 인도에서 자랐다고 말한다. 왕가에서 태어났고 그의 아버지는 의도적으로 이 세속적인 인간 생활의 어려움과 도전으로부터 그를 보호했다. 싯다르타는 궁전 벽 너머에 존재하는 세계에 대해 불안을 느끼고 호기심을 갖게 되었다. 우리도 가족, 문화 그리고 우리가 자란 사회 이외의 다른 것이 있는지 알아야할 때가 있었을 것이다.

싯다르타는 호기심을 가지고 마부와 함께 궁궐을 떠나 인도의 거친 거리 생활에 뛰어들었고, 그곳에서 그는 인간의 모든 면을 빠르게 마주쳤다. 처음으로 병자를 보았고, 그다음에는 노인을 그리고 시체를 보았다고 한다. 그는 마부에게 반복적으로 물었다. "이 사람에게 무슨 일이 일어났고 나에게도 일어날 것인가?" 매번, 마부는 그에게 진실하게 대답했다.

"이 사람은 아프고, 예, 몸이 있다는 것은 병을 경험하고 노화하는 것입니다. 모든 살아 있는 존재는 죽습니다."

이것은 보호받고 살던 왕자에게 충격으로 다가왔다. 인간의 이러한 측면은 우리에게도 충격적일 수 있다.

이 외출에서 싯다르타는 이 모든 혼란과 재앙의 한가운데서도 평화롭고 평온의 표정을 가진 '거룩한 사람'이라는 승려와 마주쳤다. 그는 자신도 이런 가혹한 현실에 직면하여 평화롭게 사는 법을 배울 수 있을지 궁금했다.

그는 승려의 얼굴에서 본 것을 가지고 싶었다. 삶의 냉혹한 현실을 목격한 후, 싯다르타는 아버지의 집에서 나와 왕의 책임을 벗어나 6년 동안 승려의 평화를 얻기 위해 그 시대의 영적 전통을 수행했다. 여기에는 물리적 결핍과 극단적인 자기 부인을 사용하여 육체에 대한 초월 시도가 포함되었다. 이 기간 동안 그는 하루에 쌀 한 알을 먹었고, 이 결핍은 그의 몸으로 나타났다. 그의 복부를 통해 척추를 볼 수 있었다. 이러한 수행은 의식 변화나 신비한 상태를 만들어 냈다. 싯다르타는 이 상태에 도달하는 데 너무 능숙해져서 추종자들이 모였지만, 이 상태는 잠시 동안만 지속되었으며 그의 절박한 질문인 "고통에 직면하여서도 어떻게 존엄하고 평화롭게 살 수 있는가?"에 대한 확실한 답이 되지 못했다.

임시방편인가, 지속적인 평화인가

우리는 오늘날 비슷한 상황에 처해 있다. MBSR이 등장했을 때, 의료 행위는 주로 일시적인 해결책으로 질병의 증상을 치료하는 데 초점이 맞추어져 있었다(실제로 여전히 그렇다). 그것은 종종 질병을 유발할 수 있는 근본적인 원인에는 이르지 못한다. 그래서 그것은 우리의 삶 전반에 걸쳐 있다. 싯다르타처럼 MBSR에 오기 전에 사람들은 질병을 치유하기 위해 많은 방법을 시도한다. 하지만 우리는 종종 문제의 근본 원인 또는 우리가 어떻게 존엄성을 가지고 살 수 있는지에 대한 어떤 통찰에도 이르지 못한다(린다가 그랬던 것처럼).

싯다르타는 깨달음으로 가기보다 수행으로 너무 심하게 쇠약해져 어느 날 강에 빠져 거의 익사할 뻔했다. 염소를 치는 젊은 여성인 수자타(Sujata)가 그를 보고, 물 밖으로 끌어내어 쌀과 우유를 주었다. 점차 힘을 되찾은 싯다르타는 자신이 걸어온 길에 의문을 갖기 시작했다. 그는 어떤 영적 방법으로도 훈련을 받지 않은 평범한 여인이 가진 자연스러운 연민에 깊은 충격을 받았다.

그는 이미 우리 안에는 배고픔과 극단주의 없이도 키워질 수 있는 어떤 자연스러운 존재방식이 있을 것이라고 생각했다. 이미 그것이 사치스러운 삶에서 발견되지 않았다는 것을 알고 있었고, 장미 사과나무 그늘 아래에 앉아 축제를 보았고 만족감과 완벽함을 느꼈던 어린 소년의 기억을 가지고 있었다. 그는 가만히 앉아 마음이 자기 앞에 있는 것에 집중하도록 내버려 두면 자신이 찾고자 하는 것을 찾을 수 있을지 궁금해지기 시작했다.

이 자연스러운 만족감과 연민과 이해를 깨닫기로 결심한 그는 자신이 하고 있는 모든 것을 멈추고 나무 아래에 앉았다. 며칠 동안 쉬지 않고 앉아 있다가, 고개를 들어 새벽 별을 보고, 분명하고 진실한 것을 깨달았다. 우리는 이미 깨어 있고 온전한 존재이며, "나만 그러한 것이 아니라 모든 존재와 위대한 대지가 다 그러하다."라고 말했다(그리고 이것은 MBSR의 필수 주제이다). 존 카밧진은 이것을 이렇게 말했다. "숨 쉬는 한 '잘못된' 것이 무엇이든 간에 잘못된 것보다 잘된 것이 더 많다."

사람들은 MBSR에 와서 린다처럼 이렇게 묻는다. "이 어려움 속에서도 어떻게 하면 평화롭게 살 수 있을까요?" 무엇 때문에 이 수행을 하고 이 책을 보게 되었는가? 인간이라는 조건에서 어떤 어려움을 겪고 있는가?

그것은 일로 인한 심한 스트레스 때문에 밤에 잘 수 없다는 단순한 문제부터 10대 자녀의 약물 중독만큼 어려운 문제일 수도 있다. 여러분이 직면하고 있는 것이 무엇이든, 싯다르타처럼 평화롭게 사는 법을 알고 싶어 한다.

자리에 앉기: 근원적 행위

싯다르타(이후 붓다라고 불리는)에게 그 나무 밑에 앉는 것은 혁신적 행위였고, 그것은 시간이 지남에 따라 파문을 일으키는 것이었다. 그는 이 조사를 통해 어떤 진실과 자유가 실현될 수 있는지 알기 위해, 자신의 경험을 철저히 조사하고 보기 위해, 내면을 들여다보겠다고 다짐했다. 같은 방식으로, 사람들이 MBSR에 왔을 때 그들은 실제로 삶의 앞줄에 앉는 근원적 행위(radical act)를 하는 것이다. 그들은 답이나 인간의 상태를 벗어날 수 있는 방법을 밖에서 찾으려는 경향에서 벗어나고 있다. 이런 것은 아마도 붓다의 시대보다 더 강하게 끌릴 것이다. MBSR에서 우리는 내면으로 향하여, 우리 모두에게 이미 존재하는 온전함을 존중하고 재발견한다. 첫 주에 참가자들은 45분 동안 누워서 지도자의 안내에 따라 그저 자신의 모든 신체 부위에 머물게 된다. 만약 우리가 알기만 한다면, 여기 몸에는 풍부한 학습 환경이 있다. 이 발견은 우리가 다음 장에서 살펴볼 참가자들의 이야기에서 탐구할 것의 일부이다.

마음챙김 방법과 의학

붓다가 그의 가르침을 전해 준 방식에는 몇 가지 독특한 특징이 있다. 예를 들어, 그는 특정한 원칙이나 교리를 제시하지 않고 사람들에게 "자신의 경험과 이성에 동의하고, 자신과 다른 모든 사람의 선과 이익에 도움이 되는 경우에만" 가르침을 받아들이라고 했다. MBSR에서 지도자들도 비슷한 방식으로 수업에 접근한다. 우리는 안전한 환경에서, 참가자들이 자신의 내면의 지혜에 접근할 수 있는 수련을 제시한다. 서면 자료는 거의 없고, 읽기도 거의 없으며, 숙제와 수업 시간의 대부분은 명상수련에 할애하며, 그 수련에서 무엇을 배웠는지 곰곰이 생각하는 데 보낸다. 우리는 함께 배운다.

그렇다면 나같이 수년간 의학교육을 받고, 진단을 하고, 약물과 치료법을 처방하며, 병을 고치고 답을 제시하거나 전문가를 추천하도록 훈련받은 사람이 린다와 같은 사람을 만났을 때 어떻게 제안을 하지 않는 걸까? 불교에 관한 책을 읽거나 훌륭한 지도자 연수에 참석하는 것조차도 나에게 이 일을 할 자신감을 주지 못했을 것이다.

나에게 믿음과 자신감을 주는 것은 나의 스승들이 가진 것과 같은 것이다. 방석 위에서 또는 밖에서의 나의 변화 경험이다. MBSR 지도자가 되기 위한 전제 조건은 개인 명상수련이 확립되어 있고 수없이 많은 침묵 수련을 하는 것이다.

존 카밧진은 MBSR의 기원에 대해 이렇게 썼다. "마음챙김은 내부로부터만 이해할 수 있다. 그것은 행동 변화 패러다임에서 구현되는 인지 행동 기법이 아니라, 우리의 마음과 몸의 본질을 이해하는 것과 삶이 정말 중요한 것처럼 살아가는 데 심오한 영향을 미치는 존재 방식과 아는 방식이다." 이것은 정말 중요하다. 다시 말해, 수련을 해야 한다!

나의 명상수련 경험의 대부분은 선 전통에서 이루어졌다.

선 수행에는 많은 시간 동안 침묵 명상, 걷기 명상 및 작업 명상을 하는 엄격한 일정이 있다. 하루에 한 번 법문을 듣고, 지도자와 일대일로 만날 수 있는 많은 기회가 있다. 하지만 대부분의 일은 자기 혼자 수련할 때 침묵 속에서 일어난다. 여기서 나는 무릎 통증이 왔다 가고, 비탄에 잠겼다가, 그것이 넘쳐나며, 사라지는 것을 보고, 그릇을 씻는 동안 기쁨이 생겨나는 것을 보며 아무것도 하지 않고 혼자 서는 법과 나 자신을 통제하는 법을 배웠다.

이 집중수행 끝에는 모두 경험을 공유할 수 있는 시간이 있다. 앉아서 많은 것을 다 겪은 나는 침묵과 고요 속에서 일어난 일과 마지막에 남아 있는 일에 항상 감동을 받는다. 사람들은 도전이라고 말할 것이고, 성공하지 못할지도 모른다고, 뛰쳐나가서 햄 샌드위치를 사고 싶을지도 모른다고 생각할 것이다. 하지만 결국에는 감사와 연민 그리고 다른 사람들과 깊은 유대감을 갖게 된다. 이러한 이야기가 매일 법문에서 언급되지만 아무도 이것을 명시적으로 가르치지는 않는다. 우리가 길을 벗어나면 자연스럽게 생겨나는 것 같다. 붓다가 본 것이 바로 이것이다. 이 과정을 통해 우리는 고통받는 사람들에게 의도적으로 무위(無爲, non doing)를 하게 하고 무언가가 변하는 것을 경이롭게 바라볼 수 있게 해 준다.

붓다는 여러 가지 가르침에서 "이것을 할 수 있다고 생각하지 않는다면, 하라고 하지 않을 것이다."라고 말했다. 이제 나도 같은 말을 하고 있다. 할 수 있다. 스스로 경험해야 한다.

MBSR과 붓다의 가르침의 광범위한 수용

불교와 MBSR은 근본적으로 포용성을 가지고 있다. 붓다가 유명한 이유 중 일부는 그의 가르침이 모두에게 개방되어 있다는 것이다. 붓다 이전에는 자유로 가는 길이 모든 사람에게 허용된 것은 아니었다. 사회에서 가장 높은 소수의 브라만 계급의 남성과 모든 것을 버리고 승려가

된 사람에게만 가능했다. 붓다는 진심으로 배우고 싶은 욕망을 가진 사람, 깨달음을 얻고 고통을 줄이려는 사람을 가르치려고 했다. 그는 여성과 왕, 거지, 도둑, 매춘부 및 일반 상인을 포함하여 일반적인 사람들을 가르쳤다고 한다. MBSR은 우리 시대에도 비슷한 포용 면에서의 효과를 가져왔으며, 마음챙김 수련을 선원에서 벗어나 우리가 살고 일하고 놀고 있는 곳으로 가져왔다.

MBSR이나 마음챙김에 관한 현대의 비불교적 교육내용을 배우거나 가르치기 위해 불교도가 될 필요가 없다. 그것은 이 책의 의도가 아니다. 사실 붓다는 불교도가 아니었다! 그는 현실의 본질을 분명히 보고 자유로 가는 길을 알고, 관심이 있는 사람들과 자신의 깨달음을 공유하는 사람이었다. 그의 초대는 아무런 조건 없이 열려 있다. 내 것도 마찬가지이다. 나는 여러분과 함께 모험을 하고 린다의 경우와 같이 여러분의 가치와 가슴속 보석에 여러분을 연결해 줄 수 있는 다르마에 대해 배울 수 있는지 알기 위해 여러분을 초대한다. 수세기 동안 수많은 다른 사람처럼 여러분도 최고의 스승은 수련이라는 사실을 알게 될 것이라고 믿는다. 그리고 그것은 수련을 통해서, 그리고 고대와 현대의 가르침과 이야기를 통해서 자신의 마음 속에 있는 가장 좋은 지혜를 찾을 수 있을 것이다. 가장 좋은 스승은 자신이다. 여러분이 어떤 개울에 있든 간에 이 책이 여러분의 고통을 훨씬 더 큰 그릇, 즉 우주 전체만큼 큰 강에 집어넣을 수 있게 해 주기를 바란다.

각 장에서는 MBSR 수업으로 안내할 것이며, 여기서 우리는 매주 참가자들 내면의 지혜를 들을 수 있다. 어떤 장에서는 특정한 수련을 지시할 것이다. 이 책에 있는 많은 수련을 위해 다운로드할 수 있는 안내 오디오를 개발했다. 또한 각 장마다 가르침에 대한 개인적인 탐구를 지원

하기 위한 안내와 의도 및 수련 자료가 있다. 이 모든 자료는 이 책의 웹
사이트인 www.newharbinger.com/39164에서 볼 수 있다.

이 책에서 언급하는 정신

MBSR에는 교과과정을 알려 주는 몇 가지 기본 요소가 있다. 여기에는 경험적 교육, 스트레스 심리학 및 생리학, 신경과학, 비이원적 지혜의 전통, 불교의 가르침과 수행이 포함된다. 이 책은 주로 불교의 토대에 초점을 맞추고 있는데, 그 이유는 불교의 토대가 더 중요하기 때문이 아니라, 내가 볼 수 있는 가장 정통한 렌즈이며 그것을 통해 MBSR을 살펴볼 수 있기 때문이다. 책 전반에 걸쳐 암시적으로 짜인 다른 토대들을 보게 될 것이다.

MBSR의 창시자인 카밧진 박사가 불교 명상 수행을 했고 MBSR의 교과과정의 많은 부분이 고대 가르침에 관한 그 수행에 기초를 두고 있다는 것은 결코 비밀이 아니었다. 그러나 그는 각 계층의 가능한 한 많은 사람에게 도움을 주기 위해 의도적으로 빨리어나 산스크리트어를 포함하지 않고, 교과과정에는 붓다를 언급하지 않으며, 자연스럽고 신중하게 가르침을 현대어로 번역하였다. 이러한 접근으로 얻은 지혜는 그것의 가치를 증명했다. 다른 방식으로 제시했더라면 수백만 명의 사람이 이 교육과정으로부터 혜택을 받지 못했을 것이다.

의학 저널부터 월스트리트저널, 오프라쇼, 타임지의 표지 기사, 한 시간짜리 방송 일부에 나옴에 따라 마음챙김이 점점 더 인기를 끌면서, 마음챙김을 가르치고 실천하는 많은 사람은 마음챙김의 개념을 그것의 뿌리인 '두 개의 공(two zeros)'에 다시 연결시키는 것에 감동을 느낀다. 나는 소개에서 두 개의 공(쏘)이 무엇을 나타내는지 언급했다.

그렇지 않으면, 현재 보편적인 용어인 '마음챙김'은 단순히 주의를 훈련시키고 성과와 생산성을 향상시키는 방법처럼 보일 수 있다. 그것은 심지어 우리가 하나 더 할 수 있는 일이나 구입할 수 있는 또 다른 것으로 볼 수도 있다. 두 개의 공(쏘)에 대한 이해가 없으면 윤리와 일체감에 대한 토대가 사라질 수 있다. 나는 존 카밧진이 "내가 마음챙김(mindfulness)을 말할 때, 대문자 M으로 말할 때는, 그것은 전체 다르마임을 의미한다."라고 말하는 것을 들었다.

이 책을 쓰기 전에 나는 존 카밧진과 이 주제에 대해 이야기를 나누었고, MBSR에 있는 다르마의 측면을 논의하는 것에 대해 지지를 받았다. 나는 이것을 수년 동안 해 온 많은 수업의 복합체인 MBSR 수업이라는 맥락에서 얻은 개인적인 경험에서 엄격하게 논의할 것을 제안했다. 학자나 전문가로서는 아니다. 나는 둘 다 아니기 때문이다. 8주간의 과정과 나의 수업 경험은 다르마의 개념과 MBSR의 여정 사이의 연관성을 탐구할 수 있는 매우 유익한 틀이라는 것이 밝혀졌다. 나는 카밧진 박사가 이 특별한 가르침을 1회기, 2회기, 8회기에 넣은 것이라고 말하려는 것이 아니다. 나는 단지 내가 가르칠 때와 실무자의 관점에서 이야기하고자 한다.

지혜와 수행의 전통으로 불교는 인도에서 아시아 전역으로, 그리고 결국 서양으로 퍼져 나갔다. 각 나라와 문화는 붓다의 가르침에 그들만의 풍미를 더했으며, 당신이 속한 나라에 따라 다양한 종류의 수행이 있다. 그래서 불교는 하나만 있는 것이 아니라 겹쳐지는 것이 많다. 예를들어, 티베트 불교는 일본 불교나 선 불교와는 매우 다르게 보일 수 있다. 그래서 내가 MBSR의 토대인 불교를 탐구할 것이라고 말할 때, 많은 지점에서 발견되는 근본적이고 필수적인 가르침에 초점을 맞추기로 했다. 주된 것은 사성제(네 가지 고귀한 진리, 팔정도를 포함)와 마음챙김의 네 가지 토대이다.

이 책의 마지막 부분에 있는 '추천도서 및 참고자료'는 내가 이 책을 쓰고 개인적인 나의 수련을 지원하기 위해 사용했다.

언급되고 있는 모든 것은 MBSR을 가르치는 사람들에게 여전히 중요한 것으로, 우리는 수업에서 불교 용어를 사용하지 않도록 가르친다. 그러므로 만약 MBSR을 새롭게 가르치거나 가르치는 중이라면, 수업에서 이 책에 있는 다르마에 관한 용어를 사용하지 말라고 한다. 만약 당신이 불교의 관점이 유용하다고 생각한다면, 이 용어를 사용하지 않더라도 자신을 위해 그것을 수련하고 탐험하면 여러분을 통해서 다른 사람들도 불교의 장점을 느끼게 될 것이다. 이렇게 함으로써 존 카밧진이 본래 의도한 포용성을 지키고 매년 수천 명의 사람이 MBSR로 자신의 전부와 삶을 수용하는 법을 배우면서 살 수 있는 혜택을 받을 수 있다.

차례

1장
고통에 대한 다르마:
개인적인 것이 아니다

환자들을 치료하며 긴 하루를 보낸 나는 사무실의 오래된 나무 선반에 흰 가운과 붉은 청진기를 얹어 놓았다. 접수대에 차트가 두 개밖에 남지 않다니 기적 같다! 그 차트들은 내일 처리할 것이다. 나는 지갑과 저녁 식사가 담긴 빨간 보냉 가방을 집어 들고 현관으로 향했다.

"오늘 밤 수업 있어요?" 접수원 크리스(Chris)가 물었다.

"예, 크리스는요? 손녀들과 함께 축구라도?" 그녀는 돌봐야 할 손녀가 둘이나 있었다.

"오늘 저녁은 수영하는 날이에요."

"좋은 시간 보내세요. 그리고 모든 것에 감사해요. 오늘은 쉽지 않은 날이었어요."

그녀는 미소를 지으며 "내일 봐요." 하고 인사했다.

나는 오래된 혼다를 타고 동쪽으로 20분 정도 차를 몰고 팜 데저트에

있는 의료 센터로 가서 목요일 밤 마음챙김에 근거한 스트레스 완화
(mindfulness-based stress reduction: MBSR) 수업을 한다. 오늘 저녁은 새
로 시작하는 과정의 첫 번째 수업이다. 나는 차가 조용해질 때까지 있었
다. 그러면서 오늘 내가 보고 듣고 느낀 모든 것을 내려놓을 수 있었다.
24명의 환자들이 모두 힘들고 아팠으며 거기에 따른 사연이 있었다.

나는 스물다섯 살 때 듀크 의사 보조 프로그램을 갓 마친 뒤, 로스앤
젤레스 카운티 병원 지하 클리닉에서 첫 직장을 구한 후로 오랫동안 환
자들을 만나 왔다. 지금은 작지만 바쁜 곳에서 일하는데 그곳은 공립학
교 교사, 지역 호텔의 정원을 청소하고 관리하는 사람들, 노인 의료 보
험 가입자, 지역 가족과 같은 집단에게 진료서비스를 제공하는 관리형
의료를 하고 있다.

내 일은 병든 사람들을 진단하고 치료하는 것이다. 때로는 할 수 있
는 것도 있고, 때로는 할 수 없는 것도 있다. 나는 신체검사, 진단, 치료
에 대한 훌륭한 교육을 받았지만, 의술을 펼치면서 겪게 될 엄청난 고통
에 대해서는 아무도 말해 주지 않았다. 나는 의술 현장에서 마주칠 것이
다. 일단 진료실 문이 열리면, 인생의 모든 슬픔과 기쁨과 더불어 인간
이란 무엇인지에 대한 전체 범위가 열린다. 나는 딸이나 남편, 직업, 또
는 자신의 건강을 잃은 사람과 함께 앉아 있을 때도 있다. 나는 매일매
일의 수련에서 붓다(Buddha)가 "첫 번째 고귀한 진리"라고 불렀던 고통
이라는 사실을 마주한다. 붓다는 고통을 인간이 경험하는 조건 중 하나
라고 가르쳤다.

나는 초반에는 환자들의 몸에서 발견되는 결과에만 집중했다. 우리
는 질병과 치료에 대해 이야기했다. 우리는 상처받은 마음이나 상실에
대해서는 거의 이야기하지 않았다. 어떻게 해야 할지 아는 것은 나밖에

없었다. 나중에 붓다의 가르침에 대해 배워 감에 따라, 개인적인 명상수련을 계속하여 더 많은 기술과 인식으로 이 깊고 어려운 상황을 헤쳐 나갈 수 있었다. 나는 그 사람의 몸이나 진단 결과뿐만이 아니라 전인적인 모습, 모든 면을 만나려고 노력한다. 그 사람의 고통과 만나는 것이다.

나는 병원 바로 옆에 있는 교육 건물에 도착했다. 잠시 푸른 잔디밭과 인공 연못, 활발하게 헤엄치는 오리 몇 마리를 감상했다. 나는 하루 종일 의료진으로서의 역할과 환자가 답을 찾는 사람, 하루 종일 직접 명령을 내리는 사람에서 전환할 시간이 필요하다.

나는 하루 종일 환자가 답을 요구하고, "인슐린 여섯 개를 가져 갈 것" "식단을 바꿀 것"과 같이 하루 종일 지시를 내리는 의료진으로서의 역할에서 교사로 전환할 시간이 필요하다. 여기서 나는 답을 가지고 있지는 않다. 나의 모든 제안은 MBSR 지도자 훈련에서 배운 대로 초대하는 형식에 훨씬 더 가까울 것이다("준비가 되면 자리에 앉아 의자에서 몸감각을 느껴 봅니다").

나는 내가 전문가로서가 아니라 참가자와 함께 파트너로서 함께 탐험하려는 의지의 영역, '알지 못함'의 영역에 진입하고 있음을 인식한다.

나는 풀밭에 앉아 신발을 벗고 발에 서늘한 기운을 느낀다. 아보카도 샌드위치를 천천히 먹으면서 일요일에 들었던 법문을 곰곰이 생각해 본다. 거의 매주 일요일에는 요코지 선 마운틴 센터에서 내가 앉아서 수련하는 모습을 볼 수 있을 것이다. 우리는 함께 앉기명상을 하고, 함께 이야기를 듣고, 함께 먹고, 함께 설거지를 한다.

지난 일요일, 나의 스승인 텐신(Tenshin Roshi) 선사는 '알지 못함'에 대한 법문을 했다. 법문은 대개 스승과 제자 또는 공안(koan)이라고 불리는 두 제자 간의 고대 대화를 중심으로 이루어진다.

이 경우, 지조 사부는 제자 호겐에게 묻는다.

"어디를 가고 있는가?"

호겐이 대답하길, "지금 방랑하고 있습니다."

"어디로 방랑하고 있는 것인가?"

"모르겠습니다."

지조 사부는 "모르는 것이 가장 친숙한 것"이라고 말한다.

그 시점에서 호겐은 깨달음을 얻었다.

그래서 새로운 수업을 하게 될 때, 나는 내가 가르친 수많은 수업만큼 이 새로운 수업이 어떻게 진행될지 모른다는 것을 기억한다. "알지 못한다."는 또한 순간에 대한 우리의 생각이나 인식보다는 그 순간에 실제로 존재하는 방식에 대해 진정으로 친숙해지도록 한다. 그리고 알지 못하는 것은 무섭지만, 그것 또한 현실이다. 언제든지 일어날 수 있다. 그리고 알지 못하는 것은 모험에 더 가깝다! 며칠 전 스타벅스에서 나에게 서비스를 해 주는 젊은이에게 어떻게 지내느냐고 물었더니 그는 이렇게 말했다. "저는 뭐 맨날 똑같죠." 내가 정말로 주의를 기울이지 않으면 나도 그런 기분을 느낄 수 있겠지만, 그 말을 듣자 나는 슬퍼졌다. 그래서 나는 호겐 사부의 정신으로 교실에 들어간다.

나는 수업에 필요한 책, CD, 요가 매트가 담긴 롤링백과 종, 시, 입술 크림, 물병이 든 가방을 꺼낸다. 오늘 저녁에는 다른 사람들과 함께 둥글게 앉을 것이다. 여기엔 나를 보호해 줄 흰 가운도 없고, 이경이나 메스도 없고, 처방전이나 검사 결과도 없다. 나는 조사를 하거나 예측을 하지 않을 것이고, 진단하거나 치료하려고 시도하지도 않을 것이다. 단지 나와 명상 종소리, 시 한두 편, 오랜 시간을 거친 수련, 참가자들뿐이다. 나는 여기서 대부분 보이지 않는 다소 다른 종류의 도구들과 함께 고통의 보편성을 만날 것이라는 것을 안다. 나는 내가 한 수련과 내 뒤에 있는 지도자들과 그리고 교과과정을 신뢰한다. 참가자들에 관해서는 수업 명단에서 그들의 이름을 보았고, 오리엔테이션에서 잠깐 만났으며, 그들과 이야기를 나누었다. 그들이 수업에 오게 된 이유를 읽었고 받은 진단과 약을 알고 있지만, 나는 아직 그들을 알지 못한다.

방 정리를 마쳤을 때 금발 머리의 키 큰 여자가 밝은 파란색 수술복을 입고 다가왔다. 삐죽삐죽한 머리카락과 팔의 문신을 빼면 그녀와 매우 비슷한 청년이 그녀를 따라오고 있었다.

"저는 분만실 간호사 캐롤(Carol)입니다."

"캐롤, 만나서 반가워요. 와 줘서 정말 기뻐요. 자리를 찾아 앉아 주세요."

"제 아들 자크(Zach)를 데려왔어요." 그가 천장을 응시할 때 그녀는 나를 살짝 끌어당겼다. "아들은 정말 힘든 시간을 보냈어요. 이 애는…….". 그녀는 목이 메었다. "우리 가족은 최근에 많은 것을 잃었어요. 그리고 아들은 우울증으로 매우 고생하고 있어요. 아무것도 효과가 없는 것 같고 약도 먹으려 하지 않아요. 일종의 최후통첩으로, 최후의 수단으로 여기에 왔어요."

오, 이런, 그런 것 같다. 보통은 이런 방법이 통하지 않는다. 나는 보통 가족 구성원을 프로그램에 억지로 끌어들이도록 하지 않는다. 나는 잠시 말을 멈추고 심호흡을 했다.

"글쎄요, 제 경험상 이런 프로그램은 참여성이 매우 강해서 여기에 오려는 동기가 있는 사람들에게만 효과가 있어요. 엄마가 아들을 돕고 싶어 하는 마음은 정말 자연스럽고 충분히 이해가 가요. 하지만 더 중요한 것은 자신을 돕는 것이고 그래야 장기적으로 아들을 도울 수 있어요.

또한 그가 여기에 있고 싶어 하지 않는다면……."

"알아요, 알아." 그녀가 말한다. "하지만 우린 여기 있잖아요."

"좋아요, 이 수업에 들어가서 마지막에 얘기해 보는 게 어떨까요?"

한편, 원은 다양한 나이의 저마다 다른 모습의 사람들로 가득 차 있다. 캐롤과 사크는 서로 아주 멀리 떨어져 앉아 있었다. 흥미롭게도 사크는 내 의자 바로 옆에 앉았다. 우리는 4분짜리 '도착 명상(arriving meditation)'으로 시작한다. 나는 가끔 몸이 마음보다 먼저 도착한다는 것을 인정한다. 그러면 우리 자신을 따라잡을 수 있는 기회가 생길지도 모른다. 나는 미소를 지으며 고개를 끄덕인다. 나는 모든 사람에게 아이처럼 호기심을 가지고 이 방에서 모양, 색상, 그림자를 보며 그들의 눈으로 현재 순간을 담기를 권한다. 그리고 나서 듣는 것으로 전환하고, 그다음에는 감정을 느낀다. 이 활동에는 자신도 포함되어 있다! 지금 어디에 있든 이걸 시도해 보자.

"이 명상으로 어떤 효과를 본 사람이 있습니까?"

"좀 차분한 느낌이 들어요."

"좀 더 '여기'를 느껴요."

"좀 더 속도를 늦추게 만들었어요."

"내 마음은 그 짧은 시간 동안에도 정말 바빴어요!"

책을 읽는 여러분은 무엇을 알아차렸는가? 무엇을 경험하든 괜찮다. 그것이 수련하는 것이라는 걸 알아차리는 것이다.

내 삶과 직장 파트너인 휴 오닐(Hugh O'Neill)은 이 수련을 '현재 순간에 대한 GPS'라고 부른다. 가끔씩 길을 잃은 기분이 들 때면 시도해 보라. 집에 가는 길에 할 수도 있다.

그런 다음 8주짜리 프로그램의 개요를 간단히 소개하고, 미지의 세계로 도약해야 할 이 수업에 올 수 있는 용기를 강조한다. 어쨌든 MBSR 은 활성 성분 목록이 있는 병에 들어 있는 것이 아니다. 우리는 함께 여 행할 안전한 공간을 만들 수 있는 조건을 설정한다. 즉, 비밀을 지키고, 언쟁이나 조언을 할 필요가 없고 상대방을 고칠 필요도 없다. 오늘 저녁 에 온갖 고통을 만나게 될 거라는 걸 알고 있다. 내 의도는 교실을 안전 한 귀의처로 만드는 것이다.

이 시점에서 우리는 돌아가며 이름과 오게 된 이유와, 그리고 자신의 희망이 무엇인지 말하며 서로 알도록 한다.

"나는 알츠하이머 병에 걸린 남편을 돌보느라 너무 지쳤어요. 나는 나 자신을 위한 시간과 계속 나아갈 수 있는 삶의 도구가 필요해요."라 고 르네(Renée)라는 진주 목걸이를 한 우아한 여성이 말했다.

"내 이름은 노마(Norma)예요." 다음 여자가 말했다. "남편은 췌장암 에 걸렸어요." "예후가 좋지 않아 항상 걱정이 돼요."

"제가 남편입니다." 앨런(Alan)은 아래를 내려다보며 말했다.

"아이가 셋이고 스트레스가 많은 직업을 가지고 있어요." 라울(Raúl) 이라는 젊은 라틴계 남자가 말했다. 그의 아내가 애정 어린 표정으로 그 의 팔을 꼭 잡고 옆에 앉아 있었다. 그녀가 말했다. "저는 리제트(Lisett) 예요. 방금 당뇨병 진단을 받았어요. 내 생각엔 스트레스 때문인 것 같 아요."

계속 돌아가며 말을 했다. 우리는 만성 편두통, 아이들의 약물 문제 로 고생하는 부모, 노화, 상실, 허리 통증에 대해 들었다. 마지막은 내 왼쪽 자크 차례였다.

"엄마가 날 여기로 끌고 왔어요. 솔직히 말해서, 이건 최후통첩이었 어요. 전 오고 싶지 않았어요. 하지만 여러분 모두의 말을 들으면서, 저는 오랜만에 처음으로 제가 알맞은 장소에 있다는 것을 느꼈어요. 저는 여러분이 저와 같은 사람이라고 느꼈어요. 저는 정말 힘든 시간을 보냈고, 정말 절망적이었어요. 아무것도 효과가 없고 약은 먹고 싶지 않아요. 하지만 지금 당장은 제가 맞는 곳에 있는 것 같은 기분이 들어요." 그는 고개를 활기차게 끄덕이며, 얼굴을 활짝 편 채 모든 사람을 바라보았다.

내가 예상했던 건 이런 게 아니었다. 너무 감동해서 한동안 아무 말도 할 수가 없었다. 이렇게 솔직한 말을 들은 후의 침묵에는 어떠한 말도 덧붙일 필요가 없다.

그런 침묵 속에서 르네가 이렇게 말했다. "모두 뭔가 가지고 있는 것 같아요."

마치 그녀의 목걸이에서 나온 진주가 우리가 앉은 원 한가운데에 부드럽게 놓여 있는 것 같았다. 선명하고 맑고 연민 어린 진실이 반짝이며 빛나고 있었다.

첫 번째 고귀한 진리: 우리 모두는 고통받고 있다

르네는 불교를 가르치는 사람도 아니고 불교도도 아니다. 하지만 그녀는 붓다의 핵심 가르침 중 하나를 요약했다. 그것은 첫 번째 고귀한 진리이다. 내가 소개에서 언급한 것처럼 붓다는 깊이 있고 진실한 질문을 가지고 앉아 있으면서, 이 깨달음을 얻었다. 우리의 삶은 고통이다. 두카(dukkha)라는 단어는 고통이나 불만스러운 느낌으로 번역되는 빨리어(Pali)이다. 이것을 고귀한 진리라고 부름으로써, 어떤 면에서는, 심지어 우리가 더 나아가기도 전에 이 말은 우리를 자유롭게 해 주고 있으며 그 자체로 친절을 베풀고 있다. 우리가 겪는 고통은 실패를 의미하는 것이 아니다. 그것은 단지 존재하는 것이다.

우리는 이 사실을, 자신과 같은 사람들이 모두 다른 방식으로 고통을 받고 있다는 이야기를 듣고 난 후의 자크의 반응에서 분명히 볼 수 있다. 전에는 혼자라고 느꼈고, 어쩌면 혼자만 어려운 일을 겪는 것이라고 생각했을 것이다. 이제 그는 자신이 고통이라는 진리에 반응하는 인간 공동체의 일부라는 것을 인정한다. 그는 전에는 보지 못한 것을 잠깐 보았다. 비록 고통이 개인적인 것으로 느껴지지만, 우리가 겪는 고통은 개인적인 것이 아니라는 깨달음이 바로 지혜이다.

자크처럼 많은 사람이 어려움 속에서 고립감을 느낄 수 있다. 병이 나거나 아픈 사람을 돌아보다 보면 종종 외로운 상황에 처한다. 서구 문화에서는 우리 삶이 텔레비전에서 보는 것과 같이 끊임없이 아름답고, 날씬하고, 행복한 사람들처럼 보여야 한다고 생각된다. 주위를 둘러보며, 이 어색하고 어리석고 비참한 기분을 느끼는 사람이 아무도 없다고 생각한다. 하지만 붓다가 '고통이 있다'고 말했을 때, 이 말은 우리 모두에게 해당된다.

붓다가 가르치고 있던 마을에 살고 있는 한 여성에 관한 고대 이야기는 이 깨달음을 더 분명하게 하며 안도감을 주고 있다. 그녀는 아기가 죽고 비탄에 빠져 슬픔을 가눌 길이 없어 죽은 아기를 품에 안고 울며 내려놓으려고 하지 않았다. 그녀는 절박한 마음으로 붓다에게 와서 물었다. "제 아들을 다시 살려 주실 수 있습니까?"

"그렇다." 붓다가 대답했다. "하지만 먼저 마을의 모든 집에 가서 아무도 죽은 적이 없는 집에서 겨자씨를 가져와야 한다."

그래서 그녀는 열심히 모든 집을 돌아다녔다. 마을 전체를 돌고 난 후, 그녀는 겨자씨를 구하지 못한 채 붓다에게 돌아왔고, 마침내 그녀의 아들을 놓아 줄 준비가 되었다. 그녀는 고통의 진리와 죽음의 보편성을 보았다. 그리고 슬픔을 없애지는 못했지만, 어쩌면 계속 살아갈 수 있을 정도의 충분한 평화를 얻었을 것이다.

세 개의 귀의처: 폭풍으로부터의 쉼터

붓다는 질병과 노화와 죽음을 천상의 사자라고 불렀다. 왜냐하면 붓다에게 그러했던 것처럼, 우리가 질병과 노화와 죽음으로부터 분리되어 있다는 환상에서 깨워 자유의 길로 인도할 수 있기 때문이다. 그는 고통은 존재의 일부라고 말한다. 하지만 그는 우리를 거기에 매어 두지 않는다. 다음 장에서 세 가지 고귀한 진리를 살펴볼 것이고, 여기에는 고통에서 벗어나는 길도 있다.

언제 어디서든 도움을 받을 수 있는 방법이 있다. 이를 '피신하기'라고 부른다. 비가 오면, 우리는 귀의처를 찾는다. 삶의 폭우로부터 피할 수 있는 불교의 귀의처는 붓다, 다르마, 수행공동체이다. 첫 번째 귀의처를 보는 한 가지 방법은 붓다라는 역사적 인물에서 위안을 얻을 수 있다는 것이다. 지혜롭고 계몽된 존재가 있었고, 그의 가르침은 우리를 도와준다. 이것을 보는 또 다른 방법은, 우리도 깨어날 수 있는 능력과 지혜와 의식을 가지고 있다는 알아차림 속에서 귀의처를 찾을 수 있다는 것이다. 두 번째 귀의처는 두 가지 방법으로 볼 수 있는 다르마로 고통에서 벗어날 수 있는 실천의 방법으로서의 붓다의 가르침과 우리의 삶 모든 곳에서 이용 가능한 가르침이다. 세 번째 귀의처는 영적인 친구의 공동체인 수행공동체이다. 당신과 함께 길을 여행하는 사람들, 당신의 삶에서 의지할 수 있는 사람들이다.

사람들은 인간이 겪을 수 있는 모든 종류의 고통으로부터 귀의처를 찾아 MBSR 수업에 오게 된다. 앞의 그룹에서 볼 수 있듯이, 고통은 직장 스트레스에서 말기 질환에 이르기까지 모두에게 있다. 인생에는 스트레스 요인과 어려움이 너무 많다. 진정한 귀의처를 찾고 있는가? 우리는 모두 '거짓 귀의처'라고 불리는 것을 찾는다. 이런 것들에는 술과 음식(질문했을 때 보통 1위의 대답), 약(처방된 것과 그렇지 않은 것 모두), 전자기기 사용, 과로 등이 있다.

MBSR에서 우리는 본성을 깨우고 알아 가는 과정 속에서 신뢰할 수 있고 해롭지 않은 귀의처를 찾기 시작한다. 결국, '붓다'라는 단어는 한 사람의 이름이 아니라 깨어 있다는 뜻이다! 나는 종종 새로운 참가자들에게 보이지 않는 해결책을 제공하는 프로그램에 오기로 선택하는 것이 많은 알아차림을 보여 준다는 것을 알려 준다. 그 해결책은 아무리 어렵더라도 조용히 앉거나 누워서 자신의 경험을 기꺼이 바라보는 것이다. 이런 맥락에서 붓다 안에서 귀의처를 찾는다는 것은 자신이 용감하게 어려움을 견딜 수 있는 능력이 있다고 믿는 것을 의미한다. 우리는 스스로를 믿을 수 있다.

우리는 MBSR 수업에서 듣고, 느끼고, 맛보고, 만지고, 볼 때 우리 모두 현실에 대한 진리를 알 수 있다는 사실에서 귀의처를 찾을 수 있다. 르네가 "모두 뭔가 있는 것 같아요."라고 말했을 때, 우리는 모두 그렇다는 사실에 안심할 수 있다. 이것이 다르마 안에서의 피신이다.

이야기를 나누기에 안전하고 믿을 수 있는 지침이 만들어진 후 돌아가며 이야기를 하고, 우리는 수행 공동체를 만든다. 그리고 심지어 첫날 저녁에도 우리는 자크의 눈을 통해 그것이 얼마나 강력한 치유가 될 수 있는지 다시 보았다.

건포도에 대한 마음챙김

우리는 참석하게 된 이유에 대해 이야기를 나눈 후에, 나는 모두의 손에 건포도 두 개를 놓고 마치 그들이 무엇인지 모르는 것처럼 보도록 한다. "여러분이 다른 행성에서 왔다고 상상해 보세요. 그래서 '모선 (mother ship)'에 보고를 해야 합니다." 사람들은 '주름진' '타원의' '불규칙한' '황금색' 같은 시각적 형용사를 사용한다. 그런 다음 냄새를 맡고, 느끼고, 듣고, 마침내 입에 하나를 넣고, 씹어서 맛이 느껴지기 전에 혀와 침샘을 통해 느껴지는 모든 것을 알아차린다. 우리가 매일 먹는 것을 탐구하는 것이다. 하지만 우리는 대부분의 사람의 경험을 변화시키는 특정한 방법으로 한다. 나는 이 일에 대해 약간 걱정스럽다. 어떤 사람들은 이것을 어리석다고 생각하거나 어색해하기 때문이다. 하지만 실제로 대부분의 사람은 참가를 하고, 더 흥미롭게도 뭔가를 배우게 된다. 끝나고 나면 "이렇게 건포도를 먹는 것이 어떻습니까? 어떻게 느꼈습니까?"라고 질문을 한다.

"평화로웠어요."

"감사해요."

"이상하게도, 내 이에 붙었어요."

"연결된 것 같아요."

"어색해요."

"저는 제가 아무것도 생각하지 않고 있다는 것을 알아차렸어요."

"저는 제가 더 많이 원한다는 것을 알아차렸어요."

"재미있네요. 사실 저는 제가 겨우 두 개 먹고 만족한 것에 놀랐어요."

그들은 벌써 그 수업에서 서로를 가르치고 있었다.

내가 MBSR 과정에 대해 이해한 바에 따르면, 건포도 명상은 초반에 하도록 되어 있다. 이는 공식 명상에서 사용하는 알아차림을 평범하고 익숙한 것으로 가져 올 수 있게 사람들을 초대하는 여행의 시작 부분에 배치한 것이다. 이것은 명상이 특정한 자세로 해야 하는 이상한 것이 아니라, 손쉽게 주의를 기울이는 방법이며, 다양한 환경에서 아주 쉽고 자연스럽게 이루어질 수 있다는 것을 보여 준다. "이것이 명상이다." 나중에 참가자들에게 호흡을 느껴 보라고 요청하면 이 경험을 "호기심으로 호흡하는 것 – 건포도를 맛본 방식"이라고 다시 언급할 수 있다.

건포도 명상은 존 카밧진(Jon Kabat-Zinn)이 언급한 "안에서 밖으로 학습(inside-out learning)"과 붓다의 직접 경험에 대한 가르침을 구체화한 것이다. 우리는 자동조종을 하지 말라고 강의를 하지 않지만 실제로 자동조종을 중단하게 된다. 여러분은 MBSR 수업을 들었거나 다르마 센터를 방문했을 때, 모든 세션은 언어로 교육하기 전에 침묵 명상으로 시작한다는 것을 알 것이다. 이런 방법으로, 가르침이 여러분에게 진실인지 알 수 있다. 수업과정은 경험과 경험에 대한 알아차림이다.

건포도 명상을 마친 후, 나는 사람들에게 '바디스캔'을 할 것이라고 말한다. 이것은 보통 누워서 하지만 의자에 앉아서 할 수도 있다.

"우리는 몸을 방문해서 이 순간 무엇을 느끼는지 묻는 데 시간을 보낼 것입니다. 느낌을 아는 데에 특별한 방법은 없습니다. 그저 여기 있는 것에 호기심을 가지는 것뿐입니다. 어떤 면에서 우리는 건포도를 먹을 때와 같은 마음으로 우리 몸을 탐험하는 것이라고 말할 수 있습니다."

나는 누워서 내가 가장 좋아하는 '우주 비행사 자세'를 보여 준다. 바닥에 누워 거꾸로 있는 우주 비행사처럼 의자에 종아리를 걸쳐 놓았다. 사람들이 자리를 정하는 동안 진(Jean)이라는 여자가 내게 다가와 몸을 숙였다. 그녀는 상담 내내 나를 노려보고 있었다. "내 몸이 항상 아프다는 걸 알아줬으면 좋겠어요." 그녀가 말했다. "이렇게 할 수 있을지 모르겠어요."

나는 한쪽 팔꿈치로 몸을 일으켜 눈을 마주쳤다. "진, 당신에겐 정말 어려운 일이겠네요. 납득이 잘 안 되더라도, 한번 기꺼이 시도해 보시지 않겠어요? 할 수 있는 한 최선을 다해 보고 도움이 될 만한 것은 어떤 것이든 자유롭게 사용하세요." 놀랍게도 내가 불안감을 알아차리고 고요히 숨을 쉬는 동안 그녀는 조용히 자기 자리로 가서 쿠션과 베개를 여러 개 놓았다.

명상이 끝나자 나는 종을 울리고 참가자들에게 일어나 앉아 시간을 가지라고 한다. 바디스캔을 한 후 사람들은 항상 약간 달라 보이는데, 좀 더 부드러워지고 더 졸려 보인다.

진은 일어나 앉아 나를 바라보았지만, 노려보지는 않고 좀 더 공감하는 목소리로 말했다. "뭔가 배웠어요!"

"그래요?" (오, 세상에, 내 생각에는······.)

"내 몸이 다 아픈 것도 아니고 항상 아픈 것도 아니었어요. 아프지 않은 곳도 있고 정말로 아픈 부분도 있어요. 음 그리고 조금씩 바뀌네요." 그녀는 진심으로 미소를 지었다.

진은 조심스럽게 주의를 기울였다!

좋다, 인정한다. 난 내부에서 뭔가 오르내리는 것 같았다. 명심하라, 항상 이런 식으로 되는 것은 아니다. 이건 동화가 아니다. 그리고 난 여러 번 다르게 진행된다고 들었다. "내가 상상했던 것보다 몸이 훨씬 더 아프다!"라고 말할 수 있다. 하지만 이건 실화이다. 그러나 잠시 동안만이라도 축하할 만한 일이다. 이것이 진정한 다르마이다. 경험에 대한 고통스러운 이야기보다는 실제 경험을 스스로 보고 있는 것이다.

당신은 어떤가? 느낌에 대한 경험이 느낌에 대한 생각과 일치하지 않는 순간이 있는가? 아니면 그런 시간이 있었는가?

이 수업 중에는 토론을 할 시간이 많이 없지만 숙제가 있다. 이번 주 6일 동안 바디스캔을 수련하고 마음챙김하며 먹고, 일상 활동에 대한 마음챙김을 수련하도록 한다. 나는 참가자들에게 손 씻기(건강 관리 제공자와 함께하는 것은 아주 훌륭한 일이다), 운전, 정원 가꾸기, 요리, 심지어 집에 들어갈 때 문손잡이를 느끼는 것같이 특정한 것을 선택해 보도록 한다.

"샤워할 때 피부에 흐르는 물을 느껴 보세요. 정신적 활동을 하고 있음을 알아차렸다면 다음에는 물의 감각, 비누 냄새에 주의를 기울이세요. 아니면 음식을 준비할 때, 토마토의 첫 번째 조각 냄새를 맡으면서 시도해 볼 수도 있습니다. 또는 손 아래 운전대, 등 뒤의 좌석을 느끼고, 여러분 주변의 색상과 모양을 보고, 마음챙김하며 운전을 해 보세요."

나는 문 앞에 서서 참가자들에게 작별 인사를 했다. 자크와 캐롤이 남았다.

"전 정말 수업을 듣고 싶어요, 베스(Beth)." 자크가 말했다. "저를 위해서요."

"좋아요. 다음 주에 봐요, 자크."

캐롤이 나를 꼭 안아 주었다. 그리고 그들이 떠났다.

알지 못한다는 것이 가장 친밀하다고 생각한다. 어쩌면 엄마의 강요로 오게 된 한 젊은이가 들어온 이 수업에서 무슨 일이 일어날지 내가 어떻게 알 수 있었겠는가? 하지만 여기 우리는 지금 친밀한 순간에 있다.

2장
몸에 대한 다르마:
저항하는 것은 지속된다

오늘 오후에 의료 센터로 차를 몰고 가면서, 나는 수업 전에 만날 새로운 참가자를 생각하고 있었다. MBSR 프로그램은 건강한 삶을 위한 센터(Center for Health Living)라는 병원의 한 지점을 통해 제공되는데, 이곳은 두 명의 훌륭한 여성 산드라(Sandra)와 루이즈(Louise)가 운영하고 있다. 그들은 센터 내에서 MBSR 프로그램을 정성껏 지원하고 지지하고 있다. 월요일에 루이즈는 남편에게 심각한 문제가 있다고 전화를 했다. "브라이언(Brain)은 3개월 전에 고관절 대체 수술을 받았는데, 안 좋아졌어요. 감염이 되었고 아무것도 효과가 없는 것 같아요. 이제 다른 수술을 받을 수 있도록 감염된 부분을 치료하려고 해요. 하지만 그 와중에 그는 완전히 무너진 것 같아요. 우리는 당신의 수업이 이미 시작되었다는 것을 알고 있지만, 달리 무엇을 해야 할지 모르겠어요! 남편이 계속 울고 그래서 나도 울게 되고, 아이들은 불안해해요. 항우울제는 그를 더 악화시키는 것처럼 보였어요……." 그녀는 서둘러 말을 쏟아 냈다.

"오, 루이즈, 당신 가족들이 그렇게 힘들다니 마음이 아프군요. 6시에 만나자고 해 주세요. 그러면 제가 할 수 있는 일이 뭔지 알아볼게요."

나는 수업에 일찍 도착했고, 교실 밖에는 흰머리에 작은 체격을 가진 남자가 벤치에 기운 없이 앉아 있었다. 그 옆에는 걸음 보조기가 있었다. 나는 손을 뻗었고 그의 눈과 마주치려고 몸을 숙였다. 그가 고개를 거의 들지 않았기 때문이다. "안녕하세요, 브라이언, 저는 베스입니다. 저와 이야기를 좀 나누시겠어요?"

그는 고관절 수술이 실패한 것에 대해 말했고 눈물이 뺨으로 흘러내렸다. "나는 해군 의무병이었어요. 이제 나는 중환자실 간호사입니다. 나는 가족을 부양해 왔어요. 모든 사람은 나에게 도움을 청했어요. 난 사람들을 구하기 위해 헬리콥터에서 뛰어내려 차가운 물로 뛰어들곤 했어요. 이제 아무것도 할 수 없어요. 나는 정말 쓸모없는 존재가 된 것 같아요. 나는 항상 도움을 요청해야 해요. 더 낫지 않으면 이런 식으로 어떻게 계속 살 수 있을지 모르겠어요."

참가자들이 도착하는 것을 보고 나는 본론으로 들어갔다. "브라이언, 오늘 저녁에 우리는 수업을 바디스캔이라는 명상으로 시작할 거예요. 그냥 누워 있거나 앉아서 듣고만 있으면 돼요. 나중에 하고 싶지 않으면 아무에게도 아무 말도 하지 않아도 돼요. 나중에 집에 가져갈 자료를 줄게요. 괜찮겠어요?" 그가 고개를 끄덕이고 우리는 함께 안으로 들어갔다.

나는 사람들이 서로 인사하는 것을 보고, 자크가 거기 있다는 것을 알아차리지 않을 수 없었다(그래! 난 자크에게 애착을 갖고 있다).

나는 자리에 앉으며 인사했다. 내 옆에는 조(Joe)가 앉았다. 그는 날씬하고 나이가 좀 있는 남자인데 저번 주에는 교감이 잘되지 않았다.

"지난주에는 당신 말이 하나도 들리지 않았어요. 이 의자들, 세상에, 도대체 누가 이렇게 해서 스트레스를 줄일 거라고 기대하는 거지요?" 그는 으르렁거리듯 말하며 의자를 뒤로 홱 잡아당겼다.

스트레스 완화를 가르치고 있는 내가 갑자기 스트레스를 받고 짜증이 났다는 것을 알았다. 약간 불친절한 생각이 들었다, 그리고 약간 방어적인 느낌이 들기도 했다. 좋아, 베스, 숨 쉬어.

"조, 당신이 내 옆에 가까이 앉아서 다행이에요." 내가 말했다. "오늘은 좀 크게 말할게요. 앞으로는 내 옆자리를 비워 두겠어요." 그가 특별한 쿠션을 가져온 것을 보았다. "그게 도움이 됐으면 좋겠어요. 안 되면 저한테 알려 주세요."

그는 하려고 했던 싸움을 하지 못해 실망했을지도 모른다. 지금 기억나는 건 그가 허리 수술을 여러 번 받았고 통증이 심하다는 것이다. 그는 77세이고 오랫동안 통증과 함께 살아왔다. 그는 최근에 받은 수술이 그가 받을 수 있는 마지막 수술이라고 했다. 나는 그의 인생에서 이 시기에 이 프로그램을 시도한 것은 정말 잘한 것이라고 믿는다고 했다.

조가 말할 때 내가 반응하는 것을 알아차리기 때문에, 내가 가르치는 것을 수련할 시간이기도 하다. 나는 잠시 말을 멈추고 숨을 들이마시며 그가 고통스러워서 여기 있다는 사실을 기억했다.

2회기는 바디스캔 명상으로 시작한다. 일주일 동안 집에서 수련을 한 후, 현재 상태를 보면서 우리가 함께 수련할 수 있는 기회이다. 바디스캔 명상은 수업 초기에 강조되어 신체 감각에 대한 알아차림을 계속 키워 나가는데, 이는 신체에서 나타나는 스트레스를 탐구하는 데 도움이 된다. 바디스캔에는 치유에 도움이 되는 것을 포함하여 많은 기능이 있다. 존 카밧진의 말을 인용하면 "당신이 실제로 몸 안에 있을 때 몸을 치유하는 것이 더 쉽다.”

나는 사람들에게 그들이 좋아하는 바디스캔 자세를 취하도록 한다. 평소와 마찬가지로 2주째에는 담요와 베개와 같은 소품이 몇 개 더 준비되어 있다. 나는 자리에 앉아 있는 브라이언을 주시하고 있었다.

바디스캔을 끝내고 사람들을 세 개의 그룹으로 만들었다. “잠시 후 이 바디스캔에 대해 나눔을 하겠습니다. 지난 화요일에 한 것이나 70년대에 배운 명상이 아니라 방금 우리가 한 바디스캔이요.” 나는 다른 사람들 말을 엿들으며 이렇게 말하게 되었다. 때로는 애완동물이나 좋은 레스토랑에 대해 이야기하는 것을 들었다. “그리고 우리는 특정한 방식으로 공유할 것입니다. 이번 바디스캔 중에 어떤 경험을 했습니까? 바디스캔이 좋았다거나 나빴다거나 또는 자신이 제대로 잘했다거나 못했다거나, 지도를 잘 못했다고 평가를 하는 것이 아닙니다. 영화 감상처럼 그를 사랑하고, 그녀를 싫어했고 이런 것이 아니라 실제로 일어난 일을 서로 포착하고 공유할 수 있는지 확인해 보십시오. 예를 들어, ‘발가락을 느낄 수는 없었지만 종아리는 아팠다. 팔을 하는 동안 딸을 생각하고 있었고, 잠이 들은 것 같다.’ 이런 것이 있습니다.”

이런 식으로 공유하는 것은 그것 자체가 마음챙김 수련이기 때문에 나는 이렇게 하도록 한다. 그것은 우리의 습관적인 패턴과는 다르게 말하고 듣는 방법을 기르고 사람들이 그들의 경험에 더 가까이 다가가도록 만든다. 그것이 수련이다!

나는 브라이언에게 가서 그가 그룹에 들어가고 싶은지, 아니면 나와 함께 이야기를 나누고 싶은지 물어보면서 다른 사람들은 모두 파트너가 있는지 확인했다. “나는 당신과 함께 이야기를 할 거요.” 그는 작은 소리로 말했다. 우리는 가까이 앉았다. 나는 그의 옆으로 몸을 기울였지만, 여전히 방의 나머지 부분을 볼 수 있도록 했다. 그는 완전히 변한 것처럼 보였다. "내가 할 수 있을 거라고 생각하지 않았지요. 말하는 게 두렵지만, 집중할 수 있었고, 몇 년 만에 처음으로 내 문제에 대한 생각을 멈췄어요. 처음에는 불가능해 보였지만, 내가 해냈어요." 나는 그의 군사 훈련 중 일부가 지금 그에게 효과를 나타내기 시작하고 있다는 예감이 들었다.

"그래서 따라갈 수 있었군요. 그리고……."

"음, 그냥 내 몸을 느끼고 당신 목소리를 들었어요. 마음이 아주 진정되었어요." 작은 미소를 지으며 말했다. "계속 하고 싶어요."

"음, 좋은 소식이 있어요. 이건 숙제예요. 그리고 당신을 위해 바디스캔이 있는 CD도 있어요. 이제 항상 이렇게 되는 것은 아닐지 모르지만 계속 시도해 보세요. 우린, 무슨 일이 일어나는지 볼 거예요. 제가 당신을 그룹에 소개해도 괜찮을까요? 모두 지난주에 왜 여기 왔는지 말할 기회가 있었어요. 저는 그냥 당신이 여기 있다는 걸 다른 사람들이 알았으면 좋겠어요. 원하는 만큼, 아니 조금만 말해도 됩니다." 그는 고개를 끄덕였다.

브라이언을 소개하기 위해 모든 사람을 다시 둥글게 모이도록 했다. 그는 눈물을 조금 흘리며 빨리 자신의 이야기를 했지만, 전보다 덜 울었다. 그리고 나서 전체 나눔을 하였다. "어떠셨어요? 이제 일주일 동안 했던 바디스캔이나 마음챙김 먹기 또는 수련한 것에 대한 것이 아니더라도 알아차린 모든 것에 대해 이야기해도 좋습니다."

"통증을 느끼는 방식이 정말 바뀌고 있어요. 제가 정말로 제 몸을 느낄 때, 그것은 지난주에 말한 것과 같이 제가 생각하고 있는 것이 아니에요. 사실, 저는 제가 믿는 다른 것들에 대해 의문을 갖기 시작했어요."

라고 진이 말했는데 그녀는 오늘 저녁 밝아 보였다.

"전 달라요." 6학년 교사인 아일린(Eileen)은 주로 직장 스트레스 때문에 왔다고 말했다. "목이 아프다는 걸 더 잘 알고 있고, 오른쪽 어깨도 너무 아파요. 더 아픈 거 같은데 왜 내가 이것을 해야 하는지 설명해 줄 수 있나요?"

이것은 흔한 질문이고, 나는 그런 질문이 나와서 기쁘다. "음, 우선, 잘 들었어요." 내가 대답했다. "그것은 실제로 어떤 면에서는 통증을 더 생생하게 느낄 수 있어서, 왜 그런 질문을 하는지 확실히 알 수 있어요." 사람들은 흥미를 느끼는 것 같았다. "어떻게 생각하세요? 지금 당장은 더 불편하게 느껴지지만 좀 더 해 볼 가치가 있을까요?"

그녀는 잠시 멈추었다. "어쩌면 내가 뭔가 할 수 있도록 그 일에 대해 알아야 할 것 같아요."

"그럴 수도 있어요. 그렇게 불편한데, 왜 갑자기 일어나 방을 뛰쳐나가지 않았지요? 어떻게 계속할 수 있었어요?"

침묵이 흘렀다. 사람들은 이미 용기를 내어 도전을 하고 있다는 사실을 깨닫지 못하는 경우가 많다. "난 통증을 느꼈고, 그다음엔 당신 목소리를 듣고 다른 부분을 느꼈어요. 하지만 목 부분의 통증으로 계속 돌아왔어요."

"특히 어려운 점이 있었다는 걸 감안해도, 당신은 전체 경험에 대해 많이 알아차린 것처럼 들립니다."

그녀는 놀란 표정을 짓고 잠시 기쁘게 생각했다.

니키(Nikki)라는 젊은 의사가 다음과 같이 말하기 시작했다. "저는 참을성이 없다는 것을 알게 되었어요. 첫 번째 다리 중간에 두 번째 다리를 생각하고 두려워지기 시작했어요. 이런, 나는 다른 다리를 무사히 끝낼 수 있을까? 너무 오래 걸려! 그냥 계속 해 볼 수 있을까? 할 게 너무 많아!" 이런 생각이 들었어요.

"그게 당신에게 익숙한 느낌인가요? 다른 것에 대해서도 그런 느낌을 받은 적이 있나요?"

그녀는 잠시 생각하다가 웃음을 터뜨렸다. "모든 것에서 다 그래요." 모두 웃었다. 조마저도.

우리는 모든 이야기를 들었다. 좋은 것, 나쁜 것, 그리고 중간 것. 많은 사람에게 있어 어떤 것도 바꾸거나 조작하려고 하지 않고 자신의 몸을 있는 그대로 느끼는 것은 새로운 경험이다. 나는 진료를 할 때 몸이 보내는 신호를 무시한 데서 비롯된 수많은 질병과 상태를 본다. 나는 사람들이 자동차와 훨씬 더 연결되어 있다고 종종 느끼고, 몸보다 차를 더 잘 돌본다고 생각한다. 고양이나 개는 말할 것도 없고! 나는 그들이 할 수 있다면, 나에게 자신의 몸을 던져 놓고 이렇게 말할 것이라고 생각한다. "저기, 베스, 나를 위해 이 몸을 좀 조정해 줄 수 있겠어요? 이게 웃긴 소리를 내며 부드럽게 달려지지가 않아요." 이 이야기를 참가자들과 나눌 때마다 매우 공감하는 것을 볼 수 있다.

나는 가끔 그들에게 나의 환자인 어깨가 굳어 있는 간호사 헬렌(Helen)에 대해 말한다. 어깨가 움직일 수 있는 범위가 크지 않았다. 건염 때문에 움직이기가 힘들었고 시간이 지남에 따라 움직일 수 있는 동작이 제한되었다. 헬렌은 환자를 들어 올리느라 어깨가 아팠지만, 몇 달 동안 그것에 대해 아무것도 하지 않았다. 나를 보러 왔을 때쯤에는 거의 움직일 수가 없었다. 굳어 버린 어깨를 회복하는 데는 오랜 시간이 걸린다. 아프고 어렵고 시간이 많이 걸린다. 하지만 일찍 알면 건염은 치료하는 것이 꽤 쉽다. 이것은 아일린이 이전에 질문한 왜 우리가 불편함을 알아차려야 하는지에 대한 대답이다.

지난주에 나는 새로운 환자 윌을 만났다. 윌(Will)은 사랑스러운 사람으로 건축업자이며 당뇨병을 새로 진단받고 오게 되었다. 그는 병원에서 발을 절단하게 되면서 당뇨병이 있다는 것을 알았다. 그는 (몰랐던) 당뇨병 때문에 발을 느낄 수 없었고 치료받지 못한 상처는 너무 오랫동안 방치되었다. 윌에게 공평하게 말하자면, 그는 산만함이나 단절된 상태 때문에 몸을 소홀히 한 것은 아니었다. 그는 가족과 사업에 대한 강한 의무감을 가지고 있으며, 많은 사람처럼 이를 자신이 제공해야 하는 것으로 보고 우선적으로 생각했다. 우리가 알지 못하는 것은 서비스를 제공하는 차량에 대해 신경 쓰지 않는다면, 아무도 혜택을 받지 못하고 우리가 실제로 책임을 져야 한다는 것이다. 내가 너무 극단적으로 말하는 것은 아니다. 그것은 단지 당신의 몸을 느낄 수 있는 좋은 아이디어일 뿐이다. 처음에는 더 나빠지더라도, 몸에 머물러라. 몸은 당신이 가진 유일한 것이고, 바꿀 수도 없다.

이것이 바로 붓다가 굶으면서 금욕 생활을 했을 때 일어났던 일이다. 그는 그러다가 거의 죽을 뻔했다. 하지만 붓다와 많은 사람이 발견한 바와 같이, 몸에 대한 거부는 평화로 가는 길이 아니다. 깨어 있다는 것은 우리의 안과 밖에서 무슨 일이 일어나는지 그 경험의 순간을 기억하는 것을 의미한다.

두 번째 고귀한 진리: 고통에는 원인이 있다

때때로 붓다는 질병과 고통(첫 번째 고귀한 진리)을 알았기 때문에 유능한 의사로 묘사된다. 그는 고통의 원인에 대한 진단을 내렸고(두 번째 고귀한 진리), 치료, 즉 고통을 끝낼 수 있는 가능성(세 번째 고귀한 진리)을 설명하고, 팔정도(네 번째 고귀한 진리)로 처방전을 주었다. 우리는 다음 장에서 이 모든 것을 탐구할 것이다.

붓다가 고통의 원인이 있다고 말했을 때, 단순히 나이 들고, 병에 걸리고, 죽는 것만을 의미하지 않았으며, 우리가 살아가면서 겪는 어려운 현실과 관계를 맺는 방식을 의미하였다. 빨리어로 고통의 원인을 설명하기 위해 사용한 단어는 탄하(Tanha)인데, 이것은 종종 '참을 수 없는 갈증(unquenchable thirst)'으로 번역된다. 탄하는 또한 '갈망/집착(craving)'으로 번역되기도 하며, 그에 상응하는 것은 '혐오/싫어함(aversion)'이다. 붓다는 자신의 경험을 깊이 들여다봄으로써 우리가 고통을 받는 이유는 무언가 현재와 다르기를 원하고(싫어함), 또는 가지고 있거나 가지고 있던 것에 집착하거나, 즐거운 것이 그대로 유지되기를 바라기 때문이라는 것을 알게 되었다(갈망). 고통을 야기하는 '집착'의 힘은 두 번째 고귀한 진리이다. 그가 고통을 말할 때는, 우리 삶에 있어서의 커다란 비극과 위기만을 의미하는 것이 아니라, 무언가 옳지 않다는 미묘한 느낌과 우리가 원하는 방식이 아니라는 것도 있다는 것을 구별하는 것이 중요하다. 난 여러분에 대해서는 잘 모르지만, 내 인생은 여태껏 이렇게 정리가 되고 계속 유지된 적이 없었다. 삶이 우리가 원하는 방식대로 되지 않는다는 것을 받아들이는 것은 매우 어려울 수 있으며, 그래서 우리는 계속 불만을 느끼게 된다.

브라이언을 예로 들어보자. 그는 정말 힘든 상황에 처해 있다. 그는 고관절 수술을 했지만 잘되지 않았다. 하지만 그의 고통은 부분적으로는 그가 그 사실을 받아들이는 것에 어려움을 겪고 있는 데 있다. 그는 다음과 같은 반복적인 생각에 사로잡혀 있다. "이런 식으로 가면 안 됐어. 이런 식으로 하기로 한 게 아니었어. 보통 5주면 회복된다고 했으니, 지금쯤이면 일하러 돌아가야 해." 그는 자신의 생각, 즉 어떤 것이 되어 가는 방식에 대해 싫어하고 그것이 달라지기를 갈망하는 것에 빠져 있으며, 이는 차례로 강력한 감정을 만들게 된다. 몇 분 동안 생각을 내려놓고 그 순간 자신의 몸의 감각을 느낀 후, 그의 고통은 크게 줄어들었다. 조 역시 해부학적인 원인으로 신체적 통증을 겪고 있지만, 그는 또한 나와 의자 등 방안에서 옳지 않다고 여겨지는 모든 것으로부터 고통을 받고 있었다. 그것이 그의 마음이 가는 곳이다. 유머 감각이 뛰어난 니키조차도 다음 것을 시작하고 싶은 욕망이 있으며, 가만히 있는 것에 대한 싫어함이 있었다.

그렇다고 해서 이 사람들이 겪고 있는 경험이 진정으로 어렵지 않다는 뜻은 아니다. 그들은 힘들다. 그러나 브라이언과 조와 니키는 마음에 '갈망'하거나 저항하는 경향이 있기 때문에 더 힘든 것이다.

우리는 고통을 어떻게 다루는가

이 현상에 대해 붓다는 명확하게 도움이 되는 가르침을 주었다. 이를 '두 번째 화살'이라고 불렀다. 붓다는 한 제자에게 이렇게 물었다. "화살에 맞으면 아프겠냐?" 제자는 "그렇겠습니다."라고 대답했다. "두 번째 화살에 맞으면 더 고통스럽겠냐?" 제자는 "네!"라고 대답했다.

"살아가면서 우리는 보통 첫 번째 화살은 통제할 수가 없다. 두 번째 화살은 첫 번째 화살에 대한 반응으로 볼 수 있다. 두 번째 화살은 선택

사항으로 볼 수 있다."

예를 들어, 1장에서 진은 통증에 대한 자신의 생각과 통증이라고 이름 붙인 감각에 대한 실제 경험이 다르고 생각이 훨씬 더 안 좋았다는 사실을 깨달았다. 브라이언이 수술 전의 상황과 미래에 일어날 수도, 일어나지 않을 수도 있는 것을 두려워하며 가지는 자신의 처지에 대한 생각과 감정은 두 번째 화살이다. 조의 방, 의자, 그리고 나에 대한 반응도 마찬가지이다. 여기서 잠시 시간을 내어 자신의 삶에 첫 번째와 두 번째 화살의 예를 생각해 보자.

나에게 선에 대해 가르쳐 준 텐신 선사는 종종 우리에게 묻는다. "화살에 맞았다면 먼저 누가 쏘았는지 궁금해할 것인가? 왜 화살을 쏘았을까? 어디서 쏘았을까? 어디에서 만들었을까? 그럴 자격이 있었나?" 그의 질문으로 나는 먼저 화살을 제거하고 상처를 돌보는 것이 현명한 일임을 알게 되었다.

그렇게 하기 위해서는 상처를 보고, 느끼고, 도움을 요청해야 할 것이다. 예를 들어, 누군가는 마음이 상한 것에 대해 말한다. 나는 그녀가 왜 그런 말을 했는지, 혹은 내가 그 말을 들을만 했는지 분석해 볼 수 있다. 사실 나는 완벽한 증거와, 서명이 된 진술서, 그리고 그녀가 잘못했다는 사진이 있는 꽤 정교한 이야기를 만들 수도 있었다. 나는 이것을 나의 주장이라고 부른다. 아니면 무슨 일이 일어났는지 말하기 전에, 그저 내가 마음이 아프다는 사실에 주의를 기울이고 나 자신을 돌보고 현명한 사람(즉, 불에 휘발유를 붓지 않는 사람)과 이야기를 나누고 지금 당장 무엇이 진실인지를 알아볼 수도 있을 것이다. 내 경험상, 이것을 먼저 한다면, 나는 사건을 만들 필요가 없다. 나는 내 감정을 인정하고 나또는 다른 사람을 석방하기 위해 배심원이 필요하지 않으며, 그다음 나는 모든 것을 더 명확하게 볼 수 있다. 이 일을 할 때면, 나는 더 많은 정보가 필요하다는 것을 깨닫거나 또는 그대로 둘 수도 있고, 아니면 그것을 해결해야 할 수도 있다. 한편, 나는 반응을 즉시 하거나 정당화해서, 즉 '두 번째 화살'로 상황을 악화시키지 않았다.

이것이 우리에게 MBSR의 맥락에서 두 가지를 의미한다.

첫째, 우리는 두 번째 화살을 맞는 생각을 알게 되고, 바디스캔과 같은 명상을 통해 이야기(예를 들어, 이 감각이 "나를 죽이는" 것이라는 생각은 감각 자체가 아니다) 없이 우리의 직접적인 경험을 인식하는 수련을 한다. 둘째, 습관적인 이야기 없이 일어나는 일을 직접 경험함으로써, 우리 몸속에 우리 자신을 위한 마음챙김의 닻을 만든다. 직접 경험이란 무엇을 의미하는가?

사과에 대한 생각이나 그림은 한입 깨물었을 때 아는 감각적 경험이 아니다. 붓다의 가르침에 따르면, 이런 식으로 몸을 경험하는 것은 마음 속에 품고 있는 갈망과 혐오감을 깨기 시작할 수 있는 최고의 방법 중 하나이다. 이를 위해서는 서구 세계관에서 보면 매우 혁신적인 일을 해야 한다. 우리는 그것을 부정하거나, 피하거나, 달아나려고 노력하기보다는 우리의 경험으로 향해야 한다.

그 점에 대해서는 내 말도 붓다의 말도 믿지 마라. 그것이 당신에게 진실인지를 알아보라.

알아차림으로 주의 기울이기

우리가 방금 앞에서 언급한 첫 번째와 두 번째 화살, 그리고 고통의 원인을 관찰하는 데는 우리 경험에 대한 비판단적 태도와 현재 이 순간의 알아차림이 필요하다. 이것이 마음챙김의 기본 태도이다. 마음챙김을 뜻하는 빨리어의 단어는 사띠(Sati)이다. 사띠는 붓다의 가르침을 통해 많은 곳에서 볼 수 있다. 사띠란 무엇인가? 어떤 학자들이 그것은 사건이나 이야기를 기억하는 것이 아니라 우리가 오랫동안 느끼지 못했던 방식으로 고향으로 돌아온다는 의미에서 기억이나 기억의 감각을 포함한다고 말한다. MBSR에 참가한 많은 사람은 단지 짧은 수련 후에도 이러한 느낌에 대해 말한다. 그들은 "구름이 머리 위로 지나갈 때 저는 그냥 그 자리에 있었어요. 어린 시절 이후로 구름을 그렇게 본 기억이 없어요." 이것은 붓다가 나무 밑에 앉아서 축제를 보았을 때 자연스럽게 만족감을 떠올렸을 때의 경험과 매우 비슷하다. 나는 몸과 마음, 마음과 정신처럼 단절되었을 수도 있는 부분을 다시 모으게 되는 이러한 생각이 좋다. 어떤 학자들은 사띠가 '현재 순간을 알아차리는 것'을 의미한다고 하고 다른 학자들은 '옆에 또는 가까이 서 있는 것'이라고 말한다.

이 책의 맥락에서 마음챙김을 탐구하기 위해 MBSR 창안자인 존 카밧진이 내린 정의를 알아보자. 그에 따르면 마음챙김은 "의도적으로 현재 순간에 아무런 판단도 하지 않고 주의를 기울일 때 생기는 알아차림 자각"이다. 또한 불교를 가르치고 있는 크리스티나 펠드만(Christina Feldman)은 "마음챙김은 친절과 호기심과 분별력을 가지고 모든 사건과 경험에 동등하게 다가가려는 의지와 능력이다."라고 한다. 이 두 가지 정의가 나에게 놀라운 점은 둘 다 우리의 참여를 포함한다는 것이다. 우리는 '의도적으로' 어느 정도 의지를 가지고 우리의 역량을 확장하도록 초대된다. 우리는 이미 참가자들에게서 이것을 보았고, 여러분도 이것을 경험했을 것이다. 카밧진과 펠드만은 마음챙김을 개발할 때 가장 고통스러운 경험까지도 혐오와 갈망보다는 친절과 개방성으로 만날 수 있다고 말한다.

나는 사띠라는 단어를 번역하는 다양한 말 중에 특히 '옆에 또는 가까이 서 있는 것, 알아차림으로 주의 기울이기'를 좋아한다. 내가 이것을 생각하고, 마음챙김을 수련할 때 우정을 경험한다. 누군가 가까이 서서 친절하게 호기심을 갖고 내 경험에 주의를 기울이고 있다. 그것은 바로 나 자신이다.

마음챙김의 네 가지 토대(사념처, 四念處)

인간의 삶에 대해 철저히 관찰한 붓다는 우리가 마음챙김을 확립할 수 있는 네 가지 영역 또는 분야를 발견했는데 이러한 수련을 통해 자유를 경험한다. 그것들은 마음챙김의 네 가지 토대라고 불리며, 사티파타나 수타(Satipatthana Sutta:念處經)라고 불리는 경에 쓰여 있으며, 또한 마음챙김의 네 가지 토대에 관한 경이라고도 한다. 이 책의 뒷부분에 있는 불교 승려이자 학자인 아날라요(Anâlayo)가 훌륭하고 명확하게 번역한 추천서 목록을 보라. 여기 붓다는 '어떻게' 하여야 하는가에 대한 상세한 수련 지침을 주었다. 그것은 개념적이거나 이론적인 가르침이 아니다. 그는 이러한 수련을 '슬픔을 극복하고, 불만이 사라지고, 평화를 실현하기 위한 진정한 방법을 습득하는 직접적인 길'이라고 묘사했다. 여러분은 어떨지 모르지만, 나는 이것으로 붓다에 관심이 끌렸다. 첫 번째를 한번 보지 않겠는가?

마음챙김의 첫 번째 토대: 몸에 대한 마음챙김

붓다는 마음챙김의 첫 번째 토대는 호흡에 대한 알아차림으로 시작하는 몸에 대한 알아차림이라고 말했다. 이것은 MBSR과 불교 및 기타 지혜 수련에서 하는 근본적인 수련이다. 그는 우리에게 호흡하는 방법을 말하지 않고 오히려 "긴 호흡은 길다고 알고 짧은 호흡은 짧다고 안다. 숨을 들이마시는 것을 알고 내쉬는 것을 안다."라고 제안한다. 다시 말해, 그는 자연스럽게 우리의 호흡을 알도록 한다. MBSR에서 우리는 다음과 같은 지시를 한다. "숨을 느껴 보세요." 또는 "숨 쉴 때의 감각을 알아보세요. 가슴과 배가 올라가고 내려가는 것을 느껴 보세요." 우리는 실제로 사람들에게 호흡하는 법을 가르치지 않는다. 재미있는 것은 사람들에게 수업에서 가장 유용한 것이 무엇인지 물었을 때 종종 '호흡'이라고 대답한다는 것이다. 나는 그 순간에 이렇게 묻고 싶다. "무슨 호흡? 평생 동안 해 왔던 호흡?" 그들이 정말로 의미하는 것은 그들이 이미 항상 일어나고 있는 일에 관심을 기울이는 데서 귀의처를 찾았다는 것이다. 이것이 부분적으로는 붓다가 호흡수련을 강조한 이유라고 생각한다. 많은 사람이 이 수련이 잠시 동안만이라도 자유로 가는 직접적인 길임을 알게 된다. 시도해 보고 어떤 일이 일어나는지 보라.

몸에 대한 마음챙김의 첫 번째 토대에 대한 지침은 자세에 대한 인식을 불러일으키고, 서고, 걷고, 누워 있는 자세뿐만 아니라 체액, 뼈, 장기, 머리카락, 손톱, 이빨, 살, 힘줄 등 32개의 구성요소로 나누어 보도록 한다. 붓다는 우리에게 몸을 판단하거나 몸을 바꾸라고 요구하지 않고, 마음챙김으로 우리의 몸을 알게 하고 주의를 기울이도록 한다. 우리는 몸에 좀 더 주의를 기울여야 하는 몇 가지 이유에 관해 들었지만, 이것을 모든 사람이 가지고 있는 구성 요소로 이루어진 다소 비개인적인 것으로 보는 것은 우리가 덜 판단하고 나머지 인류와 더 관련이 있도록 한다. 젊고 아름다운 여성 참가자가 있었는데, 그녀는 자신의 신체 이미지로 많은 어려움을 겪고 있었다. 그녀는 늘 자신의 몸무게와 외모에 대해 생각하고 있었다. 그것은 그녀에게 큰 고통의 원인이었고, 그녀가 시도했던 어떤 것도 이러한 생각을 바꿀 수 없었다. 바디스캔과 마음챙김 걷기를 시도한 후, 그녀는 다음과 같이 보고했다. "나는 뚱뚱하지도 않고, 마르지도 않았어요. 둘 다 아니었어요. 나는 그저 서 있는 나였어요. 갑자기 발과 다리에 고마운 마음이 들었어요. 이 몸이 너무도 고마웠어요. 그리고 나서 저는 모든 사람이 하나의 몸을 가지고 있다는 것을 깨달았어요. 제 말은, 이상하게 들릴 수도 있지만, 저는 덜 외로웠어요. 전에도 이런 느낌을 받은 적이 있었는지 모르겠어요." 눈물이 그녀의 얼굴을 타고 흘러내렸고, 이 심오한 변화는 단순히 몸에 대한 마음챙김으로 시작되었다.

붓다 시대의 문화에서는, 몸은 초월해야 하고 심지어 비난의 대상으로 여겨졌다. 이것은 다른 영적 전통에서도 흔히 볼 수 있다. 우리 시대의 문화에서는, 몸에 대한 태도 중 하나는 종종 단절로 나타난다. 그리고 단절보다도, 우리는 몸을 평가하고 측정하며, 살아 있으면서 경험하고 기능하는 선물이라기보다는 물체에 더 가까운 것처럼 바꾸거나 조작하기를 원한다(최근에 당신의 놀라운 갑상선이나 신장에 대해 생각해 보았는가? 췌장 세포나 뇌 세포는 어떨까?).

당신은 몸과 어떻게 연결되어 있는가? 약간 불완전한 부분들로 보이는가? "나는 허벅지가 싫어."(가엾은 허벅지, 그들은 아무것도 하지 않는데) 화장을 하고, 머리 색깔을 바꾸고, 수술하고, 심하게 제한된 식단조

절을 하고, 움직이는 기쁨이나 건강을 위해 운동하는 것이 아니라 실제로 먹은 것에 대한 벌로서 운동을 한다. 하지만 몸이 지혜와 평온과 기쁨의 원천이라면 어떨까? 그럴 가능성이 있다면 어떻겠는가?

무상에 대한 지도자로서의 신체적 경험

마음챙김의 네 가지 토대에 대한 경(Satipatthana Sutta, 염처경)에서 첫 번째 토대에 대한 가르침이 13번 반복되고 있다. 반복되는 것의 일부는 '몸에서 일어나고 몸에서 사라지는 본질'을 명상하도록 하고 있다. 다시 말해, 우리가 영원할 것이라고 확신한 것들을 포함하여 사물이 변하는 것을 볼 수 있을 정도로 오랫동안 현재에 머물면서 의도적으로 관심을 기울이는 것이다.

진이 처음으로 바디스캔을 수련했을 때, 그녀는 감각이 항상하지 않고, 실제로 "일어나고 사라진다"는 것을 알게 되었다. 그녀의 통증에 대한 원래 생각인 "내 몸은 항상 다 아프다."라는 설명과는 완전히 다른 것이었다. 이 깨달음만으로 그녀의 고통이 줄어들었다. "나는 항상 이런 기분이 든다."라는 용어를 사용하면 기분이 어떤지 주목하라. 그리고 이제는 "때로는 나는 이렇게 느끼고 때로는 그렇게 느낀다."라고 말하면 어떻게 다른가 주목하라. 이것은 붓다의 가장 예리한 관찰의 결과이며 또 다른 필수 가르침인 무상(無常, impermanence)에 대해 가리킨다. 그는 진심으로 우리가 이런 현상을 보길 원했다. 현실은 변화한다는 본질을 더 잘 인식하고 편안하게 느낄 때 고통을 덜 받는다. 우리는 앞으로 불교의 중요한 가르침인 무상을 계속 탐구할 것이다.

몸과 호흡 마음챙김 수련의 또 다른 유용한 점은 그것이 항상 우리와 함께 있다는 것이다. 수련으로, 우리는 몸감각에 주의를 기울이고 고통스러운 생각-감정의 순환을 멈출 것을 선택할 수 있다. 이것을 하는 데는 장비나 특별한 자세도 필요 없고 심지어 침묵도 필요 없다.

이것은 일상생활에서 적용이 아주 잘된다. 예를 들어, 내가 어려운 환자를 대할 때, 상황이 점점 안 좋아지거나 겁이 나면(내 몸에서 느껴지기 때문에 알 수 있다), 나는 재빨리 조용히 발바닥이나 바퀴 달린 의자에 닿은 엉덩이에 주의를 기울이거나 단순하게 내 배가 오르내리는 것에 주의를 기울일 수 있다. 이렇게 하면 감정이 고조되는 것을 막을 수 있고, 가장 필요한 순간에 명료성과 안정감을 유지할 수 있다.

판단도 간섭도 하지 않고 마음챙김하며 몸을 느끼는 명상수련을 할 때 우리는 많은 것을 알게 된다. 우선, 몸에 대한 느낌을 덜 개인적으로 받아들이며, 그것이 우리를 어떤 사람이라고 정의하지 않는다는 것을 깨닫게 된다. 그리고 역설적으로 우리는 몸의 느낌을 더 많이 알게 된다. 즉, 우리가 몸을 더 많이 돌보게 된다는 것을 의미한다. 그리고 우리가 몸을 의식하면 몸의 신호가 주는 지혜에 귀를 기울일 수 있다. 나는 종종 참가자들에게서 그런 지혜에 대해 우리가 이미 가지고 있는 이야기를 이끌어 낸다. 예를 들어, "나는 그것에 대해 직감적으로 느꼈어요." "내 마음이 여기 없었어요." 또는 "나는 너무 화가 나서 똑바로 볼 수가 없었어요!"라는 말이다. 뭔가가 잘못되었다고 생각하거나 의식한 적이 있는가? 당신이 어떤 일에 주의를 기울이지 않았을 때 무슨 일이 일어났는가? 주의를 기울였을 때는 어땠는가? 내가 이런 말들을 무시할 때는 종종 나 자신이 그러지 않기를 바란다는 것을 알게 되고, 그런 말에 주의를 기울이면 그 속에 있는 지혜를 보게 된다.

마지막으로, 지금 건포도 명상이 기억나는가? 아니면 먹을 때나 일상적인 활동에서 마음챙김을 한 경험이 있는가? 많은 사람은 건포도 한두 개를 먹는 것이 그렇게 즐거울 수 있는 줄 몰랐다고 한다. 내가 함께 일하는 간호사들은 종종 마음챙김하며 손을 씻는 것이 바쁜 날에 자주 짧은 순간의 즐거움을 더해 주었다고 말한다. 따라서 몸에 대한 알아차림은 감각의 문을 통해 살아 있다는 단순한 기쁨을 느낄 수 있는 능력이 있음을 알게 해 준다. 이게 여러분에게도 사실인지 확인해 보라. 내 얼굴에 불어오는 산들바람이나 어치의 소리로 걱정스러운 생각의 흐름에서 깨어나 순간의 평화로 가는 경우가 얼마나 많은지 모른다.

나는 첫 수업이 끝나면 참가자들에게 매일 바디스캔을 계속하고 워크북에서 '유쾌한 일 기록표'라는 페이지를 찾도록 한다. "워크북에는 매일 유쾌한 일을 기록할 표가 있습니다." 내가 말한다. "여기에서 다음과 같은 질문이 있습니다. '그 일이 일어났을 때 어떤 감각을 느꼈습니까? 그 생각과 관련된 생각은 무엇이었습니까? 그리고 감정은 무엇이었습니까? 다음과 같이 접근하도록 해 보세요. 당신은 니키나 자크 또는 라울의 문화를 방문하는 인류학자입니다. 라울은 무엇을 유쾌하게 생각하는가? 캐롤이 유쾌하다고 부르는 것은 어떤 요소인가? 모두에게 다를 겁니다. 진정으로 호기심을 가지고 과학적인 방법을 써 보세요. 그것은 불꽃놀이와 금관 악기 밴드가 있는 큰 행사일 필요는 없습니다. 또 '월요일: 아름다운 일몰. 화요일: 아름다운 일몰……' 이렇게 읽을 필요도 없습니다. 과학자들이 이 수련에 매우 흥미를 느끼는 이유가 있습니다. 그것은 어떤 종류의 실험이나 연구에도 적용되는 비슷한 사고방식입니다. 여러분의 문화에서 유쾌한 것으로 여겨지는 것은 무엇이고 무엇이 그것을 유쾌하게 여겨지도록 하는지요?"

브라이언이 문 옆에 서서 신발을 들고 있었다. 루이스는 밖에서 불안하게 기다리고 있었다. 나는 그녀의 생각을 거의 읽을 수 있었다. "효과가 있었어요?"

"고마워요, 베스." 내가 자료를 건네주자 브라이언이 말했다.

"별말씀을요. 제 전화번호가 거기 있어요. 언제든 전화해 주세요."

자크가 잠시 들렀다. "베스, 다음에 봐요." 그가 손을 내밀고 나는 그 손을 잡았다.

췌장암이 있는 부부 노마와 앨런이 머뭇거렸다. 나는 그들에게 다가 갔다. "우리는 하루에 바디스캔을 두 번 하고 있어요. 그러면 불안이 덜어져요. 더 많이 해도 될까요?"

"물론이죠." 내가 대답했다. "그리고 지난주에 설거지나 샤워, 운전 등 일상적인 활동을 할 때 마음챙김하는 것에 대해 이야기했는데, 그걸 시도해 보는 건 어떨까요?"

노마가 말하길 "요리하는 걸 좋아하긴 하지만, 정말 힘들었어요. 요 리할 때 수련해 볼게요."

그 후 나는 용감하게 삶과 죽음에 직면한 이 부부의 진실한 질문에 감동을 받아 충만하고 다소 촉촉한 마음으로 떠났다. 그들은 지금처럼 그들의 경험과 삶에 가까이 서 있으려는 의지를 가지고 있다.

3장
호기심에 대한 다르마:
지금 여기 무엇이 있는가

벌써 목요일 오후가 다시 찾아왔고, 나는 진료실에서 MBSR 수업장으로 이동할 준비를 하고 있다. 오늘 나는 작년에 MBSR 수업을 추천한 환자 중 한 명인 린(Lynn)을 보았다. 추운 지역에서 온 많은 사람과 마찬가지로 린은 시카고에 있는 기업 임원에서 은퇴한 직후 팜 데저트(Palm Desert)로 왔다. 처음 봤을 때 혈압이 너무 높아서 내 혈압이 높아질 지경이었다. 이미 뇌졸중을 한 번 겪었다. 그녀는 오기 전에 진한 커피 다섯 잔을 마시고 담배 네 대를 피운 사람이라는 인상을 주었고, 들어 보니 그것은 꽤 정확했다.

처음 6개월 동안 나는 주로 혈압에 집중했다. 그녀가 더 심각하고 치명적인 뇌졸중을 일으킬까 봐 걱정스러웠다. 내가 MBSR을 제공했을 때 린은 여섯 가지 항 고혈압 약을 복용하고 있었고 혈압은 여전히 조절이 안 되었다. 그녀는 쉽게 은퇴할 수 없었다. 그녀는 회사에서 차별에 대한 내부고발자였고 결국에는 끝나기 어려운 비싼 장기 소송에 휘말렸다. 사실 아직도 그 문제는 해결되지 않았다. 남편은 법적인 싸움에 지쳐서, 이 싸움 한가운데에 있는 그녀를 떠났다. 린은 슬픔과 분노와 억울함으로 가득 차 있었다.

수업 도중, 그녀는 처음으로 명상과 요가를 했고, 자신이 정말로 그것을 즐겼다는 것을 알게 되었다. 그녀는 자신이 얼마나 외로웠는지 깨닫지 못한 채 그룹에 참여하는 것도 좋아했다. 그녀는 매우 수줍어하는 매트(Matt)라는 이름의 청년과 친구가 되었고, 함께 모험을 시작했다.

오늘의 방문은 다소 획기적인 것이었다. 우선 혈압이 거의 정상 범위에 있었다. 그녀는 여전히 담배를 피우고 있었지만 훨씬 덜 피웠고 커피는 뚝 끊었다. 하지만 그녀가 흥분한 것은 그런 게 아니었다.

"베스, 내가 한 일을 믿지 않을 거예요."

"말해 줘요."

"음, 소송에서 나온 상자들을 다 알고 있죠? 나는 한 27개 될 거예요. 그것들이 내 콘도에서 방을 다 차지했어요."

"네."

"그런데 파쇄 회사를 고용해서 다 없애 버렸어요. 그냥 놓아 버리려구요."

"와우."

"당신을 만났을 때 나는 그 소송에 사로잡혀 있었어요. 로니(Ronnie)가 떠날 때까지는 그게 내가 생각했던 전부였어요. 그리고 나를 지배하는 것이 두 가지가 있었는데, 수업이 시작되고 몇 주 동안 생각이 조금 달라지기 시작했고, 아주 기쁘지는 않더라도 약간의 평화를 누리기 시작했다고 분명히 기억해요. 그리고 다른 사람들에게도 마음을 열기 시작했어요."

"나도 역시 기억해요. 당신은 정말 반에서 다른 친구들과 연결되어 있었어요."

"예, 그것이 계속됐어요! 매트와 나는 어번 요가(urban yoga)에서 노래를 부르기로 했고, 며칠 전에 우리는 오페라 인 더 파크(Opera in the Park)로 소풍을 갔어요."

"그 말을 들으니 정말 기쁘군요." 사실 나는 깜짝 놀랐다. 소송이 7년 동안이나 있었는데 이제 그녀는 그 일을 그냥 내려놓을 수 있었다. 그리고 그 일에서 즐거움도 가졌다.

"당신의 그 프로그램은 정말 대단해요. 난 아직도 매일 바디스캔을 하고 있어요."

"그게 아니에요, 린. 그건 내 프로그램이 아니고 당신 거예요. 당신이 해냈어요, 당신이 그것을 하고 있는 거예요."

"나는 전에는 가능한지조차도 몰랐던 방식으로 변했어요. 내가 항상 똑같은 방식으로 소송을 대하고 이별도 그렇게 느낄 거라고 생각했어요. 변화를 보니 놀라워요."

그렇다. 하지만 한편 놀랍지 않다. 이것은 내 경험상 규칙적인 수련의 결실이며, 또 다른 방법으로는 무상(無常)이 나타난 것이다!

린은 내게 훌륭한 선생님이었다. 난 그녀에게서 해결해야 할 것을 협소하게 보고 있었다. 그녀가 열 받거나 더 나빠지지 않도록 혈압이 떨어지길 원했을 뿐이다. 나는 원했다……. 어떻게 된 건지 보자. 내가 원하는 것이 도대체 그녀의 삶과 무슨 상관이 있을까? 그녀는 새로운 방식으로 삶을 살고 있고 그녀는 자신의 배를 운전하고 있었다.

린의 이야기와 그녀가 경험한 변화는 존 카밧진이 『마음챙김 명상과 자기치유(Full Catastrophe living)』에서 "전체성의 체험(Glimpses of Wholeness)"이라고도 말한 이 장에서 우리가 탐구하게 될 것을 생생하게 보여 준다. 사람들은 고통을 겪고 있다는 느낌과, 자신에게 일어난 일이나 진단에 대해 자신과 관련짓는 생각으로 수업에 온다. 자신이 누구인지에 대한 생각이 매우 커지고 싶도 커진다. 그런 다음, 단순히 알아차림을 수련하고 키우는 것만으로도 새로운 일이 일어날 수 있는 공간이 생기기 시작한다.

이 장에서 우리는 수업과 붓다의 가르침에서, 수련을 통해 호기심을 불러 일으키는 방법이 우리 삶에 대한 인식과 매 순간의 경험에 어느 정도 공간을 창조하기 시작한다는 것을 알게 될 것이다. 나는 여러분이 이야기와 가르침을 읽을 때 이것에 주의를 기울이길 권한다. 여러분은 이것을 마음챙김 수련으로 할 수 있다!

나는 처음으로 본 온전함을 생생하게 기억한다. 내 인생에서 매우 어려운 시기에, 내가 가족 때문에 많은 고통을 겪었을 때, 한 젊은 친구가 틱낫한(Thich Nhat Hanh) 선사가 쓴 책『이른 아침 나를 기억하라(Peace is Every Step)』를 읽으라고 했다. 그때 나는 마음챙김 수련을 처음 대했다. 그는 현재 우리가 하고 있는 일에 전적으로 주의를 기울이라고 하면서, 설거지나 걷기와 같이 매우 구체적인 예를 들었다. 명상보다는 이 말이 내게 더 도움이 될 것 같았다. 그래서 다음번에는 저녁 준비를 할 때 내 주의를 다 기울여 당근을 다듬었다. 이때 나는 당근의 밝은 색을 보았고, 신선하고 달콤한 향기를 맡았으며, 손에 든 칼의 무게와 차가움을 느꼈다. 그리고 잠시 동안 나는 자유로워졌다.

우리는 첫 번째 고귀한 진리인 고통 혹은 두카(dukkha)와, 두 번째 고귀한 진리인 고통의 원인, 자신이 원하는 것이 아닌 다른 것을 갈망하는 것(린이 오랫동안 갇혀 있던 곳)에 대해 이야기했다. 이 장의 후반부에서는 세 번째 고귀한 진리를 살펴볼 것이다. 여기에서 붓다는 린이 경험한 것과 내가 당근을 자르는 짧은 순간에 무엇을 했는지 알려 주며, 모든 사람이 고통에 종지부를 찍을 수 있다는 것을 가르쳐 준다. 붓다가 한 것처럼 모든 것을 항상 경험할 수는 없지만 시간이 지나고 수련이 지속됨에 따라 온전함과 자유에 대한 더 큰 경험을 얻을 것이다. 그리고 그것은 고통의 종말에 대한 가능성이다.

움직임에 대한 마음챙김: 세 번째 수업

수업시간이다. 나는 짧은 산책을 하고 저녁을 먹었고, 내 하루에 일어났던 일들을 내려놓았다. 나는 사람들이 교실에 들어가 신발을 벗고 서로 인사하는 것을 본다. 따뜻함과 친절함이 느껴진다. 우리는 공동체가 되고, 피난처가 된다. 세 개의 피난처를 기억하는가? 세 번째 수업이 세 번째 피난처인 수행공동체를 더욱 강하게 만드는 것은 보기 드문 일이 아니다.

오늘 저녁 우리는 바닥에서 긴 시간 요가를 하는 것으로 시작해서 현재 순간과 마음챙김으로 가는 또 다른 문을 제공한다. 짧은 '도착 명상(arriving meditation)'을 마친 후, 나는 마음챙김 움직임에 대해 이야기한다. "오늘 저녁에는 요가를 바탕으로 오랫동안 움직임에 관한 수련을 할 것입니다. 대부분 바닥에서 이루어지지만, 모든 것이 의자에서도 할 수 있습니다. 그리고 어떻게 그것이 이루어지는지 보여 드리겠습니다. 요가는 실제로 '결합하다' '통합하다'를 의미하는 고대 단어입니다. 그게 우리에게 무슨 의미일까요? 우리가 무엇을 통합하고 있는 걸까요?"

"몸과 정신이요?" 데비(Debbie)가 대답했다.

"그래요, 어쩌면 가슴(heart)도요." 나는 서구에서는 이 모든 것이 분리되어 있다고 믿는다는 생각을 드러내지 않고 말했다.

"MBSR이라는 맥락에서 이것을 어떻게 접근해야 하는지 좀 더 이야기하고 싶습니다. 여기에 바디스캔과 건포도 명상 때와 같은 호기심과 비판단적 알아차림을 움직임 자체에서 느낄 수 있는 감각으로 가져오라는 초대장이 있습니다. 어떤 특정한 자세나 결과에 집중하는 것이 아니라, 우리 친구인 마음을 포함하여 모든 과정에 호기심을 갖는 것입니다. 마음은 때때로 그다지 친절하지 않을 수도 있습니다. 수련을 시작할 때, 스포츠 경기에서 선수들의 동작을 평가하는 것처럼, 여러분은 마음속으로 비판적인 논평을 할 수 있습니다. '이봐요, 그녀는 정말 뻣뻣해요!' '오, 그는 지난 시즌처럼 공연하지 않는군요.' 이런 소리에 대해 잘 알고 있습니까?" 나는 미소를 지으며 고개를 끄덕이는 모습을 보았다. "이런 비판의 소리가 도움이 될까요?"

"아마 아닐 거예요. 하지만 그 목소리는 항상 나한테 말을 걸고 있어요. 그 목소리는 좀 우울해요."라고 자크가 말했다.

"따라서 바디스캔을 할 때와 마찬가지로 이러한 일이 일어날 수 있습니다. 제가 상기시켜 주겠지만, 다시 친절하게 주의를 기울여 움직임에 따른 몸의 감각을 인식합니다. 제가 여러분에게 이 순간에 옳다고 느끼는 것을 생각하지 말고 스스로 점검하고 자신을 보살피라고 할 때는, 지난 몇 주 동안 매일 수련해 온 과정을 말하는 것입니다. 여러분은 이미 이렇게 세심하게 주의를 기울이는 것에 대해 알고 있습니다."

그래서 우리는 마음이 무엇을 하고 있는지 그리고 몸의 안과 밖을 느낄 수 있도록 때때로 보내는 신호를 단서로 움직임에 대한 마음챙김 수련을 시작한다. 2장에서 소개한 마음챙김의 첫 번째 토대인 몸이 끊임없이 변한다는 사실을 실시간으로 아는 경험을 한다. 나는 안내를 하면서 바닥에서 의자로 이동하고, 조와 브라이언 그리고 다른 여성 프란신(Francine)의 옆에 가까이 앉아 그들이 적응해 가는 것을 볼 수 있었다. 우리는 함께한다. 나는 "아무도 그만 두지 않는다."라는 의도를 가지고 있다.

마지막 휴식 자세를 취한 후, 우리는 점차 자리에 앉았고, 나는 세 명씩 그룹을 만들라고 했다. "우리는 중간 논평보다는 실제 경험을 말할 수 있는지 보면서 이 수련이 어떻게 진행되었는지 서로 이야기를 나누겠습니다." 나는 그들이 서로 연결되어 가는 것을 즐긴다. 대화는 활기차다. 나는 그들이 무슨 말을 하는지 듣고 싶다.

우리가 전체 그룹으로 돌아 왔을 때, '일 스트레스'로 인해 여기에 있다고 말한 사업가 피터(Peter)가 말했다. "내가 요가를 할 줄은 몰랐어요. 난 요가란 다리를 머리 뒤로 보내고 뭔가 하는 게 전부라고 생각했어요. 정말 즐거웠고, 할 수 있었다는 것에 좀 놀랐어요. 허리에 디스크가 있어서 좀 긴장했는데 요가가 도움이 될 것 같아요. 전 정말 수술을 원하지 않아요."

"지금은 기분이 어떤가요?"

"살아 있는 것 같고 좀 얼얼한 느낌이에요."

신디(Cindy)가 말했다. "저는 오랫동안 요가를 해 왔어요. 어떤 면에서 육체적으로는 정말 쉬웠지만, 판단을 하지 않는 것은 너무 달랐어요. 나 자신을 밀어붙이는 데 너무 익숙했어요. 이건 더 즐거웠어요. 내가 얼마나 스스로를 힘들게 했는지 알았어요. 정기 요가수련에서 이것을 시도할 수 있을지 기대가 돼요."

그녀는 첫 주에, 명상과 요가수련에도 불구하고 가족에게 화를 냈다고 말해서 이렇게 물었다. "삶에서 그 접근법이 흥미로울 수 있는 다른 영역이 있나요? 첫 주에 매트를 벗어나서 더 많은 수련을 하고 싶다고 말한 것 같은데요."

그녀는 미소를 지었다. "아, 맞아요, 무슨 말인지 알겠어요. 생각해 볼게요. 이게 집에서 할 수련의 일부가 될까요?"

"맞아요, 바디스캔과 번갈아 하거나 둘 다 할 수 있어요."

"다행이에요! 나는 가만히 누워 있는 것보다 오히려 요가를 더 좋아해요." 고개를 끄덕이는 몇 명의 얼굴이 보였다.

사람들이 더 좋아하는 것을 표현하기 시작하고 몇 가지를 선택하는 이 프로그램에 있어서 흥미로운 순간이다. 제3대 조사의 고전적 가르침을 떠올렸다. 내가 해석한 것은 다음과 같이 시작된다. "좋아함과 싫어함이 없는 사람들에게는 위대한 길이 어렵지 않다." 나의 선 스승인 텐신 선사는 이렇게 설명했다. "우리가 선호하는 것이 없다는 것이 아닙니다. 물론 있습니다. 하지만 우리가 그것을 얻지 못하면 어떻게 할 수 있습니까? 아니면 얻었더라도 끝나고 나면 어떻게 합니까?" 그는 여기서 고통의 원인인 두 번째 고귀한 진리를 가리키고 있다.

실재하는 것과 다르기를 바라는 갈망이다. 물론 나는 수업 중에 이런 식으로 말하지 않는다. "당신이 무엇을 더 좋아하는지 아는 것은 좋습니다. 하지만 '내가 어디서 성장할 수 있을까?'라는 질문도 좋습니다. 애초에 이 MBSR 프로그램에서 무엇을 발견하려고 등록했는지 탐구하기 위해서 나를 새로운 영역으로 이끄는 것은 무엇입니까? 종종 당신이 싫어하는 것도 수련하게 됩니다. 하지만 이 일을 자신을 위해서 조사해 보라고 권해 봅니다."

"중요한 것은, 당신의 삶이 아닌 다른 삶을 더 좋아하지 않는 것입니다." 가끔씩 지도자는 내면 깊숙이 와닿고 오랫동안 계속 큰 원으로 파문을 일으키는 말을 할 것이다. 이 말은 나에게 그런 가르침 중 하나였다. 나는 더 자주 나 자신을 점검하고 이렇게 물었다. 나는 지금 내 삶을 살고 있는가? 나만의 삶을 살고 있는가, 아니면 내 취향에 맞고 아무 데도 이르지 못하는 대안적인 현실을 찾기 위해 씨름하고 있는 것인가? 나는 이것이 설득력 있는 질문이라는 것을 알았다. 어떤 식으로든 여러분에게 어떤 영향을 미치는지, 어떤 식으로든 효과가 있는지 보라.

나는 신디가 표현한 것처럼 사람들은 종종 움직임이 있는 수련을 더 좋아하며, 바디스캔과 같은 고요함을 강조하는 동작에 더 어려움을 겪는다는 것을 알았다. 하지만 수년 동안의 수련과 가르침을 통해, 고요함을 수련하는 가치는 아무리 강조해도 지나치지 않다. 인생에는 우리가 벗어날 수 없는 것들이 있다. 앨런의 췌장암이 좋은 예이다. 앨런과 노마는 그것으로부터 달아날 수가 없다. 준(June)의 아들이 겪는 양극성 장애에서도 도망칠 수가 없다. 최근 MBSR 수업에서 운동을 매우 좋아했던 소방관이 있었는데, 그는 항상 운동을 했고 심지어 쉬는 날에도 운동을 했다. 그러다가 대형 교통사고가 나서 일상생활을 못하게 되었다. 운동으로 스트레스를 해소하지 못하는 것은 그에게 극심한 고통이 되었다. 5장에서 살펴볼 앉기명상과 마찬가지로, 바디스캔은 그에게 생명의 은인이었다고 말했다. 나는 종종 붓다의 위대한 자각이, 고통에 직면하여 어떻게 평화롭고 편안하게 사는가라는, 그가 가장 이해하고 싶었던 것을 보고 배우기 전까지는 자리에서 움직이지 않겠다는 약속에서 비롯된 것인지 궁금하다.

규칙적인 수련을 하면 평소 이동 선택권("go-to" options)이 없을 때마다 사용할 수 있는 대안적인 수단을 줄 수 있다. 나는 이전에는 스트레스와 감정에 대처하는 주된 방법으로 끊임없는 활동과 운동을 사용하는 소방관들과 같은 사람들에게서 이런 힘에 대해 배웠다. 그들이 그것을 할 수 없을 때, 그들은 고요함에 대해 무언가를 배우기 전까지는 무엇을 해야 할지 전혀 모른다. MBSR에 관해 PBS 방송의 빌 모이어스(Bill Moyers) 특집에서 보도되어 내가 자주 인용하는 존 카밧진의 일상생활 속의 수련에 대한 것이 있다. "우리는 낙하산이 필요하기 오래전에 만들기 시작하기를 원합니다."

지금은 모든 사람이 집에서 수련을 계획대로 하고 매일 무슨 일이 일어나는지 호기심을 가질 것을 부드럽게 제안한다. 이 프로그램에서 종종 언급되는 것처럼, "지금은 그것을 좋아할 필요가 없습니다. 그냥 시도하십시오."라고 부드럽게 제안한다.

그룹 대화로 돌아가서 계속했다. "그래서 이번 일주일은 어땠어요? 유쾌한 일 기록하기나 다른 수련은 어땠어요?"

르네가 손을 번쩍 들었다. "저는 제일 좋아하는 음식을 준비하고 있었어요. 그 음식을 먹는 것도 좋아하지만 만드는 것도 정말 즐겼어요. 여동생과 대화도 했는데 그것도 제가 좋아하는 거예요. 저는 보통 두 가지를 동시에 하지 않아요. 저는 실제로 한 번에 한 가지를 하는 것만큼 그 어느 것도 즐기지 않았다는 것을 알았어요. 우리가 기록을 하지 않았다면, 나는 그것을 알아차리지 못했을 거예요. 사실 조금 피곤했어요. 남편을 돌보는 일로 이런 즐거운 순간이 정말 필요해요."

"제가 생각했던 것보다 더 유쾌한 순간이 있었다는 걸 알았어요.".

"예를 들어 주시겠어요?"

"아, 물론이죠. 체육관에서 샤워를 하거나 우리 개 맥스를 쓰다듬는 것과 같은 평범한 것들이었어요."

"유쾌한 순간을 많이 찾는 게 힘들게 느껴졌어요." 일레인(Elaine)이 말했다. "하지만 그런 일에는 집중하지 않았어요. 그저 하루가 너무 벅차서요."

노마가 손을 들었다. "앨런이 진단을 받고 난 후, 저는 너무 겁이 나서 생각할 수가 없었어요. 전 충격에 빠졌어요. 이제 하루에 두 번씩 바디스캔을 하고, 진정하기 시작했어요. 우리는 몇 가지 중요한 결정을 해야 하고, 나는 이제 막 그 결정에 직면할 수 있을 것 같은 느낌이 들기 시작했어요. 바디스캔이 유쾌한 일이라고 말하겠어요."

브라이언은 "나는 항상 울지 않아요. 이것이 큰 발전입니다." 그는 미소를 지으며 조금 소리 내어 웃기까지 했다. "저는 우리 가족이 날 위해 거기 있는 걸 좋아한다는 것도 알게 되었어요. 내 딸이 말하길, 전에는 기회가 없었는데 도와주고 싶다고 하더군요. 오, 이런, 울어 버리겠군요. 어쨌든 딸은 그게 나를 얼마나 사랑하는지 보여 주는 방법이라고 말했어요." 그는 코를 풀고 말을 이어 갔다.

"다른 수술이 예정되어 있어서 수업을 몇 번 빠질지도 몰라요."

호흡 명상에 대한 짧은 알아차림을 한 후에, 나는 앞으로 일주일 동안 할 일을 말했다. "앞서 말했듯이, 우리는 이제 요가와 바디스캔을 번갈아 수련하고 또 이번 주에는 다른 것을 할 것입니다. "불쾌한 일 기록표라고 부릅니다." 살짝 신음 소리가 들렸다. "저도 알아요. 하지만 이것을 탐구하는 것이 왜 흥미로운지 잠시 생각해 봅시다."

침묵. "나는 불쾌한 일들이 많아요." 조가 말했다. "우선, 내 동료! 지금 당장 아침, 점심, 저녁을 채울 수 있을 것 같아요."

조의 반응은 전형적이다. 가끔은 참가자들에게 물어보기도 한다.

"얼마나 많은 분이 미리 이것을 채울 수 있을 거라고 생각하시죠?"

"화요일에 미팅이 있고, 친척들은 금요일에⋯⋯." 이것은 종종 큰 웃음을 불러일으키고, 나는 그들에게 진실이 무엇인지 보라고 권한다.

"고마워요, 조. 그것은 사실이에요. 인간관계는 우리 삶에 있어서 힘든 점이 될 수 있어요. 다른 분들도 그렇게 느끼시나요? 그리고 그중 일부가 이 기록표에 쓸 수 있다고 생각합니까?" 손을 든 사람들이 많았다. "우리가 왜 이런 일을 할 수 있는지에 대해 다른 생각은 없나요?"

"어쩌면 우리를 불쾌하게 만드는 것이 무엇인지 알아내서 뭔가 조치를 취할 수 있을지도 모르죠."

"어쩌면요." 내가 말했다. "그리고 기록표에서 제시된 질문들에 대해 호기심을 갖게 되면 어떤 일이 일어날까요?"

진이 다음과 같이 말했다. "음, 뭔가 나를 괴롭히는 것을 바디스캔할 때 알아차렸어요. 괴롭히는 것이 무엇인지 호기심을 가지려고 했는데, 그러고 나니까 자꾸 변하는 거예요. 전에 그랬던 것처럼, 화를 내지 않고 관심을 갖기 시작한 직후에는, 그것은 어찌됐든 내 모든 경험을 바꿔놓고 있어요."

"고마워요, 진." 참가자들은 '붓다의 지혜'를 가르치고 있다. 실제로 그것은 항상 자신의 지혜이다.

세 번째 고귀한 진리(멸제): 고통의 끝이 있다

붓다가 우리에게 고통의 원인을 살펴보라고, 우리 삶에서 갈망과 혐오가 하는 기능과 그로 인해 생기는 결과를 깊이 들여다보라고 권한 순간, 그는 자유로움으로 향하는 문을 열었다. 이 자유에 해당하는 빨리어는 닙바나(Nibbana, 열반)이다. 문자 그대로의 뜻은 '날려 버리는' 또는 '갈증을 푸는' 이다. 어떤 갈증이 풀리는가? 갈망과 혐오의 불이다. 어떻게 그것들을 소멸시킬 수 있을까? 붓다는 우리가 앞으로 여행할 네 번째 고귀한 진리에서 우리를 위한 길을 제시했다. 세 번째 고귀한 진리에서, 우리는 자유가 가능하다는 현실에 마음을 열어 본다. 비록 우리가 방법을 잘 모를지라도 말이다. 바로 그 점이 호기심이 생기는 부분이다.

당신이 더 잘 알고 있는 닙바나의 또 다른 단어는 산스크리트어로 니르바나(Nirvana)이다. 니르바나는 종종 모든 것이 멋진 곳으로 여겨지기도 한다. 또는 하와이의 바위 위에서 어려운 자세로 균형을 잡고 초월한 것처럼 보이는 요가 잡지에 나오는 사람들의 얼굴에서와 같이 더할 나위 없이 행복한 상태로 보이기도 한다.

나는 닙바나/니르바나를 장소가 아닌 공간으로 생각하는 것을 좋아한다. 그것은 노마와 앨런이 하루에 두 번 바디스캔을 하며 말기암 진단과 삶의 극적인 변화를 다루는 데 필요한 공간이다. 브라이언이 그의 상태에 대해 고통스럽게 생각하는 사이 잠깐의 평화를 경험할 수 있는 공간이다. 린은 소송과 함께 진행되었던 서류 작업을 모두 놓아 버리기로 결정했을 때 이 공간을 경험했다. 갑자기 그녀는 집뿐 아니라 마음속에 새로운 공간을 가지게 되었다. 기쁨과 평화를 위한 공간이다.

모든 가르침과 마찬가지로, 고통을 줄이는 핵심 요소는 우리가 고통을 받는다는 사실을 먼저 인정하고, 그다음에 우리가 어떻게 고통받는지를 보는 것이다. '보는 것'은 마음챙김, 호기심, 비판단적 알아차림을 가지고 한다. "저것 좀 봐! 불편해! 나는 무언가에 사로 잡혀있고 몸에서 그것을 느낀다. 그리고 나는 내 마음이 이 일에서 벗어나기 위해 전략을 짜거나 그것에 집착하려고 노력하는 것을 본다." 그리고 아마도 다음 질문이 떠오를 것이다. "내가 이 상황을 더 악화시키는 일을 하고 있는가?" 그리고 이렇게 질문을 하면 새로운 넓은 초원에 사는 것같이 고통이 완화될 가능성이 보인다.

마음챙김의 두 번째 토대: 느낌에 대한 마음챙김

세 번째 수업에서 유쾌한 일과 불쾌한 일에 대한 기록표를 통해 세상을 경험하는 방식을 깊이 들여다보았다. 이것은 느낌(웨다나, 受, Vedana)에 관한 마음챙김이라고 불리는 마음챙김의 두 번째 토대 또는 느낌의 영역에서의 알아차림을 확립하는 것과 관련이 있다. 여러분은 다음과 같이 바로 생각할 수 있다. "아, 나는 '느낌'이 감정과 같다는 것을 알고 있다. 행복하고, 슬프고, 화가 나고, 외로운 것이다. 치료에서는 그런 감정을 거의 다 덮어 두는 것 같다." 하지만 웨다나라는 단어가 의미하는 바는 그것이 아니다. 빨리어를 사용하는 데 있어서 흥미로운 점은 잠시 마음을 멈추고 우리가 이렇게 말하게 만든다는 것이다. "도대체 그게 뭐야?" 왜냐하면 그 단어들을 어떻게 해석하든, 단지 무슨 의미였는지 추측할 수 있을 뿐이고, 미지의 것을 조금 더 탐구한다는 것을 의미하기 때문이다.

웨다나가 의미하는 것은 다음과 같다. 유쾌한 것, 불쾌한 것, 중립적인 것으로 분류되는 느낌이나 감각이다. 이런 현상은 내면의 감각이 외부의 대상과 접촉할 때 거의 즉시 일어나며, 서구에서 감정으로 생각하는 것보다 먼저 나타난다. 여러분은 MBSR 수업의 참가자들이 일어나는 것에 이름을 붙이는 방식과 그것이 실제 경험에 어떻게 영향을 미치는지 살펴볼 수 있을 것이다. 이것이 두 번째 마음챙김의 토대이다. 여기서 우리는 세상과 우리의 경험을 빨리 해석하는 방법을 탐구하고, 그 경험과 접촉하는 즉시 탐구한다. 유쾌한가, 불쾌한가, 중립적인가? 바로 그 질문 자체가 더 넓은 관점을 제공한다.

여기 붓다가 마음챙김의 네 가지 토대에 관한 담론에서 웨다나를 설명한 것이 있다. 그는 수도승들에게 특별한 방식으로 느낌을 보라고 했는데, 그 방식은 지적인 것이 아니라 호기심과 개방성, 그리고 비판단적 특성을 가진 '아는 것'이다. 붓다는 유쾌하게 느낄 때는 "유쾌한 느낌이 든다." 불쾌하게 느낄 때는 "불쾌한 느낌이 든다." 중립적으로 느낄 때는 "중립적인 느낌이 든다."라고 알게 하였다. 붓다는 우리에게 어떤 일을 하라고 지시를 내리지 않고, 단순히 우리가 느끼는 것을 알고, 그것이 어디에 속하는 것인지 알고, 그 알아차림이 고통을 증가시키거나 감소시킬 수 있는지를 보도록 한다.

이번 주 수업에서는 유쾌한 일 기록을 하는 실습 과제를 통해 우리의 삶에 대한 정보를 다시 얻었다. 이를 위해 우리는 유쾌한 것으로 분류한 것에 진정한 호기심을 가지고 기록표에 있는 특정 질문을 하며 좀 더 자세히 탐구해야 한다.

"어떤 감각이 존재했나요? 어떤 생각들? 어떤 느낌들?"

[여기서 '느낌(feeling)'이란 감정(emotion)이란 뜻이다.]

이 일의 한 가지 이점은 그것이 일어날 때 일어나는 일을 '아는 것'이다. 붓다가 말한 '안다'라는 방식으로 아는 것은 우리 마음속에 펼쳐지는 것에 대해 더 넓게 현재 순간을 알아차리는 것이다. 이것은 내용에 대한 것이 아니라 비판단적 앎에 관한 것이다. 또 다른 이점은 느낌이나 감각을 분리하고 우리가 좋다, 나쁘다, 유쾌하다, 불쾌하다라고 이름 붙이는 것을 알아차리는 것이다.

이 수련의 의도는 부분적으로는 우리가 놓칠 수 있는 유쾌한 일에 대한 인식을 하는 것이지만, 또한 모든 면을 이렇게 알아차리도록 수련하는 것이다. 유쾌한 순간을 눈치 채지 못하게 되면, 우리의 삶에서 즐거움이 줄어들 것이다. 하지만 유쾌한 일에 대해 너무 흥분하면, 그 일이 끝나면 어떻게 될까? 여름 MBSR 수업에서 한 참가자가 이렇게 말했다. "나는 우리 가족과 정성들여 계획한 휴가를 정말 즐기고 있었어요(그런데, 사막은 45도였다). "휴가가 끝나기 3일 전에 저는 아이들의 활동과 더위를 번갈아 생각하며 다시 일하러 가는 것에 대해 걱정하고 있는 제 자신을 발견했어요. 나는 우리가 거기에 있는 시간을 즐길 수 없다는 것을 알았어요. 그리고 나서 현재의 순간으로 돌아오는 수련이 생각났고, 그것이 도움이 되었어요."

이것은 우리가 어떤 일에 대해 열정을 가져서는 안 된다고 말하는 것이 아니라, 그것을 아는 것이 더 많은 것을 추구하게 되는 무의식적인 행동으로 이어지지 않도록 하는 데 도움이 된다는 것이다! 아니면 우리 참가자가 여기에서 설명한 것처럼, 결말을 예상하며 침울해질 수 있다. 2주째에 이것을 설정할 때, 나는 인류학자의 비유를 들면서 호기심을 강조하려고 노력한다. 자신의 삶에 대한 인류학자가 되라. 여러분의 문화에서 '유쾌한 것'은 무엇인가?

때로는 우리가 유쾌한 것이라고 부르는 것을 발견할 수도 있고, 그렇게 불렀기 때문에 습관적으로 하던 것이 실제로 그렇게 유쾌하지 않다는 것을 알게 될 수도 있다. 영국 출신의 한 참가자가 그런 사실을 발견했다.

"저는 축구광인데, 저희 가족이 경기를 볼 수 있는 식당에 가려고 토요일 내내 준비했어요. 저는 많은 것을 알아차렸어요. 첫째는 제가 하고 싶은 일을 할 수 있도록 아내가 아이들과 계속 놀아 주어야 한다는 것을 알고 사실 꽤 긴장했어요. 둘째는 누가 골을 넣을까 걱정하면서 대부분의 시간 몸이 굳어 있었어요. 그리고 우리 팀이 그렇게 잘하지 못했기 때문에, 감정적으로 화가 났어요! 그 후에 나는 '그게 뭐가 그렇게 유쾌한가?'라고 생각했어요. 예전에는 축구 경기를 보는 것이 정말 유쾌했다고 단언했을 거예요."

한편, 자크처럼 우리는 생각에 잠겨 있을 때보다 의식적으로 샤워를 하는 것이 훨씬 더 즐겁다는 것을 알게 될 것이다. 그리고 우리는 매일 그것을 할 수 있다.

이 수업이 끝나고, 나는 사람들이 서로 웃으면서 이야기하고, 서로에게 기대고 있는 것을 보았다. 자크는 조가 신발을 신는 것을 도와주고 있다. 르네는 니키와 활기차게 이야기를 나누고 있다. 나는 일어서기 전에 잠시 앉아 집단에서 느껴지는 따뜻함과 연결성, 그리고 진정한 피난처처럼 느껴지는 분위기에 흠뻑 젖어 있었다. 적어도 나는 그것이 나를 위한 것이라는 것을 안다.

4장
자각이라는 다르마:
스트레스에 다가가기

오늘은 확실히 도전적인 날이었다. 나와 함께 일하는 훌륭한 의사보조사인 안젤라(Angela)의 열 살짜리 아들이 아팠다. 할머니와 집에 있었는데 할머니도 그렇게 좋은 상태는 아니었다. 안젤라가 집중하지 못하고 있는 것이 느껴졌다. 나는 그녀에게 집에 가라고 말했고, 내가 환자를 확인해보겠다고 말했다. 그녀의 아들이 우선이었다. 그녀는 평소처럼 헌신적이고 충실한 태도로 거절했지만, 나는 그녀가 그 선택에 감사하고 있다는 것을 알 수 있었다.

솔직히 말해서, 그녀가 없으면 일이 정말 힘들 것 같았다. 스케줄은 꽉 차 있었고, 절반도 더 남아 있는 상태였다. 어제는 의사가 없어서 평소와 다르게 검토해야 할 차트도 많았고, 읽어야 할 전문가 상담내용도 밀렸으며, 작성해야 할 처방전도 많이 쌓여 있었다. 그리고 전화 메시지도 있었다.

스트레스 완화를 가르치는 사람도 다소 스트레스를 받는다. 요즘엔 새로운 전자 진료 기록 시스템을 배우고 보험료 청구를 위한 많은 상자를 확인하는 등 의료 실무에 도전하고 있다. 그리고 무엇보다도 대부분의 시간을 환자들이 시스템에 대해 불만을 토로하는 것을 듣는 데 사용한다. 나는 그들의 의견을 길 들이 주려고 노력하고 있지만, 가끔 이렇게 말한다. "저도 불만이에요."

다행히도, 나는 알고 있다. 몇 년 전에는 스트레스를 받았다는 것도 몰랐다. 나는 내 경험을 무시하고 나 자신을 문 앞에 내버려 둔 채 하루가 끝날 때쯤이면 무척 지치고 메마르게 느꼈다. 하지만 마음챙김을 통해 나는 이런 패턴을 알게 되었고, 그것이 나나 환자들에게 도움이 되지 않는다는 사실을 알게 되었다.

나는 자기부정이 스트레스를 증가시키고 소진하게 만든다는 것을 알게 되었다. 그래서 나는 '나도 여기 있어'라는 수련을 시작했다. 나는 가운을 입을 때 이렇게 한다. 소매에 팔을 넣으면서 나 자신에게 말한다. "나 여기 있어." 그리고 다른 사람들을 위해 거기에 있는 동안 친절하게 지내려고 노력한다. 그것은 정말 큰 차이를 만든다. 오늘 저녁에 수업에 갈 때, 난 혼자가 아니다.

뒷좌석에는 오랜 친구 휴와 내가 애정 어린 마음으로 부르는 '스트레스 장기 친구(stress organ guy)가 있다. 이것은 휴가 눈으로 볼 수 있도록 만든 훌륭한 보조도구이다.

그는 화이트 보드에 지워지지 않는 잉크로 사람 윤곽을 그리고 스트레스에 영향을 받는 많은 신체기관을 보여 주었다. 우리는 스트레스 장기 친구를 아주 좋아한다. 그 친구는 지난주에 우리가 가르친 아동 보호 서비스 기관과 같은 학교, 비영리 단체 및 지역 기관에서 모든 종류의 교육을 함께했다. 그 친구는 가장자리가 약간 닳기 시작했지만, 목적 달성은 한다.

나는 마음과 몸과 정신(mind-body-heart)에 주의를 기울이고, 가르치기 전에 좀 더 집중해야 한다는 것을 깨달았다. 그래서 교실로 가기 전에 맨발로 풀밭을 천천히 걷는 시간을 좀 가졌다. 아, 훨씬 낫다.

사람들이 들어서고 있고, MBSR 교실은 안전하고 평화롭게 느껴진다. 그리고 '다음에 무슨 일이 일어날지 궁금하다.'는 설렘의 느낌도 있다. 스트레스 장기 친구를 이젤에 올려놓는 동안 호기심 어린 시선으로 사람들이 지켜보는 게 보인다.

오늘 저녁에는 요가로 시작하고, 그다음에는 걷기명상을 하고, 그 후 호흡을 알아차리는 앉기명상을 할 것이다.

우리는 교육과정을 계속하면서 명상수련 시간을 더 늘려 왔다. 첫 주에는 45분으로 시작해서 4주째에는 90분으로 접어들었다. 아마도 여러분이 우리와 함께 읽고 수련할 때, 여러분은 개인적인 수련 시간을 늘리는 것이 어떤 것인지 볼 수 있을 것이다.

나는 브라이언이 수술을 받았고 잘 지내고 있다고 모두에게 알렸다. 그리고 나서 모두 일어서게 했다. 그들은 내가 제안한 대로 실제로 일어서기 전에 한 번도 일어서 본 적이 없는 것처럼 몸이 어떻게 일어서는지, 어떤 느낌인지 주의를 기울인다.

"여태까지 시도해 본 것 중 가장 흥미로운 요가 자세인 것처럼 서 있어 보세요." 나는 조가 눈을 굴리는 것을 실제로 느낄 수 있을지 궁금하다. 나는 조심스럽게 서서 미소 짓고 있는 르네를 보았다.

나는 안내를 계속했다. "이제 우리는 바닥에 닿아있는 발바닥을 느끼며 서 있습니다. 느낄 수 있는 만큼 표면을 느껴 봅니다."

(그런데 수업에서 내가 명령문 feel the soles of your feet보다 동명사 feeling the soles of your feet를 사용하고 있는 것에 주의를 하라. 이것은 권위주의적으로 위에서 아래로 지시하는 느낌을 피하기 위한 MBSR의 기본 관행이다.)

나는 서 있을 때, 고관절이 불편한 브라이언과 퇴행성 척추를 가진 조가 서 있는 것이 얼마나 힘들지 생각했다. 우리는 요가 마지막 순서까지 계속했다. 그리고 걷기명상에 대해서는 걸으면서 발과 다리의 감각을 느끼고 평소보다 훨씬 천천히 움직이라고 안내했다. "그리고 이제 마음이 떠돌아다니게 될 텐데 그럴 때, 마음을 걷는 것 자체로 되돌려 놓습니다." 나는 그들에게 몇 분 동안 그것을 시도할 시간을 주었다. 때때로 이것은 방금 환자를 치료하고 이 수업을 하기 전 내가 걸었던 것처럼 완벽한 수련이 된다. 선 전통에서 걷기명상 또는 경행(kinhin)이라고 하는 것은 앉아있는 것보다 일상생활과 더 유사하기 때문에 전환수련(transition practice)으로 간주된다. 그것은 우리에게 집중과 동시에 움직임에 대한 수련을 할 수 있는 기회를 준다. 우리는 모든 것에 주의를 잘 기울이기 위해 거기서부터 나아간다.

"자 이제, 자리에 앉습니다." 내가 말했다. "지금까지 해 온 것보다 조금 더 길게 앉기명상을 할 거예요. 호흡에 집중하는 법을 몇 가지 가르쳐 드리겠습니다. 이것으로 시도해 볼 수 있는 한 가지는 몸의 고요함으로 해 보는 것입니다. 그래서 가려움을 느낄 때 바로 긁지 말고 무슨 일이 일어나는지 알아봅니다." 이 수업의 문제점은 내가 이렇게 말할 때마다 나 자신이 항상 가려움을 느끼기 시작하고 다른 사람들도 그렇다는 것이다.

그러나 중요한 것은 이것이다. "아, 베스가 긁으면 안 된다고 했으니 긁지 말아야지. 움직이지 말라고 했으니까 움직이지 말아야지'가 아니라 실험하는 것처럼 해 보는 것입니다." 나는 움직이지 않고 앉아 있는 사람에 대해 묘사를 해 본다. "이것은 맹목적인 규칙이 아니라 탐험의 장소입니다. 긁지 않으면 어떻게 될까요? 믿을 수 없겠지만, 꽤 흥미로운 일입니다. 그래서 우리는 미지의 세계로 여행을 떠나는 겁니다. 움직이고 싶은 것은 단지 몸만이 아닙니다. 또 무엇이 있을까요?"

"내 마음이요!" 자크가 말했다. "마음이 움직이고, 그것도 많이 움직여요!"

많은 사람이 고개를 끄덕인다.

"맞습니다. 그리고 또 그럴 거구요. 그건 아주 자연스러운 겁니다. 그래서 마음이 움직이는 것을 알게 되면, 그냥 의식을 몸으로, 호흡으로 되돌아가게 하세요. 비판할 필요는 없습니다. 실패했다고 생각할 필요도 없습니다. 그리고 마음이 얼마나 많이 떠돌아다니는지 '주의를 재는' 등급도 없습니다. 이건 자신 안의 일입니다. 모두 똑같은 일이 일어나고 있다는 걸 알아 주세요. 다른 사람들이 아무리 차분해 보이더라도, 절 믿으세요, 다른 사람들 마음도 뭔가를 하고 있습니다! 그것은 마음의 본성일 뿐입니다. 방황하는 것이지요."

우리는 긴 명상을 시작하고, 나는 가끔씩 호흡을 조절하거나 생각하지 말고 호흡을 느끼게 하고, 마음이 방황할 때 부드럽게 되돌려 놓기 위해 상기시킨다. 방 안의 고요함에 놀랐다. 바람이 없는 조용한 날 깊은 연못처럼 느껴졌다.

종을 치고 나서 나는 물었다. "이제…… 무엇을 알게 되었습니까?"

노마가 말했다. "걱정으로 얼마나 많은 시간을 보냈는지 놀라웠어요. 내가 제대로 하고 있었나? 앨런은 괜찮을까? 하지만 당신이 상기시켜 주면 다시 돌아올 수 있었어요."

앨런이 말했다 "내 마음이 정말 바쁘네요. 내 마음은 우리 계획과 다가오는 약속, 검사 결과 등을 생각한 것처럼 보였어요."

"그러니까 생각을 계속 했다는 걸 알아차렸군요. 그리고 무슨 일이 일어났죠? 무엇을 했나요?"

"나는 당신 목소리를 들었어요. 내 마음을 읽고 있는 것처럼 느꼈어요 …….."

"맞아요!" 자크가 맞장구를 쳤다.

"그리고 나서 다시 호흡으로 돌아왔어요."

"당신은 방금 명상을 묘사했네요." 내가 대답했다.

진이 말했다. "그런데 몇 년 동안 여러 번 명상을 시도하고 좌절했는데, 이번에는 그냥 생각했죠. 어쩌면 다시 돌아오는 게 명상일지도 모른다고!"

"그래요?" 내가 묻는다.

"그런 것 같아요. 아주 다른 것은 나 자신을 판단하지 않는 거예요."

"중요한 걸 알게 된 것 같군요." 내가 말했다. "다른 경험은요?"

피터가 말했다. "가려웠지만 긁지 않으려고 노력했어요. 이상하지만, 실제로 가려움이 사라졌고, 이때까지도 잊고 있었어요."

"무릎이 종일 아파요." 캐롤이 말했다. "하지만 좀 이상하게도 지금은 괴롭지가 않아요. 내 말은, 무릎은 다쳤지만 전과 같이 무릎 때문에 괴롭지 않았다는 거예요. 어떻게 설명해야 할지 모르겠어요. 난 아무것도 안 했어요."

피터와 캐롤은 둘 다 감각을 바꾸려 하지 않고 알아차리며 앉아 있는 것이 가치 있다는 것을 보여 준다. 그들은 '일어나고 사라지는' 감각의 무상을 보게 된다. 캐롤의 경우에는 감각에 따른 감정도 보게 된다. 그리고 가려우면 긁고 아프면 움직이던 자동 습관적인 반응과정을 늦추고 있다. 감각과 반응 사이의 이 공간은 명상에서 시작하여 시간이 흐르면서 우리 삶의 더 복잡한 상황에서도 생기게 된다. 이것은 앉기명상에 있는 많은 강력한 이점 중 하나이다. 자신의 수련에서 무엇을 발견하는지 알아보라!

"계속 우리에게 판단하지 말고, 부드럽고, 친절하게 돌아오라고 상기시키는 방식은 내 인생의 다른 부분에도 영향을 미치고 있다는 것을 알게 됐어요. 가끔은 나 자신에게 조금 덜 엄격해지기도 해요." 니키는 말을 한 후에 미소를 지었다.

모두에게 감사하고, 지난주 수련한 것, 특히 불쾌한 일 기록표에 대해 물어보았다. 아일린은 의자 앞쪽으로 몸을 기울이며 말했다. "교장실로 오라는 쪽지를 받았어요." 사람들이 웃었다. 모두 그때 느끼는 감정을 알고 있었다.

"그래요. 그녀는 제 상사죠!" 그녀가 말을 이었다. "어쨌든 가는 길에 심장이 뛰는 게 느껴졌고 입이 바짝 말랐어요. 나를 미치게 만드는 아이 빌리(Billy)한테 화를 낸 것 때문인지 궁금했어요. 아마도 그 애 부모님이 불평을 하셨겠죠. 나는 우리의 터무니없는 업무량과 그것이 왜 내 잘못이 아닌지에 대한 변명거리를 모으기 시작했어요. 그리고 갑자기 그 불쾌한 일 기록표에 대해 생각하게 되었어요. 나는 정말로 그것에 대해 많이 생각하고 있지 않았지만 그렇게 생각하게 되었어요. 이것은 불쾌한 일이지만 아직 일어나지 않았다!" 웃음소리가 더 커졌다.

"그리고요?" 내가 바로 물었다.

"그녀는 그냥 다른 학교에서 누군가 방문할 거라고 말했어요. 내가 만든 역사 동아리를 보여 주고 싶어서 그랬던 거예요. 내가 역사를 가르치는 확실한 방법이 있거든요."

"당신이 생각했던 것과 정확히 달랐네요."

"예, 그리고 나서 어떤 일이 일어나기 전에 얼마나 자주 스트레스를 받는지 궁금해지기 시작했어요. 어쩌면 그 일이 다르게 일어나도 눈치 채지 못했을지도 몰라요. 또 빌리한테 여전히 기분이 좋지 않다는 것을 깨달았고 그것을 해결해야 했어요."

조가 큰 소리로 말했다. "저는 인간관계에서 큰 문제를 겪고 있었어요. 너무 좌절해서 동료에게 내가 원하는 것을 시킬 수가 없었어요. 그는 나를 이해하지 못해요. 하지만 이번 주에는 뭔가 달라졌어요."

"그래요?"

"예, 조가 조를 알게 되었어요." 그는 비밀스럽게 웃으며 관자놀이를 두드렸다.

"더 말씀해 주실 수 있나요?" 나는 물었다. "음, 우리는 평소처럼 말다 툼을 시작했는데, 그때 몸이 매우 긴장된 것을 알아차렸어요. 나는 너무 짜증이 났어요. 보통 때는 그랬지만, 이번에는 보고, 느꼈어요. 뭐라고 말하기 전에 잠시 멈추었어요. 나는 스스로에게 물었어요. 여기서 진짜 문제가 뭐지? 그리고 나는 그중 적어도 일부는 내가 보는 방식이라는 것을 깨달았어요. 내가 하자는 대로 하거나 아니면 떠나야 한다고 생각 했어요. 하지만 그는 다르게 보고 있었던 거죠. 그 잠깐 멈춘 사이에서 많은 일이 일어날 수도 있고, 오히려 일어나지 않을 수도 있었어요. 조가 조를 알게 된 거예요."

내가 처음 MBSR 지도자 훈련을 받을 때, UMASS 마음챙김센터 (Center for Mindfulness: CFM)의 총책임자인(executive director)인 사키 산 토렐리(Saki Santorelli)는 "언제나 교육과정이 참가자들로부터 쏟아져 나올 것"이라고 말했다. 조와 아일린이 보고 말한 것에 내가 더할 수 있는 게 뭐가 있겠는가? 나는 참가자들이 서로 가르치는 방식이 마음에 들고, 그 속에서 나도 배운다. 그들은 끊임없이 우리가 모두 붓다라는 것을 상기시키고 있다. 우리 모두는 깨어나는(awaken) 능력이 있다.

라울의 아내가 지금까지 거의 말이 없던 남편의 옆구리를 찔렀다. "우리 아이들은, 아무 이유도 없이 다가와서 나를 더 안아 주고 있어요. 전에는 저를 무서워했을지도 모릅니다. 그리고 저는 리틀리그 코치도 맡았어요. 마음챙김은 야구에도 좋습니다. 저는 수업시간에 배운 것처럼 아이들에게 말하죠. '야구 방망이를 느껴 봐' '발을 느껴 봐' '호흡을 해라' 정말 달라졌어요!"

스트레스 장기 친구를 불러낼 시간이다. 지울 수 있는 펜으로 우리는 스트레스를 느끼는 모든 장소에 색칠을 한다. 기본적으로 휴가 묘사했던 기관들이 다양한 색으로 칠해진다. 그리고 나는 투쟁-도피-경직 반응을 검토한다. 이 원시 생존 반응은 수업시간에 아일린에게 들었던 것처럼 현대 스트레스 요인과 잘 맞지 않을 수 있다.

그런 다음 외부 및 내부 스트레스 요인이라고 부르는 것과 그 스트레스 요인에 대처하는 방법을 알아낸다. 그들은 이미 외부에서 오는 스트레스 요인인 가족, 재정문제, 일, 교통 등 외부 스트레스 요인을 나열하고 있다. 음식, 술, 마약, 혹은 과로와 같은 건강하지 못한 대처 전략에 대해서도 말하고 있다. 이런 대처 방법들로 스트레스 반응에 어떻게 갇히게 되는지에 대해 이야기한다.

내부 스트레스 요인을 고려해 보면, 여기 정말 흥미로운 부분이 있다. "여러분의 엄지와 검지 손가락 사이에 즙이 많은 레몬 조각이 있다고 상상해 보세요." "레몬의 잘린 면을 보고, 색깔을 보고, 냄새를 맡고,

껍질을 만진다고 상상해 보세요. 이제 베어 물 것처럼 입으로 가져와 보세요." 나는 말을 멈추었다. "무슨 일이 일어났습니까?"

"침이 나와요."

찡그러진 표정과 웃음을 보면서 나는 주위를 둘러보았다. 상상 속의 레몬은 손가락에 쥐어져 공중에 떠 있다. 심지어 나도 침이 나왔다.

"우리는 상상만으로 레몬에 대한 물리적 반응을 만들어 낼 수 있습니다. 이것과 무슨 관련이 있을까요?"

"음, 아일린이 아무 일도 일어나지 않았는데 교장실로 가는 길에 심장이 뛰는 것을 느꼈다고 말했던 것이 이것의 완벽한 예입니다." 준이 말했다. "그리고 가끔은 잠을 자려고 할 때 그런 일이 생기기도 해요. 나는 과거 또는 다음날의 일에 대해 생각하고 심장이 두근거리죠. 속도가 더 빨라져요."

"왜 심장이 두근거리죠?"

"내 생각과 두려움과 이전 경험들 때문이죠!" 그녀가 대답했다.

"이런 것들이 바로 내부 스트레스 요인입니다. 생각은 몸과 연결되어 있기 때문에 우리의 생각은 스트레스 유발 요인이 될 수 있습니다. 그래서 사람들이 생각 없이 마음이 조용해지기를 원한다고 생각하고 명상에 들어오는 것입니다. 그것은 거의 불가능합니다. 마음이 조용해지는 것은 도움은 되지만 반드시 우리가 목표로 하는 것은 아닙니다. 실제로 생각이 없어지는 것을 목표로 하면 반대 상황을 만들어 낼 수 있습니다. 그걸 알아차렸나요? 이 수련은 정말로 우리의 마음이 무엇을 하는지 보는 것과 마음으로 인해 우리가 어떻게 느끼고 행동하는지 보는 것에 관한 것입니다. 조가 훌륭하게 표현한 것처럼 '자신을 알게 되는 것'입니다."

자크가 머뭇거리며 손을 들었다. "솔직히 말할게요, 베스. 수련을 할 때면 안심이 돼요. 몇 번 더 즐거운 순간을 보았다고 말한 것처럼 말이에요. 그러나 지난 몇 년 동안 우리 가족은 정말로 끔찍한 큰 일을 겪었어요." 그는 엄마를 흘끗 보았다. "그리고 난 아직도 그걸 받아들일 수 없을 것 같아요. 나는 문을 닫아 놓고 싶지만 그러면 다시……." 그는 조금 목이 막히는 듯했다. "무언가 번쩍 올라오는 게 있어요. 정말 끔찍해요."

수업이 시작된 후 자크의 어머니는 내게 가족에게 일어난 그 엄청난 비극을 들려주었다. 자크의 아버지와 고모는 교통사고로 사망했고, 자크만 유일하게 집에 있었기 때문에 현장으로 불려 나왔다. 말할 필요도 없이, 이것은 그와 온 가족에게 극도로 충격적이었다. 우리는 치료가능성에 대해 몇 번 이야기했지만 그는 상당히 저항했다. 나는 조심스럽게 자크와 함께 걸으면서 동시에 그가 매우 강하다는 것을 알았다.

"자크, 그 얘기를 들려줘서 정말 고마워요. 그 얘기를 하니 지금 기분이 어때요?"

"긴장이 돼요. 저 분들이 심장이 뛰었다고 한 걸 저도 느껴요."

"뭐 하나 물어봐도 될까요?"

"물론이죠."

"무언가 번쩍 올라올 때 어떻게 하죠?"

"전 그냥, 음…… 주의를 딴 데로 돌리는 것 같아요. 바빠져요. 페이스북을 하거나, 누군가에게 사소한 문자를 보내기도 해요. 아니면 집에 있을 때는 나와서 농구를 하기도 해요."

"무슨 일이 일어나고 있는지 잘 알고 있고, 자기 자신을 잘 돌보고 있다는 말처럼 들리는군요. 경험상 이렇게 힘든 일에는 시간이 필요해요. 수련 후 그것에 대해 말하는 데는 많은 용기가 필요해요. 그렇게 계속

하면서 무슨 일이 일어나는지 보겠어요?"

"어쨌든 저 자신을 계속 지켜보는 게 정말 마음에 들어요. 도움이 돼요"

그는 미소를 지었다. 사람들이 그가 겪는 과정을 방해하지 않고 그를 지지하는 쪽으로 마음을 기울이는 것을 느낄 수 있다.

나 자신과 자크를 위해 분명히 해야 할 일이 있다. 나는 자크를 돕거나 고치려고 있는 것이 아니라, 자크를 지지하고 긴밀한 유대감을 유지하기 위해 여기에 있는 것이다. 그리고 어려움을 향해 나아가는 것에 대한 우리의 모든 이야기에도 불구하고, 이 속도에 맞는 시간과 장소가 있다. 나는 이 시점에서 그의 과정을 전적으로 존중한다. 그의 지혜는 다른 사람과 농구를 하거나 친구에게 연락하는 것이 자신에게 친절하고 연민을 가진 것이라고 말한다. 그것은 간단히 말해서 현명한 것이다. 이건 다른 이야기지만, 만약 그가 곤경에 처했다고 내가 생각한다면, 지금 나는 그런 것을 보지 못할 것이다. 나는 정말 용감한 사람을 보고 있다. 나는 그와 계속 연락을 취해서 치유가 가능한지 지속적으로 살펴볼 것이다.

네 번째 고귀한 진리(팔정도): 실제로 수련하는 것이 고통을 끝내는 길이다!

MBSR 프로그램에 참여한 사람들은 8주 동안 일주일에 두 시간 반씩 그리고 토요일 하루 동안 종일 수련을 하기로 한다. 그들은 하루에 45분에서 1시간 정도 어떤 종류의 명상수련에 전념한다. 여러분은 이 수련이 길이며, 수련에서 생기는 알아차림은 자유로 가는 길이라고 말할 수 있다. 사실, 그것은 자유이다. 이번 주 나눔에서 우리는 사람들이 그들의 삶 속에서 선택과 공간을 계속 보고 있다는 것을 알 수 있다. 그들은 고통의 완화를 수련하고 경험하고 있다. 붓다의 가르침은 네 번째 고귀한 진리, 팔정도라고 부르는 길을 주고 있다.

팔정도를 살펴보기 전에 몇 가지를 언급하고 싶다. 그 길로 가는 여덟 가지 요소에는 빨리어 삼마(samma)가 선행된다. 삼마는 종종 '옳은' 것으로 번역되지만, 서구에서 사용하는 것처럼 틀린 것과 반대의 개념은 아니다. 나는 '바르고, 전체적이고, 완전하다'는 번역을 선호한다. 앞으로 '바른'이라는 단어를 사용하겠다.

붓다가 묘사한 네 번째 고귀한 진리는 두카(dukkha) 또는 고통을 완화시키거나 끝내는 삶의 방식에 대한 지침을 요약한 것이다. 우리가 실천할 수 있는 여덟 가지 존재 방식과 행동으로 구성되어 팔정도라고 부른다.

1. 바른 견해(정견, 正見): 현실의 진정한 본질에 대한 통찰력
2. 바른 생각(정사유, 正思惟): 놓아 버리기, 선의, 무해함 배양
3. 바른 말(정어, 正語): 연민을 가지고 하는 말
4. 바른 행동(정업, 正業): 윤리적 행동, 연민을 드러내는 행동
5. 바른 생활(정명, 正命): 윤리적이고 해롭지 않은 수단을 통한 생계
6. 바른 노력(정정진, 正精進): 좋은 성질을 키우고, 불건전 성질 제거
7. 바른 기억(정념, 正念): 온전한 몸과 마음에 대한 알아차림
8. 바른 집중(정정, 正定): 명상수련을 통해 마음의 안정과 함께 현실의 본질을 깊이 들여다보기

팔정도는 단계별 '방법'을 나타내는 것이 아니다. 비록 하나는 분명히 다른 것을 지지하지만 선형적이지는 않다. '더 행복한 당신을 위한 5단계' '납작한 배를 위한 6단계' 이런 내용의 대기실의 잡지와는 다르다. 오히려 그것은 DNA 가닥처럼 나선형 또는 이중 나선과 같다. 내부와 외부를 구분하기가 어렵고, 서로 반영하고 있으며 서로 돕고 있다. 이 여덟 가지는 많은 가닥으로 더 강한 밧줄을 만드는 것처럼 서로를 강화시킨다.

앞으로 팔정도를 살펴볼 것이다. 나는 그것을 정확한 순서대로 따르지 않고 우리가 지금 참여하고 있는 MBSR 교실에서 펼쳐지는 대로 볼 것이다.

바른 견해

팔정도의 첫 번째 단계는 바른 견해이다. 바른 견해가 없으면 어디로든 가기 매우 어려울 것이기 때문에 의미가 있다. 방향을 알 수 없다면 길을 갈 수 없을 것이다. 그저 어디선가 시작할 뿐, 모든 걸 다 볼 필요는 없다. 내가 사는 산속에는 구름이 때때로 우리가 사는 곳 바로 앞까지 있어 도로나 심지어 자동차를 보기도 어렵다. 바른 견해 없이 수련을 하는 것은 구름 속에서 운전하려는 것과 같다. 전통적으로 바른 견해는 고통이 존재한다는 것, 고통의 원인이 있다는 것, 고통의 끝이 있다는 것, 그리고 그 고통을 끝내는 길이 있다는 네 가지 고귀한 진리(사성제)를 스스로 아는 것을 의미한다. 서로 맞물려 있는 가르침에 대해 내가 의미하는 것이 무엇인지 보겠는가?

치료하려는 동기를 가지기 위해서는 실제로 고통받고 있다는 것을 인정해야하기 때문에 사성제를 알고 이해하는 것으로 시작한다. 이것은 분명해 보일지 모르지만 놀랍게도 종종 그렇지 않다. 의료 행위에서 사람들이 어떤 것을 참는지, 그리고 불편함에 적응할 수 있는 정도를 알고 보면 정말 놀랍다. 초기 스트레스 생리학자들은 이것을 적응병이라고 불렀다. 물론 우리는 척수 손상과 사지마비에 걸린 사람처럼 적응해야 할 때도 있다. 그러나 우리가 적응하지 말아야 할 유형의 고통도 있다. 왜냐하면 그것들은 적어도 어느 정도 해결되고 완화될 수 있기 때문이다. 하지만 시간과 노력이 필요하다. 환자가 당뇨병이나 우울증으로 진단되면 우리는 희망을 가지고 단순히 약이나 주사를 주지 않는다. 우리는 그들에게 건강을 증진시키기 위해 할 수 있는 많은 일에 대해 교육한다. 그래서 붓다도 이 네 번째 고귀한 진리에서 고통을 덜 받고 더 많이 자유롭게 살기 위해서는 어떤 것들을 실천해야 한다고 말하고 있다. 첫 번째는 고통의 본질과 그에 대한 우리의 관계를 분명히 보는 것이다.

MBSR에 오는 모든 사람은 이미 바른 견해를 가지고 있다고 생각한다. 그 견해의 일부로 다음과 같은 질문을 하는 것이다. "내가 삶에 접근하는 방식과는 다른 방법이 있을까?" 이미 그런 질문을 했다. 그렇지 않으면 수업에 등록하지 않았을 것이다. 그리고 그들은 이미 고통에 대해 약간의 공간을 가지고 있다. 그렇지 않으면, 둥글게 앉아서 그것의 이름을 지을 수 없었을 것이다. 3장에서 언급했고 여기서 계속 논의하고 있는 그들이 가지게 된, 호기심과 알아차림이 이 명확성의 지표이다.

MBSR 프로그램 초기에 우리는 스트레스를 느끼고 스트레스 요인을 갖는 것이 방정식의 일부일 뿐이라고 생각하도록 요청받았다. 우리는 사물을 보는 방식과 그것이 우리에게 어떤 영향을 미치는지 살펴보도록 한다. 이는 유쾌한 일 기록표와 불쾌한 일 기록표와 수업에서의 나눔에서 보았다. 이것은 조가 4회기에 경험한 것의 토대를 마련한다. 그의 견해가 관계에 해롭다는 것을 알게 되고 그의 동료는 생각해 보아야 할 다른 관점을 가지고 있음을 알게 되었다. 이 새로운 견해가 바른 견해이다.

마음챙김의 세 번째 토대: 마음에 대한 마음챙김

마음챙김의 세 번째 토대는 마음에 대한 마음챙김이다.

여기서 우리는 붓다 시대에 빨리어 시타(citta)가 의미하는 바가 머릿속의 어떤 것과 관련이 있다고 생각하지 않도록 정말로 주의를 기울여야 한다. 시타(citta)의 번역은 마음이다. 시타(citta)에 대한 마음챙김을 확립하기 위해 우리는 감정과 정신적 상태와 감정의 연관성을 포함하여, 정신 상태에 대한 알아차림을 수련하고 있다.

붓다의 제시는 매우 구체적이다. 예를 들어, 그는 "성냄이 있을 때 성냄이 있는 마음으로 알고, 성냄이 없을 때 성냄이 없는 마음으로 알고, 침체되었을 때 침체된 마음으로 알고, 산만할 때 산만한 마음으로 알고, 수행으로 커졌을 때 커진 마음으로 알고, 커지지 않았을 때 커지지 않은 마음"으로 아는지 묻는다. 그 목록은 상당히 광범위하다. 그는 우리가 이런 다양한 정신 상태에 대해 호기심을 가지고 친숙해지기를 정말로 원한다.

나는 붓다가 이것을 만든 사실에 매우 감사한다. 이것은 판단하지 않고, 단지 때때로 마음 상태가 존재하는 수많은 방식을 생생하게 보여 주며, 우리 모두를 기꺼이 받아들이는 인간의 상태에 대한 또 다른 이름 짓기이다.

3장에서 말한 느낌에 대한 알아차림과 마찬가지로, 여기서도 매우 중요한 것은 비판단적 알아차림이다. 우리가 어떤 특정한 마음-정신 상태에 대해 친숙하게 알아차린다면, 그것에 휩쓸려서 그 속에서 길을 잃어버릴 가능성이 훨씬 적게 된다. 그렇다고 해서 우리가 화를 내지 않아야 한다거나, 주의를 산만하게 하지 말아야 한다거나, 편협한 마음을 가지지 말아야 한다는 뜻은 아니다. 가르침은 단순히 마음이 산만하지 않은 순간, 마음이 명료한 순간을 놓치지 말아야 할 뿐 아니라 그것들이 무엇인지도 알아야 한다고 말한다.

이 시점까지, 참가자들은 그들의 마음과 몸-마음 간의 연결성에 대해 뭔가를 알아가기 시작했다. 예를 들어, 아일린은 교장실에서 어떤 일이 일어날 거라고 예상했고, 그 일에 대해 어떤 생각을 했다. 그리고 우리에게 설명할 수 있었으므로 이런 생각을 하고 있다는 것과 몸에 끼치는 영향을 알았다. 그녀는 자신의 마음이 무엇을 하고 있는지 알고 있다. 그녀는 혼자가 아니다. 앉기명상에서 많은 사람이 자신의 생각을 알고 있었다. 이것은 그들이 완전히 생각 속에서 길을 잃지 않았다는 것을 의미한다.

"조가 조를 알아 차리고 있다."라고 말했을 때 세 번째 진리의 대상을 경험한 것이다. 그는 화난 마음과 화가 나서 경직된 몸을 알고 있었다. 또한 자신 안에 그 상태를 아는 더 위대한 것을 알고 있었다. 그것은 새로운 행동을 위한 가능성을 열어 주는 지혜 또는 명료함이라고 부를 수 있다. 자크는 자신의 마음이 무엇을 하고 있는지 훨씬 더 잘 알고 있었다. 앨런은 바쁜 마음을 알고 있었으며 아일린은 걱정스러운 마음을 알고 있었다. 그들은 자신의 마음 상태를 더 명확하게 보고 있었다.

자각(알아차림)은 자유의 시작이다

마음이 무엇을 하고 있는지, 어떤 생각이 일어날 때 우리가 어떻게 느끼는지에 대한 알아차림은 고통을 일으키는 습관적 패턴으로부터 자유로워질 수 있는 시작점이다. 나 자신의 삶을 예로 들어 보자.

끝없이 문제를 일으키기 때문에 내가 잘 안다고 생각하는 특별한 몸-마음 상태가 있다. 내가 '지친 마음'이라고 부르는 것이 바로 그런 것이다. 육체적으로나 정신적으로 피로를 느낄 때면, 내 마음은 공황 상태가 되어 해야 할 일, 심지어 앞으로 몇 달 동안 해야 할 일들을 다 나열하고, 차고 청소처럼 오래전부터 미루고 하지 않았던 일들을 떠올린다. 이런 사고방식 때문에 나는 공황 상태에 빠진다.

내가 일찍 그것을 알면, "아, 여기 지친 마음이 내가 세상을 구하기를 (그리고 깨끗하게 하기를) 원하고 있다……." 그리고 잠시 멈추면 그 상태가 오래가지 않는다. 나는 심지어 휴식을 취하거나, 해야 할 일로 나중에 돌아가기로 현명하고 친절한 결정을 내릴 수도 있다.

물론 지친 마음만이 어려운 마음 상태는 아니다. 배고픈 마음(저혈당일 때 함께 있는 것은 재미가 없다)과 외로운 마음도 있다. 사실 사람들이 음주나 소비에 취약한 시기를 인식하도록 돕는 데 도움이 되는 12단계 회복 프로그램에서 유용한 약어가 나왔는데, 이는 우리 모두에게 유용하다. 약어는 H.A.L.T.로, 배고픈(Hungry), 화난(Angry), 외로운(Lonely), 피곤한(Tired) 것을 의미한다. 이런 몸-마음-정신상태가 일어날 때 알아차리는 것은 중독적이고 파괴적인 행동을 통해 간접적으로 해결하는 것이 아니라 실제 문제를 직접적으로 해결할 수 있게 해 준다.

MBSR 4회기 수업 전후에 바디스캔, 앉기명상, 스트레스 반응에 관한 교육적 구성요소를 통해 참가자들은 자신에 대해 알아가기 시작한다.

규칙적인 수련을 통해 우리는 몸과 마음과 정신이 무엇을 하고 느끼는지 알도록 지지하고 개발하기 시작한다. 우리는 스트레스에 대한 반응을 알게 되는 능력이 커지면서, 반응에 동반되는 '부적응적 대처' 형태를 보게 된다. 어떤 사람들은 새로운 선택을 시작하고, 또 다른 사람들은 아무것도 바꾸지 않고 새로운 방식으로 습관적인 패턴을 알아차린다.

교과과정의 특정 시점에서 참가자와 지도자 모두에게 도전이 되는 과제 중 하나는, 이 중요한 순간들을 포착하고, 그것에 대해 아무것도 하지 않고 알아차림만 하라는 것이다. 아는 것에 아무 것도 더하지 않고 그것이 해결책 자체임을 인정하는 것이다. 우리가 할 것은 그저 수련을 계속하는 것이다. 이렇게 하기 위해 참가자와 지도자 모두에게 큰 용기가 필요하다. 모든 사람이 이미 엄청난 용기를 가지고 이 프로그램에 참여했지만, 일정 수준의 꾸준함과 안정감이 필요하다. 규칙적인 수련은 이러한 꾸준함을 조성한다. 그렇게 하는 데는 시간이 걸린다. 그래서 4주 이후에 하는 것이다.

선 전통에는 인도에서 중국으로 불교를 가져왔고 선의 첫 번째 스승으로 여겨지는 달마에 관한 이야기가 있다. 이 이야기는 다음과 같은 가르침을 보여 준다. 벽을 바라보며 명상을 하며 앉아 있을 때, 열성적인 제자가 눈 속에 서서 도움을 청했다. 그는 무엇을 원했을까? 그는 달마에게 마음을 진정시키기를 원했다.

"불안한 마음을 좀 편하게 하고 싶습니다." 달마는 "불안한 마음을 가져 오면 내가 편하게 해 줄 것이다."라고 대답했다. "아무리 찾아도 불안한 마음을 찾을 길이 없습니다." "그렇다면 내가 이미 너의 마음을 편안케 하였다!"

선을 처음 배울 때 나는 요코지 선 마운틴 센터에서 자주 집중수련을 했다. 이곳에서 학생들은 스승인 텐신 선사와 개별적으로 만날 수 있는 행운을 누렸다. 나는 잠시 명상을 한 후 들어가서 내가 얼마나 끔찍한 일을 하고 있는지 이야기하곤 했다. "제 마음은 결코 멈추지 않고, 항상 생각하고 있습니다."

"그런데 당신과 그 생각과는 어떤 관계입니까?"

처음엔 그에게 이렇게 말했다. "그게 무슨 뜻입니까? 저는 그렇게 하는 것이 싫고 명상을 잘 못하고 있습니다." 하지만 그 질문에는 뭔가가 있었고 인내와 비판단적인 질문방법에 관심이 끌렸다. 나는 마음을 진정시키고 생각을 멈추게 하려고 그에게 내 마음과 이상한 생각들을 보여 주려고 애썼다. 그러자 그는 반복해서 내가 마음의 활동에서 벗어나 마음과의 관계로 향하도록 부드럽게 알려 주곤 했다. 그 당시에 그것은 매우 중요했고 가치 있는 것이었다. 물이 돌을 닳게 하듯, 그의 흔들림 없는 존재와 친절한 질문은 내 마음을 강하게 확신시켜 주었고, 나는 차츰 그리 많이 반응하지 않고 마음과 관계를 맺게 되었다. 나는 내 마음과 좀 더 친절하게 공간을 두고 관계를 맺기 시작했다. 무슨 일이 일어났는지 알겠는가? 그 점이 마음에 들었고 마음이 조용해졌다. 텐신 선사는 나를 위해 그 관계를 모델로 삼았고, 호기심을 불러내어 결국 내가 스스로 할 수 있게 했다.

마음에 대한 마음챙김에 관한 붓다의 가르침은 또한 이전에 내가 쓴 네 가지 마음챙김 토대에 관한 담론의 후렴에서 반복한, 느낌이 '일어나고 사라지는 것'을 알아보도록 한다. 성경에서 쓰인 다음 문구는 회복중인 사람들을 돕기 위해 사용되며 MBSR 수업에서 자주 말한다. "이 또한 지나가리라." 지속적인 관심과 경험으로의 전환은 이 진리에 대한 의식을 가능하게 하는 것이다. 우리는 모든 감각, 모든 생각이 일어나고 사라지는 것을 보게 된다. 여기서 우리는 무상에 대한 가르침을 다시 볼수 있다. 모든 것이 변한다는 것을 깨닫는 것은 때때로 어려울 수 있지만, 그것은 우리에게 큰 자유를 제공해 줄 수 있다.

변화는 때로는 도전적일 수 있지만, 또한 우리에게 큰 자유를 줄 수도 있다. 나는 여러분의 삶에서 무상의 진리를 어떻게 깨달을지 그리고 그것이 어떻게 때때로 자유의 느낌을 줄 수 있는지 보라고 초대한다.

5장
선택에 대한 다르마: 더 큰 공간 찾기

나는 녹색 오리털 재킷을 입고 집 뒤쪽 테라스에 서서 뜨거운 블랙커피를 마시면서 산속의 차가운 공기를 느끼고 있다. 참나무잎은 아름다운 가을색으로 물들고 있고 소나무의 초록잎 사이로 주황색과 황금색의 리본이 보인다. 11월 초 산속에서 우리는 겨울이 다가오고 있음을 느낀다. 어젯밤에는 난로를 지피고 양모 양말을 신고 침대로 갔다. 이곳은 야생의 장소이다. 우리가 사는 2에이커(약 2448평)는 100에이커(약 122,400평)의 황무지와 숲으로 둘러싸여 있다. 집도 많지 않고 풍경도 야생 그대로이다.

비록 30마일(약 48km)밖에 떨어져 있지 않지만, 팜 스프링스에서 일하러 갈 때, 그 마을은 여러 면에서 매우 다를 것이라는 것을 알고 있다. 산 대신 사막, 소나무 대신 선인장, 차가움 대신 열, 나무 대신 쇼핑몰이 있다. 나는 집에서 안전화를 신고 장작을 팬다. 그리고 샌들로 갈아 신고 사무실에서 컴퓨터로 작업을 한다. 산에서 사막까지 내 인생에 있어 대조적인 것을 보면 삶이 단지 한 가지 방법이 아니며 나도 마찬가지라는 것을 떠올리게 된다. 오늘 밤 수업 시간에 우리는 또한, 전과 다르게 수련하고 폭넓은 시각으로 옮겨 갈 것이다.

사무실로 들어가니 현관문에 있는 핼러윈 장식이 해골과 거미줄에서 순례자 모자를 쓴 칠면조로 바뀌어 있었다. 직원들과의 대화는 아이들의 의상에서 추수 감사절의 요리법으로 바뀌었다. 나는 이러한 이야기들이 환자를 치료하는 데서 느끼는 긴장과 일상생활의 지속적인 측면에서 균형을 맞추어 주기 때문에 좋아한다.

나는 오늘 82세의 환자 아서(Arthur)를 보기로 했다. 그는 꼭 직원들에게 줄 선물을 가지고 온다. 그는 안젤라를 위해 베니티 페어 사본을, 크리스를 위해 일본 부채를, 마시(Marcie)를 위해 쿠키를 좀 가져올지도 모른다. 우리가 같이 새를 좋아하는 것을 알고서, 한번은 월마트에서 플라스틱 새 욕조를 사 왔다. 그것은 우리 집 앞 소나무 아래에 있으며, 그곳은 아서가 좋아하는 두 쌍의 빨간 머리 딱따구리가 즐겨 찾는 곳이 되었다. 아서가 항상 있는 것 같이 느껴진다.

언제나처럼 그가 딱따구리에 대해 물어볼 것을 기대했지만, 나는 그가 눈가에 눈물이 맺힌 것을 금세 알아차렸다. "나는 요양원으로 가게 되었고 내가 사랑하는 개 루이나 록키를 데려갈 수 없어요." 그는 슬픔으로 목이 메었다. 나는 의자를 그에게 아주 가까이 대고 흔들리는 그의 어깨에 팔을 둘렀다. 할 말이 없었다. 그저 지켜볼 수밖에. 가슴이 찢어지는 것 같다. 이런 시간이 오고 있다는 걸 알았다.

그는 자신을 스스로 돌볼 수 없고 병원을 자주 드나든다. 나는 그에게 내가 얼마나 마음이 아픈지 말하고 침묵 속에 앉아 함께 숨을 쉬었다. 나는 안젤라에게 다음 주까지 그와 함께할 시간을 잡아 달라고 부탁했다. 이제 그와 연결이 지속되도록 더 자주 만나게 될 것이다.

아서가 지팡이를 들고 절뚝거리며 걸어 나가는 모습을 지켜보며 나는 잠시 홀에 서서 바닥에 발을 딛고 서 있는 내 몸을 느꼈다. 가슴이 찢어질 듯한 느낌으로 숨을 쉬었다. 나는 사무실로 가서 잠시 앉아 차트 더미를 보았지만 완전히 아무것도 하지 않고 단지 나 자신의 슬픔에 약간의 공간을 주었다. 계속 움직여야 한다는 건 알지만, 시간이 필요했다. 안젤라와 마시가 오그라틴 감자 요리법에 대해 이야기하는 소리가 들렸고, 나는 위안이 되었다.

사무실 주방에 남은 아몬드 조이바를 먹거나 다음 환자에게 달려가거나, 전화나 이메일을 확인하거나, 마비가 될 정도로 바쁘게 움직일 수도 있었다. 이런 모든 것을 여러 번 해 왔지만 오늘은 하지 않았다. 그리고 더 이상 자주 그렇게 하지 않는다. 나는 어떤 일을 하기 전에 잠시 동안 수련만 하는 데 시간을 썼고, 그런 다음 검사실로 가고 다음 또 다른 것을 진행했다.

수업에 들어가면서, 5회기 수업의 주제에 대해 생각했다. 마음챙김을 통해 창의적으로 대응하는 것이다. 즉, 몸이 보내는 신호를 통해 스트레스를 받을 때 스트레스를 받는다는 것을 알고, 스트레스를 어떻게 대응할지 의식적으로 선택하는 것이다. 오늘은 어떻게 대응했는지 알겠다. 슬플 때면 내 감정에 공간을 주기 위해 잠시 멈추니까, 예전처럼 먹는다거나 지나치게 바쁘게 움직이는 반응에 빠지지 않을 수 있었다. 아서와 함께 상황을 더 좋게 만들지는 못했지만, 더 악화시키지도 않았다. 나는 나 자신이나 다른 사람들을 대하는 방식에 고통을 더하지 않았다.

의학을 적용할 때는 때때로 낙담할 수 있다. 다음과 같은 것이 궁금할 때 때때로 인생에서 낙담을 느끼게 될 것이다. 왜 내가 이것을 하고 있을까? 이 모든 일의 요점이 무엇인가? 이런 생각이 들면, 나는 내가 할 수 있는 어떤 방법으로도 고통을 완화하고, 무의식적으로 하는 습관적 행동 때문에 더 나빠지지 않도록 나의 의도를 떠올린다. 그런 다음 나는 오래된 습관에 반응하지 않고 그 순간 호흡하는 시간을 갖는다.

5회기 과정은 이 중간 시점에서 모든 사람으로부터 듣고, 자기평가 양식에 쓰거나, 아니면 큰 소리로 나누게 구성되어 있다. 조용한 사람들이 어떻게 하는지 알 수 있고 내가 지원할 수 있는 자원이 있는지 알아볼 수 있는 좋은 시간이다. 교실에서 샌들을 벗어 던지고 아무렇게나 벗어 던진 신발을 보면 기분이 좋다. 로퍼, 하이힐, 스니커즈—신발 수행 공동체이다. 조와 자크가 서로 활기차게 이야기하는 모습이 보였고 무슨 얘기를 나누는지 궁금했다. 또 다른 그룹으로는 르네와 니키, 일레인이 함께 모여 있다. 노마와 앨런이 캐롤과 이야기를 나누고 있다.

우리가 원으로 모였을 때 브라이언이 보행보조기를 이용해 들어 왔고 교실에서 박수가 터졌다. 그는 부끄러운 듯 미소를 지으며 한 손을 흔들며 자리에 앉았다. 연락을 계속 해서, 이미 수술이 잘 진행되었고 정신적으로도 계속 나아지고 있다는 걸 알고 있었다. 우리는 잠시 동안 '도착'을 알아차리며 앉아 있었다. 우리는 방과 사람들을 둘러보고, 소리를 듣고, 몸을 느끼고, 숨을 느낀다.

우리는 서서 하는 요가로 5회기를 시작한다. 몸을 움직이는 것이 기분이 좋고 다른 사람들도 그것을 즐기고 있다는 것을 알 수 있다. 움직이면서 팔을 머리 위로 들어 올리고 양 옆으로 스트레칭을 하고 다른 모든 자세를 하며 이따금씩 잠시 멈춘다. "이제 고요한 상태에서 여기에서 느껴지는 것을 느껴 봅니다. 방금 한 요가 후에 몸이나 마음이나 감정은 어떤 영향을 받았습니까?" 우리는 매우 빠른 속도로 살고 있다. 행동이나 생각의 결과를 알아차릴 정도로 오래 멈추지 않는다.

우리는 요가에 멈추고 알아차리는 과정을 넣어, 사람들이 삶 속에서 그것을 시도할 수 있도록 가능성을 만들고 있다. 최근 여름 MBSR 수업을 들었던 치료사로부터 이메일을 받았다. "저는 요가가, 특히 효과를 알기 위해 멈추는 것이 내가 하루를 보내는 방식을 정말로 바꾸어 놓았다는 것을 알게 되었습니다. 저는 잠시 시간을 내어 환자들 사이에서, 그리고 다른 활동 사이에서도 제가 어떻게 느끼는지, 그리고 앞으로 나아가기 전에 지금 무엇이 필요한지 알아봅니다. 일이 그렇게 많이 쌓이지도 않고 방심하게 되지도 않습니다."

MBSR을 가르치는 많은 기쁨 중 하나는 사람들이 이런 수련을 어떻게 삶으로 엮어 내는지 듣는 것이다. 나는 결코 이렇게 말하지 않는다. "치료나 육아에서 이 일을 해 보는 것은 어떨까요?" 나는 공식 수련에서 삶으로 가져가는 것을 제안하고 사람들은 약용 연고에 있는 지시처럼 "필요에 따라 영향을 받는 부분에 적용"한다. 참가자들은 우리가 본질적으로 지혜롭고 온전하다는 붓다가 본 진리를 끊임없이 확인하고 있다.

요가 과정을 끝낸 후 앉기명상을 위한 자세를 취한다. 지금까지 우리는 수업시간과 집에서, 한 번에 20분 정도, 대부분 호흡과 소리에 대한 알아차림을 하면서 앉기명상을 수련해 왔다. 오늘 저녁에는 약 40분 정도 걸릴 더 긴 명상을 소개하고 다른 주의대상을 포함할 것이다. 호흡, 몸 감각, 소리 외에도 생각 자체를 대상으로, 그리고 그 생각과 연결될 수도 있고 그렇지 않을 수도 있는 감정에 초점을 맞추고, 선택 없는 알아차림이라는 것에 자신을 개방할 것이다. 선택 없는 알아차림은 모든 것이 자연스럽게 오가도록 의식의 장을 여는 것이다.

　참가자들은 긴 시간 앉기명상으로 몸이 고요해지도록 하고, 반응을 하지 않고 감각이 오고가는 것을 느끼며, 전에는 알아차림의 방해로 여겨졌을 수도 있는 새로운 관심 대상을 탐구한다. MBSR 5회기에서 '능력(capacity)'이라는 단어를 여러 번 볼 수 있다. 이 단어는 정말 우리가 지금 능력을 키우고 있다는 것을 말해 준다. 무엇에 대한 능력인가? 명상처럼 자발적일 때 불편하고 원하지 않는 것을 할 수 있는 능력을 키우면, 우리는 삶처럼 비자발적일 때 도망치거나 무의식적으로 행동하지 않고도 그것과 함께 할 수 있는 더 큰 능력을 가지게 된다. 명상수련에 바른 노력을 기울인 결과, 우리는 반응을 통해 자신과 다른 사람들에게 해를 끼칠 수 있는 일을 하기보다는 있는 그대로 앉아 있는 것을 더 잘 할 수 있게 된다.

　우리는 또한 이전에는 결코 알아차리지 못했던 경험의 영역에 대해 더 큰 호기심을 가지고 있다. 생각이란 무엇인가? 시작, 중간, 끝이 있는가? 감정이란 무엇인가? 어떤 것에 호기심을 가지는 순간 우리는 이미 능력을 향상시키는 것이다. 우리가 더 의식적이 되면, 선택의 문이 열린다. 호기심에는 용기와 관심과 심지어 사랑도 필요하다. 호기심을 갖는 것은 질문을 할 만큼 관심을 가지는 것이다.

　긴 명상이 끝나갈 무렵, 나는 둥글게 앉아 있는 참가자들에게 연못에 조약돌을 떨어뜨리듯 자신을 돌아볼 질문을 던졌다. "이제 중간 지점까지 왔습니다. 지금까지 어떻게 되어 가고 있습니까? 소중한 친구에게 물어보는 것처럼 스스로를 판단하지 않고 대답할 수 있는지 알아보세요. '내가 무엇을 배우고 있는가? 수련을 열심히 하고 있는가? 이 과정

후반도 열심히 할 것인가? '성장은 비선형적이라는 점에 유의하십시오." 이 책을 읽는 여러분도 스스로 이 질문에 답함으로써 개인적인 수련에 대해 스스로 확인하고 싶을 수도 있다.

사람들이 중간평가서를 작성한 후에, 나는 두 사람씩 서로 이야기를 하도록 했다. 방은 천천히 그들이 서로 연결되어 나누는 소리로 가득 찼다. 나는 그들이 서로에게 몸을 기울이며 고개를 끄덕이고 공유하는 모습을 훑어보았다. 니키와 자크는 웃고 있었고 르네는 노마에게 휴지를 건네고 있었다.

우리는 다시 큰 원 모양으로 한자리에 모였다. "원하는 분부터 말하기 시작해서 거기서부터 한 바퀴 돌 거예요." 내가 말했다. "말하지 않아도 괜찮아요."

지금까지 꽤 조용했던 데브라(Debra)가 손을 들었다. "평가서를 작성할 때, 저는 웃기 시작했어요. 사실 신경과 의사가 두통 때문에 여기를 추천한 걸 잊고 있었어요. 단지 두통이 나았을 뿐 아니라 그보다 훨씬 더 많은 것을 얻었어요. 삶에서 얼마나 많은 것을 놓치고 있었는지 몰랐어요. 바보같이 들릴지 모르지만, 저는 정말 빨래 개는 걸 즐기고 있어요. 그리고 아이들과 훨씬 더 많은 시간을 함께하게 되었어요."

그녀 옆에 앉은 앨런이 말했다. "이 수업이 도움이 된 한 가지는 암 치료를 받는 동안 중요한 것을 찬찬히 살펴보게 된 것입니다. 저는 열정적으로 고전적인 구형 자동차를 복원하는 취미가 있어요. 방금 저의 1955년식 포드 선더버드가 북부로 전시에 들어갔어요. 그래서 노마와 저는 다음 주에 여기에 못 옵니다. 이 수업이 그립겠지만 나는 그게 정말로 기대가 돼요. 암 진단을 받은 후로 이런 기분은 처음입니다."

"수업을 빠지고 싶지 않아요. 특히 집중수련은 꼭 오고 싶지만, 이건 우리에게 중요한 일이에요." 노마가 끼어들었다. 우리는 모두 말로 표현하지 않은 것을 느낄 수 있었다. 그는 이번밖에 기회가 없을 것이다.

"지난주에 빌리에게 화낸 이야기를 했어요." 일레인이 말했다. "계속 신경이 쓰였어요. 계속 수업에 오니까 상황을 더 나쁘게 만들거나 무시하는 게 어려웠어요. 그러사 제가 빌리에게 사과하고 싶어 한다는 것을 깨닫고 그와 다시 좋은 관계로 지낼 수 있을지 알아보고 싶었어요. 이번 주에 제가 운동장을 모니터링할 차례가 되었는데, 그 애가 다른 아이들 뒤에 뒤처져 있는 것을 보았어요. 보통은 빌리에게 서두르라고 말하곤 했는데, 이번에는 그 애와 함께했고 진심으로 빌리를 보았어요. 좀 더럽고 돌봐 주는 사람이 없어 보였어요. 마음이 좀 아팠어요. 지난주에 화를 내서 미안하다고 말하고 그날 힘든 하루를 보냈다고 말했지만 변명이 되지 않았어요."

"그가 '괜찮아요, 선생님은 지친 것 같았어요.'라고 했어요. 나는 그 애에게 내가 왜 짜증이 났는지 아냐고 물었고, 그는 이렇게 대답했어요. '저는 말을 안 해야 할 때 말하고 있었어요.' 우리는 각자 맡은 일을 하며 서로 돕기로 했어요. 그리고 저는 엄청 오랫동안 한 번도 하지 않은 일을 해냈어요. 나중에 그네를 타고 있는 빌리를 보고, 옆에 있는 그네를 탔어요. 우리는 함께 그네를 탔어요! 그 애와 나 누가 더 놀랐는지 모르겠어요. 선생님이 된 본래의 이유를 잃어버린 것 같아서 너무 스트레스를 받았고 어쩔 줄 몰랐어요. 저는 그렇게 한 것이 정말로 유감이지만, 좋은 순간이었어요."

"빌리에게 마음을 열었을 때, 무엇을 알아차렸나요?"

"그 애가 관심을 끌려고 행동하는 방치된 아이처럼 보였어요. 그리고 제가 그 애를 살피고 싶었어요."

"당신 자신에 대해서도 그런 생각을 하고 있는지 궁금하군요."

그녀는 눈물을 좀 흘렸다. "저는 제 자신을 소홀히 하고 있었고 도움을 청하지도 않았어요. 이 수업은 제가 오랜만에 처음으로 나를 돌보는 거예요. 빌리와 저는 공통점이 있는 것 같아요." 그녀는 두 손을 가슴에 얹었고, 우리는 잠시 침묵했다.

자크가 말했다. "아버지와 고모가 죽기 전에 제가 좋아했던 일을 다시 하기 시작했다는 것을 알았어요." 그가 가족이 겪은 비극에 대해 구체적으로 말한 것은 이번이 처음이다. "기타를 좀 치고 자전거를 탔어요."

조가 말했다. "더 잘 자고 있고, 차고 문이 닫혀 있는지 확인하기 위해 차를 몰고 가지 않아도 됐어요. 왜냐하면 문을 닫았을 때 거기 있었거든요! 제 동료는 이 수업이 저한테 뭔가 좋다고 생각해요. 그는 실제로 오늘 밤 수업에 가라고 저를 문 밖으로 밀어냈어요!" 조는 몇 주 전 나한테 소리친 사람과는 다른 사람 같았다.

리제트가 말했다. "8파운드(약 3.6kg)나 살이 빠졌는데 어떻게 그렇게 됐는지 모르겠어요. 마음챙김하며 먹고 명상을 해서 그런 것 같아요. 스트레스 때문에 먹은 것 같지는 않아요." 그녀와 라울은 손을 잡고 있었다. 라울이 말했다 "우리가 함께해서 좋았어요." 그들은 서로에게 미소를 지었다.

사람들이 매주 와서 자신의 경험에 진정으로 관심을 가지게 되고, 방에서 뛰쳐나가지 않고 더 오래 침묵을 지키며 긴 시간 앉기명상을 하기 위해서는 그것이 무엇이든 간에 MBSR 수업에 오게 된 원래 의도와 연관이 있어야 한다.

그리고 스스로 도전하기 위해서는, 노력이 필요하다. 부담감으로 쓰러질 정도로 많은 노력도 아니고, 잠자러 가는 만큼 적은 노력도 아니다. 수업 중간쯤에 되돌아보는 시간에서, 사람들은 자신이 처음 가졌던 의도를 다시 생각하고 스스로에게 물어볼 수 있는 기회를 가진다.

"그 의도를 이루어 내기 위해 남은 수업에서 기꺼이 노력해야 할 것은 무엇일까?" 또한 5회기 수업에서는 습관적 반응에 의한 행동 대신 선택을 하고 창의적으로 대응을 할 가능성이 있다는 것을 깨닫고 있다. 그런 일이 일어나려면, 그렇게 할 의도가 있어야 한다. 그리고 현실을 직시하자면, 그들은 아몬드 조이바 간식이나 기술 장비를 손에 넣는 것보다 좀 더 어려운 일을 하기 위해 노력해야 한다. 흥미롭게도 이 장에서 우리가 간단히 말할 것은 팔정도의 바른 생각과 바른 노력에 관한 요소들이다. 우선 이 요소들을 포함하여 마음챙김에 대한 네 번째 토대에 대해 말할 것이다.

마음챙김의 네 번째 토대: 다르마에 대한 마음챙김, 삶은 우리의 스승이다

5회기 수업에서 우리는 팔정도 구성요소를 검토하면서, 점점 더 많은 삶의 영역으로 알아차림을 가지고 오고 있으며, 다른 관점으로 세상을 볼 수 있는 기회를 갖게 된다.

다르마에 대한 마음챙김인 네 번째 마음챙김의 토대는 우리에게 가르침을 주는 모든 것에 호기심과 친절한 관심을 가지도록 한다. 다르마라는 단어는 말 그대로 붓다의 가르침을 의미하며 우리에게 가르침을 주는 삶이나 모든 현실을 의미한다. 삶의 경험에서 배울 때 우리는 깨어날 수 있다. 깨어난다는 것이 무슨 뜻일까? 우리는 우리의 삶에, 다른 생명체에 대해, 그리고 위대한 지구 자체에 존재하며, 그들과의 관계와 그들에게 주는 우리의 영향을 분명히 볼 수 있다. 우리를 가르치는 세상도 역시 다르마이다. 바람 소리, 바위에 비친 그림자, 아이 목소리, 심지어 차가 막힌 상황에 같이 있는 사람들과의 우연한 만남으로 우리는 깨어날 수 있다. 왜냐하면 우리는 상호 연결성을 가지고 있기 때문이다. 다른 방향으로 가고 있는 것처럼 보인다고 해도, 우리가 혼자가 아니라는 것을 알고 있다.

경전을 보면, 다르마의 영역에서 마음챙김을 확립하는 것에는 구체적인 목록의 붓다의 가르침이 있다. 지난 장에서 내가 가르침이 서로 맞물려서 엮어 내는 방식에 대해 했던 말을 기억하는가? 목록 중 어떤 것인지 맞춰 보라. 맞다. 팔정도를 포함하고 있는 사성제이다. 우리는 후반의 두 가지 측면, 즉 바른 생각과 바른 노력을 다룰 것이다.

바른 생각: 놓아 버리기, 선의, 연민

바른 생각에 대해 논의하면서 붓다는 생각의 세 가지 영역으로 수련할 것을 제안했다. 첫째는 놓아 버리기이다. 놓아 버리기는 서구에서 많이 사용하는 포기의 의미가 아니다. 어쩌면 수도승과 수녀에게만 적용될 수 있다고 생각할 수도 있다. 그러나 우리가 더 많은 것을 가져야 하고, 더 많은 일을 해야 하는 문화와 시대 속에서, 단순화하기 위해 무언가를 포기하는 것은 탐구해 볼 가치가 있다.

한번은 MBSR에 대한 오리엔테이션이 끝날 무렵, 프로그램에 참여하는 데 필요한 시간과 노력에 대해 이야기한 후, 한 여성이 말했다.

"이것을 할지, 다른 것을 포기해야 할지 알게 되었어요." 나는 여기에서 지혜와 선견지명이라는 것에 놀랐다. 왜냐하면 우리는 종종 이렇게 생각하기 때문이다. "한 가지를 더 하면 안 되나요? 아무것도 포기하고 싶지 않아요!" 나는 첫 수업 시간에 이 이야기를 하며 참사사들에게 이렇게 물었다. "명상을 할 시간을 만들기 위해 어떤 일을 기꺼이 포기할 것인가? 텔레비전을 조금 덜 보는 것? 페이스북을 자주 확인하지 않는 것? 소규모나 대규모로 간소화하는 것?" 이 질문은 실용적이고 현실적인 것 외에도 놓아 버리기를 수련하는 것에 대해 말한다.

오늘 내가 직장에서 스트레스를 받았을 때, 내가 더 큰 의도를 위해 아몬드 조이바를 포기하는 것을 수련했고, 그것은 건강에 좋고 내 감정을 느끼기 위한 것이었다고 말할 수 있다. 나는 놓아 버리기를 수련하지 않고 과식이나 과로를 한다면, 고통이 더해질 수 있는 선택을 했다는 후회의 감정 외에도 원래 슬픔이나 스트레스를 여전히 감당해야 한다는 사실을 배웠다. 내가 이것을 끝까지 보고 버릴 수 있을 때, 이것은 바른 생각을 존중하는 것이다.

명상을 하는 맥락에서도 놓아 버리기를 수련할 수 있다. 사람들은 종종 "명상을 더 짧게 하면 안 되나요?"라고 묻는다. 아마도 그들은 명상을 정신없이 바쁜 날에 끼워 맞추기를 바라고 있는 것 같다.

대답은 "네, 할 수 있습니다."이다. 아무것도 하지 않는 것보다는 항상 더 낫다. 하지만 오랜 시간 동안 주의를 유지하는 것이 주는 이점은 심오함이다. 나는 충분히 경험할 만큼 오래 앉아 있으면, 원인과 결과를 볼 수 있다는 것을 발견했다. 단지 주의를 몇 분만 기울인다면, 더 오래 주의를 기울여야 알 수 있는 귀중한 정보를 놓칠 수도 있다. 우리가 과 거의 행동으로부터 즉각적인 만족을 얻을 수도 있지만, 나중에 우리는 꽤 형편없다고 느낄 수도 있고 우리가 한 것에 대해 실제로 후회할 수도 있다. 우리가 지속적으로 주의를 기울인다면 이 중요한 피드백을 얻을 수 있다. 우리가 노력할 때 또 무엇이 가능한지 알게 되는 이런 종류의 배움은 마음챙김을 수련하는 것이 행동의 변화로 이어지기 시작하는 곳이다. 변화는 작은 순간처럼 보일 수도 있지만, 존 카밧진이 말한 것처럼 이러한 순간들은 "작은 것이 아니라, 그것이 인생이다!"

놓아 버리기는 박탈감에 관한 것이 아니라, 정말로 완전함을 느끼고 후회로부터 자유로워지는 것에 관한 것이다. 전통적 가르침에 의하면 후회로부터의 자유는 기쁨의 전조이다. 나는 이 생각을 내 실험실에서 많이 시도해 보았는데, 그것이 잘 드러났다. 후회가 없다는 것은 사실 기쁨의 한 형태이다. 누가 알았을까?

자신이나 다른 사람의 더 큰 이익을 위해 기꺼이 놓아 버릴 수 있는 것이 있는가?

선의와 연민: 우리의 자연스러운 존재방식 기르기

붓다가 우리가 길러야 할 것으로 제안한 바른 생각의 또 다른 두 영역은 선의와 연민이다. 이들은 분노와 혐오 그리고 잔인함으로 인해 발생하는 악의적인 의지나 생각을 막기 위한 것이다. 수련을 통해, 우리는 적극적으로 우리 자신에게 자비와 연민의 씨앗에 물을 주고, 언제 나쁜 마음이 일어날지 더 잘 알게 된다.

바른 생각의 이런 측면을 실천할 수 있는 두 가지 적극적인 방법이 있다. 첫 번째는 자애명상 또는 메타(Metta)라고 불린다. 메타는 '무한한 친절'로 번역되는 빨리어이다. 메타는 모든 존재가 행복하고 고통으로부터 자유롭기를 바라는 소망이며, 그 실천은 자신과 다른 사람들에게 이 소망을 제공하는 마음에 있다. 두 번째는 연민(karuna)의 수련으로, 우리의 선한 의지가 고통을 만날 때 생기는 마음의 떨림으로 정의된다. 자애(Metta, loving-kindness)는 모든 조건에서 선한 의지이다. 연민(karuna, compassion)은 더 구체적으로 말하자면, 행복을 바라는 우리의 소망이 고통 받고 있는 우리 자신을 포함한 누군가를 만났을 때 마음에서 일어나는 일이다. 우리는 의도와 수련으로 그것을 기를 수 있다. 우리는 이 두 가지 수련을 10장에서 자세히 살펴볼 것이다.

MBSR이 매우 흥미로운 점 중 하나는 주의를 기울이는 방법을 가르치고 이것을 많이 수련한다는 것이다! 그런 다음 우리는 친절과 연민이라는 긍정적인 특성이 나타나는 것을 본다. 수련을 통해 일레인은 아동 교육과 삶을 키워 나가려던 원래 의도와 다시 연결되었다. 그녀는 자신이 무언가를 잃어버렸다는 것을 알고 있으며, 이 어려움을 향해 "돌아서고 있다". 단절된 느낌의 고통과 그것이 초래하는 해악에 대한 알아차림으로 그녀는 이번 주에 빌리를 진심으로 보고 연민을 느끼기 위해 잠시 시간을 보냈다. 아마도 빌리가 방치되어 고통받고 있는 아이라는 것을 알았을 때, 그녀는 사과하고 같이 그네를 타면서 자애를 수련한 것이다.

일레인의 경험에서 마음챙김의 세 번째 토대인 마음에 대한 마음챙김의 예를 알 수 있을 것이다. 다른 과정을 밟기 위해서 그녀는 먼저 자신의 마음 상태를 알아야 했다. 그런 다음 판단하지 않고 자신에 대한 친절과 연민으로 희망을 가지고 공간을 가지는 수련을 하고 사랑과 연민으로 학생을 대했다.

바른 노력: 고통으로부터 멀어져 평화를 향해 나아가기

바른 노력은 팔정도의 또 다른 단계이다. 내가 설명할 수 있는 가장 간단하고 직접적인 방법은 다음과 같다. 붓다의 가르침에 따르면 바른 노력은 자유와 평화 그리고 만족으로 향하게 하며, 탐욕과 분노, 무지에서 벗어나 고통으로부터 멀어지는 것이다. 간단히 말해서, 고통에서 벗어나는 것이다.

바른 노력에 대한 가르침은 우리가 무엇을 하고, 말하고, 생각하는지, 우리의 노력이 마음을 건강한(wholesome) 상태로 이끄는지 건강하지 못한(unwholesome) 상태로 이끄는지 살피도록 한다.

'놓아 버리기(renunciation)'라는 단어처럼 '건강한(wholesome)'이라는 단어는 그다지 매력적이지 않을 수도 있다. 나는 50년대 후반에서 60년대 초반에 자라서, 〈Father Knows Best and Leave It to Beaver〉 시트콤 같은 텔레비전 쇼를 떠올리게 된다. 이 쇼는 내 삶과는 너무나 다르기 때문에 우리 집에서 그리고 내 어린 시절에 경험했던 것이 매우 비정상적이며 확실히 건강하지 못했다는 느낌을 남겼다. 이 단어가 부정적으로 떠오른다면, 선입견 없이 그 개념을 탐구할 수 있는 언어가 있는지 찾아본다. 강조하는 것은 어떤 노력이 어떤 결과를 낳는지에 대해 호기심을 가지고 마음을 열어 보라는 것이다. 그래서 어떤 단어가 당신에게 적합한가? 개인적으로 나는 '자유(freedom)'와 '온전함(wholeness)'이라는 단어가 좋다. 당신의 노력이 어느 정도 자유와 온전함을 가져다주는가?

붓다의 이야기는 바른 노력의 훌륭한 예이다. 그는 갈망으로 인한 불필요한 고통으로부터 해방되기 위해 깨어나고자 하는 의도를 가졌다. 그는 금욕적인 길에 엄청난 노력과 에너지를 쏟아부었고 그것의 대가라고 들었다. 하지만 그것은 근본적인 불안에는 답이 되지 않았다. 지속 가능한 평화를 주지도 않았고, 그로 인해 그는 너무 건강이 악화되어 자신을 포함하여 누구도 위할 수 없었다. 이런 식의 노력은 바르지 못한 것이었다. 그러나 그가 포기하지 않았기 때문에 그것이 오늘날 우리가 가고 있는 길의 디딤돌이었다고 말할 수 있다. 그래서 나는 그것이 쓸모없는 일이었다고 말하지 않을 것이다.

MBSR에서 우리는 처음부터 바른 노력을 하도록 권한다. MBSR을 통해 치유에 에너지를 쏟는다면, 일주일에 2시간 30분은 수업을 하고, 하루에 1시간씩 명상을 하는 것을 의미한다. 건강과 온전함으로 이어지지 않는 다른 일에 에너지를 쏟는 것을 멈춰야 한다는 뜻일 수도 있다. 즉, 우리는 어느 정도 '놓아 버리기'를 수련해야 할 것이다. 우리는 마음챙김 요가를 할 때 바른 노력을 계속 하도록 하며, 사람들에게 얼마나 멀리 뻗을 수 있는지 얼마나 오래 지속할지 주의를 기울이라고 하면서, 마음의 메시지뿐만 아니라 신체의 신호도 알아차리도록 한다. 나는 이렇게 말할 수도 있다. "만약 여러분의 목 정맥이 튀어나오고 턱이 굳어 있다면, 여러분의 노력을 고려해 보는 것이 좋을 거예요." 나는 삶에서와 같이 요가에서의 노력을 점검하는 몇 가지 방법을 계속 제안한다. 자신의 삶이나 그 자세에서 편안하고 자유롭게 숨을 쉴 수 있는가? 그리고 편안하게 입가를 올릴 수 있는가? 여러분이 웃어야 한다고 말하는 것이 아니라, 그저 여러분이 미소를 지을 수 있는지 알고 싶다고 말하는 것이다.

바디스캔과 앉기명상에서 우리는 마음을 '부드럽지만 단호하게' 현재의 순간으로 되돌리려고 노력한다. 이것은 에너지와 노력을 필요로 한다. 수련을 한 뒤에 사람들은 깜짝 놀라며 "정말 엄청난 일이었어요!" 라고 말할 것이다. 이 시점에서 우리는 특정 결과를 위해 노력했지만 결과를 얻지 못했거나, 또는 주의를 훈련시키려고 부지런히 노력한 것이 가치가 있지만 쉽지 않았다든지 하는 부적절한 느낌이 드는지 살펴볼 수 있다.

일상에서 바른 노력은 이렇게 보일 수 있다. 직장에서 힘든 하루를 보냈다고 가정해 보자. 나는 소파에 누워 최근 BBC에서 하는 살인 추리극을 계속 보고 싶다. 신경이 곤두서 있고, 마음은 그날 있었던 힘든 일로 가득 차 있다는 것을 알고 있다. 기절하고 싶다. 앞서 말했듯이, 나는 그것이 고통으로부터 멀어지게 하지 않을 것이라는 것을 꽤 잘 알고 있다. 특히 그것이 끔찍한 살인이라면, 나는 여전히 그 감정을 가질 것이다. 잠시 주의를 다른 곳으로 돌릴 것이다. 그래서 바른 생각과 바른 노력을 이용해서, 대신 산책을 하고, 주변을 둘러본다. 나는 걸으면서 정신이 산만할 수 있지만, 알아차림하며 걸을 것을 선택한다. 발이 느껴지고, 얼굴에 공기가 느껴지고 저녁 새소리가 들려온다. 저녁 식사 중에 휴와 연락이 되어 우리는 있었던 일을 이야기한다. 저녁 식사 후에 짧은 바디스캔을 하고 다시 확인한다. 지금은 어떤가? 이메일을 확인하거나 페이스북에 접속하고 싶은 마음이 들 수도 있다. 이제 이런 행동이 어디로 이어질지 다시 한번 스스로 물어본다. 솔직히 이것은 러시아 룰렛과 같다. 그냥 괜찮을지도 몰라. 친구들이 보낸 멋진 메시지를 받거나 누군가의 생일인 걸 알아낼 수도 있다. 아니면 감당하기 힘든 요구, 혼란스러운 정치적 견해를 표현하는 사람들, 또는 그 옆에 빨간 느낌표가 있는 이메일 하나가 있을 수도 있다! 나는 오늘 하루와 현재의 순간에 대한 알아차림을 바탕으로 스트레스를 얼마나 더 많이 받을 수 있는지 알고, 바른 노력을 기울이면서, 이러한 충동을 버리거나 최소화하고 온라인에 접속하지 않기로 마음먹을 수 있다.

전통적인 가르침은 마음이 어디로 노력하고 있는지 주의를 기울이도록 한다. 원한을 품고 있는가? 눈앞에 있는 것은 놓치면서, 어려울 것 같은 일을 수련하고 있는가? 지속적인 자각을 통해 다음과 같이 자신에게 물어볼 수 있을까? 이런 생각의 흐름은 어디로 이어지는가? 그리고 나서 좀 더 건전한 방향을 선택하는가? 우울증과 불안으로 고통받는 사람들에게는 한 가지 생각이 절망이나 공포로 확대되는 일련의 생각으로 이어질 수 있다는 알아차림이 중요한 인식과 선택점이 될 수 있다.

우리의 노력이 바른 것인지 어떻게 알 수 있을까? '마음챙김의 네 가지 토대'를 적용하면 다음과 같다.

- 몸에 대한 마음챙김은 내가 얼마나 스트레스를 받는지 알려 준다.
- 느낌이나 마음상태에 대한 마음챙김은 내가 정신적으로나 감정적으로 어디쯤 있는지 정보를 제공한다.
- 다르마에 대한 마음챙김은 모든 사람이 고통을 겪기 때문에 힘든 하루를 보내는 것이 아무 문제가 없다는 것을 상기시켜 준다. 그것은 일어난다. 그리고 그것은 또한 갈망(텔레비전, 아이스크림, 기술적 해결)이 더 많은 고통을 초래한다는 것을 기억하도록 도와주고, (이론이 아닌) 이전의 경험에서 나는 고통으로부터 자유로울 수 있는 가능성이 있다는 것을 깨닫는다. 그 자유에 들어가는 방법은 바른 견해, 바른 생각 및 바른 노력을 적용하는 것이다.

얼마나 많은 노력이 바른 노력인가? 붓다는 여러 종류의 사람을 가르쳤기 때문에 비유의 대가였다.

이 질문에 대해 류트를 연주하던 수도승에 관한 이야기가 있다. 이 수도승은 자신이 수행에 얼마나 노력을 기울여야 할지 알고 싶어 했다. 붓다가 물었다.

"악기의 줄이 너무 느슨하면 어떤 일이 일어나는가?"

"연주할 때 소리가 분명하지 않습니다." 수도승이 대답했다.

"줄이 너무 팽팽하면 어떻게 되는가?"

"아마 끊어질 것입니다."

"수행하는 방법도 똑같다." 붓다가 말했다.

"적당한 팽팽함과 느슨함을 찾으면 소리는 훌륭해질 것이다."

우리는 류트 연주자가 현의 소리에 맞추는 방식으로 우리의 노력을 조율할 수 있다. 아무도 정확히 균형이 맞는지 말해 줄 수 없다. 직접 찾아봐야 한다. 수련 시 이렇게 노력을 하고 그것이 자신에게 어떤 것인지 알아보라. MBSR 수업 참가자들은 지금 이것을 하고 있다. 자크는 자신이 살아 있고 온전하다고 느끼기 시작했다고 말했다. 니키는 자신이나 다른 사람들에게 더 친절하게 대해 주고 있다고 말했다. 지혜가 진짜 펼쳐지고 있다.

6장

말에 대한 다르마:
관계와 공동체에 대한 가르침

　오늘 밤 MBSR 수업에서는 다른 사람들과 의사소통할 때 받는 특정 스트레스를 다룰 것이라는 것을 알기 때문에, 오늘은 환자들과의 대화를 더 잘 알아차리게 된다. 내가 오랜 세월 동안 배운 한 가지 사실은 진료실에서 환자에 대해 불평하거나 험담하지 않는 것이 매우 중요하다는 것이다. 특히 다루기 어려운 사람들에 대해서는 더 그렇다. 그렇지 않으면 그들이 고통스럽다는 것을 인정하기보다는 우리에게 고통을 주고 있다는 생각을 강화하면서 누군가에 대해 서로 짜증을 내게 된다.

　우리가 하는 말의 영향을 염두에 두고, 우리 팀과 나는 그들에게 불리한 우리의 분위기를 만들지 않으려고 한다. 우리는 그것이 경계를 확고하게 설정하는 것을 의미할지라도 더 긍정적인 결과를 가져올 수 있는 방법으로 말하려고 노력한다. 우리는 우리의 상호작용에 깊은 영향을 주거나, 남편이 감옥에 있다거나 자녀가 사고를 당했다거나 직장을 잃었다는 내용과 같이 환자의 건강에 영향을 줄 수 있는 중요한 배경 정보를 공유한다. 우리는 진통제를 터무니없이 요구하거나 단순히 무례하게 구는 사람을 다룰 계획을 세운다. 그래서 안젤라와 내가 오늘 아침 일정을 같이 보고, 그 일정에 특히 힘든 환자의 이름을 보고(그가 항상 바이코딘과 자낙스를 요구한다는 점에서 어렵다) 우리는 서로를 쳐다보며 그녀가 "커피 좀 마실래요?" 할 때까지 아무 말도 하지 않았다.

오늘 내가 좋아하는 한 부부를 만나고 의사소통의 중요성을 다시 생각하게 되었다. 부부는 여섯 명의 다 큰 자녀와 손자들을 둔 활기차고 따뜻한 사람들로 주방용품 사업을 하다 은퇴하였다. 보통은 부부를 따로 보지만, 오늘은 둘 다 검사실에 같이 있었다. 각자의 차트가 윗부분에 깔끔하게 놓여 있었다. 지노(Gino)는 전립선암 치료를 받고 있었고, 나는 새로운 정보가 필요했다. 그래서 먼저 그와 함께 시작했다.

"잘 지냈어요, 지노? 새로운 것이 있나요?"

"난 괜찮아요. 모든 게 괜찮아요."

"괜찮지 않아요!" 마르셀라(Marcella)가 끼어들었다. "당신은 지쳤어. 그리고……."

"여보, 내 시간이야!"

나는 대화에 끼어들었다. "솔로몬 박사의 진료결과를 보고 있어요. 치료효과가 나타나고 있고 10주 정도 더 치료 받아야 한다는데. 이렇게 알고 있나요?"

"그 씨드 임플란트 시술을 받아야 한다고 말한 것 같은데." 마르셀라가 큰 소리로 말했다.

"이미 받았잖아! 그렇지요, 박사님?" 이제 지노의 목소리가 높아졌다.

"진정하세요, 우린 모두 같은 편이에요."

그들은 나를 이상한 사람처럼 쳐다보더니, 서로를 쳐다보고, 활짝 웃으며, 동시에 손을 공중에 내밀며 "우리는 이탈리아 사람이에요!"라고 말했다. 다시 말해서 아무런 문제가 없고, 이것은 그들이 의사소통하는 방식이고, 그들에게 그것은 대화였다. 나만 논쟁이라고 생각했다.

그들은 아주 쉽게 얼마든지 다른 문화에 이름을 붙일 수 있었을 것이다. 중요한 것은 그들이 내가 나 자신에 대해 알고 있는 것을 내게 보여 주었다는 것이다. 나는 갈등을 믿을 수 없을 정도로 싫어한다. 목소리가 조금만 올라가도 경보음이 울린다. 이 방에서 진정해야 할 사람은 나뿐이었다. 나는 마음챙김 호흡으로 진정할 수 있었는데, 그들이 유머 감각이 뛰어났기 때문에 더 쉬웠다. 잠시 동안 암 치료와 그다음에 대해 이야기했으며 우리 모두는 웃고 있었다.

이 부부가 상기시켜 주듯이 인간관계에 있는 패턴을 아는 것이 도움이 된다. 그것은 오늘 밤 6회기 수업에서 탐구할 것이다. 패턴이 어디에서 오는지, 패턴이 적용될 때 어떤 느낌이 드는지 알고 나서 대응 가능한 몇 가지 방법을 가지는 것이 좋다. 오늘 밤, 마음챙김과 관계라는 주제를 꺼내기 전에 참가자들이 한 수련이 의사소통에 어떤 영향을 주었는지 들어 볼 것이다. 그들로부터 "상처받은 곳에 필요한 만큼 마음챙김을 적용"할 때 무슨 일이 일어나는지 배우기를 기대해 본다.

우리가 함께 모였을 때, 앨런과 노마가 없다는 것을 알고, 모두에게 그들이 자동차 쇼에 있다는 것을 상기시켰다. 참가자들이 서로서로에 대해 얼마나 신경 쓰는지 반응을 통해 알 수 있었다.

요가부터 시작해서, 이어 5회기에서 배운 다양한 관심 대상과 함께 앉기명상을 길게 하였다. 오늘 저녁에는 명상안내는 덜 하고 침묵이 더 길어질 것이다. 이번 주에는 어떻게 했는지 매우 듣고 싶었다.

45분 동안 명상을 한 후 나는 벨을 눌렀다. 그리고 나서 모두 함께 짝을 지어 오늘 저녁과 주 중 명상수련이 어땠는지 경험을 공유하도록 했다. 나는 이 상호작용에서 마음챙김 듣기 또한 명상수련처럼 수련하도록 강조한다.

"대화 상대와 이야기할 때, 그냥 몸 전체로 들어줄 수 있는지 보세요. 마음이 다른 데로 가거나, 자신이 말하려는 것을 비교하거나 미리 수련하고 있거나, 완전히 다른 것에 대해 생각하고 있는 것을 알아차리세요. 그러면 친절하지만 단호하게 다시 듣기로 돌아가세요. 방해하거나, 끼어들거나, 질문을 하거나, 심지어 어떤 것과 관련되어 있을 때도 언급하지 않도록 노력하세요. 그리고 여러분이 말할 때, 어떻게 말하고 듣는지 잘 보세요."

사람들은 종종 이 경청 수련이 혁명적이고, 이상하고, 경이롭거나, 심지어 불가능하다고 생각한다. 그들은 침묵하면서 듣지 못하고 말을 참을 수 없다는 것을 알게 된다. 어떻게 진행되든 간에, 빛을 발하고 있다.

그들이 짝을 지어 이야기를 나눈 뒤 내가 물었다. "어땠어요? 지금 한 앉기명상이나 마음챙김 듣기, 그리고 일주일 동안의 수련과 관련된 모든 이야기를 해도 됩니다."

진이 말했다. "마음챙김 듣기가 힘들었어요! 너무 많이 끼어들고 싶었고, 묻고 싶었고, 내가 얼마나 관련되었는지 데비에게 말하고 싶었어요."

"그래서 어떻게 했죠?"

"그걸 알아차렸어요. 거의 무슨 말을 할 뻔했지만, 다시 몸과 마음을 느끼는 것으로 돌아와 데비에게 집중했어요. 저는 항상 이렇게 할 수 있을지, 심지어 원할 때도 할 수 있을지 확신이 들지 않아요."

"알아요, 좀 어색하고 인위적인 느낌이 들 수도 있어요. 이것은 실제로 어떤 느낌인지 알아보는 수련이에요. 그러면 여러분은 인생에서 더 자연스럽게 그렇게 할 수 있어요. 이런 식으로 듣는 건 어떻게 듣는 걸까요?"

"음, 그 말을 듣고 보니, 그녀가 무슨 말을 했다면 제가 안 했을지도 모를 말을 했다는 것을 알았어요."

"나는 이미 10대 딸과 이렇게 하기 시작했다는 것을 깨달았어요." 데비가 덧붙였다. "최근까지는 아이와 싸움을 벌일 준비가 되어 있었죠. 요즘은 항상 경계선을 넘고 있었으니까요. 하지만 최근에 딸이 끝까지 말을 끝내도록 내버려 두었어요." 그녀가 미소를 지었다. "그리고 가끔은 별일이 없을 때도 있어요. 우리는 좀 더 쉽게 일을 처리하고 있는 것 같고, 어떻게 된 일인지조차 모르겠어요. 어쩌면 말을 들어주는 것만으로도 딸은 열심히 싸워야 한다고 느끼지 않는 것 같아요."

캐롤과 자크가 다 알고 있다는 듯이 서로를 쳐다보는 것이 눈에 들어왔다.

"우리도 그런 일이 일어나고 있다고 생각해요." 캐롤이 말했다.

"이번 주에는 무슨 일이 있었나요?"

라울이 말했다. "직장에서 사람들이 무슨 일이냐고 물었어요. 제가 정말 다르게 행동하고 있다고 생각해요. 여러분의 말을 들으면서, 저도 더 많이 듣고 있는 것 같아요. 그리고 그렇게 많이 말하지 않았어요. 일이 잘못될 때 그렇게 짜증이 나지도 않았어요. 그래서 사람들은 제게 '갑자기 왜 그래?' 했어요."

조가 웃었다. "제 관계에서 가장 큰 발전은 우선 입을 다물고 있는 거예요. 그러면, 일이 잘될 거라고 말하지는 못해도, 소리 지르는 일은 훨씬 적어지죠."

르네가 말하길 "남편 치매가 심해지면서 제가 돌보며 겪는 스트레스를 해소하는 데 명상이 도움이 될 거라고 많은 사람이 저에게 이 수업을 들으라고 했어요. 하지만 저는 남편을 지켜봐야했어요. 항상 긴장을 늦추면 안 된다고 느껴서 마음 깊은 곳에서는 이 수업을 들을 수 없다고 생각했어요. 효과가 있을 것이라 생각하지도 않았어요. 하지만 이 앉기 명상에서 제가 얻은 것은 모든 것을 차단하지 않는다는 것이에요! 그래서 소리와 감각, 생각에 마음을 열어 놓고 여전히 휴식을 취할 수 있었어요. 나 자신과 남편에게 더 많이 머무를 수 있을 것 같아요. 말을 잘했는지 모르겠네요."

나는 그녀가 완벽하게 묘사하고 있다고 생각한다.

패턴 명확히 알기

확실히 스스로 경험한 것처럼, 인간관계는 우리에게 큰 기쁨과 풍요로움을 주지만 심한 고통도 줄 수 있다. 오늘 우리는 다른 사람들과의 관계 속에서 이미 일어나고 있는 것, 즉 그리 도움이 되지 않는 습관적인 관계방식, 그리고 도움이 되는 방식들에 대해 더 많은 알아차림을 하고 있다.

MBSR에서는 조건화된 관계 패턴을 밝혀내는 다양한 방법이 있다. 나는 존 카밧진의 『마음챙김 명상과 자기치유』에 등장하는 무술 형식의 합기도를 기반으로 한 수련을 좋아한다. 나는 10년 동안 태권도를 했고 심지어 검은 띠도 땄고 합기도도 했다. 그래서 몸을 기반으로 한 이 예들이 마음에 든다. 지금까지 이 방법은 참가자들에게도 유용했다.

나는 수업 시간에 말했다. "오늘 저녁에는 갈등과 관계를 둘러싼 패턴을 자세히 볼 겁니다. 판단하지 않고 좀 더 명확하게 알기 위해서지요. 저는 이것들을 몸을 이용한 역할극을 통해 보여 드리려고 합니다. 하지만 이것은 감정적·언어적, 심지어 상황에 따른 시나리오를 표현할 것입니다. 이 모든 것은 적절한 상황에서 완벽하게 합리적인 전략이 될 수 있다는 것을 명심하세요. 우리는 그것들을 판단하려고 하는 것이 아니라 더 이상 효과가 없는 무의식적인 생존 전략을 가지고 있는지 알려고 합니다. 일단 우리가 그것을 알고, 그렇게 행동하게 되는 계기를 알고 나면, 다르게 시도해 볼지 알 수 있습니다."

"내 인생에서 예를 들어 보겠습니다. 나는 괴롭힘을 당하면서 자랐습니다. 아버지는 술에 취해 있을 때 정말 무서웠는데, 자주 그랬습니다. 오빠의 전략은 반항하는 것이었고 그 결과로 폭력이 일어나는 걸 봤습니다. 그래서 나는 완전히 수동적으로 변했고, 그것은 문제가 생기기 전까지는 괜찮았습니다. 다시 말해, 내가 어른이 되어 사람들이 내 생각을 말하기를 기대하고, 원하고, 때로는 필요로 하기 전까지는 괜찮았습니다. 더 중요한 것은, 내가 생각하는 것을 말하고 나 자신을 옹호할 필요가 있다는 것입니다. 그러니 이 역할극을 보면서 여러분의 몸에 어떻게 기억되어 있는지 보십시오. 그리고 이것들 중 익숙한 것이 있다면 여러분이 보는 것이 무엇이든 여러분도 저처럼 필요한 이유로 그것을 개발했다는 것입니다. 알아차림에 친절을 동반해 보세요."

나는 니키에게 파트너가 되어 달라고 부탁했다. 우리는 몸집이 비슷하고 그녀는 운동 경력이 있어 몸을 쓰는 것에 익숙해 보였기 때문이다. 우리가 보여 주는 첫 번째 패턴은 어떤 대가를 치르더라도 충돌만은 피하는 수동적인 사람의 패턴이다(내가 예전에 가졌던 패턴이다).

그녀는 공격적이지는 않지만 단호하게 팔을 뻗은 채 내게 다가오고 나는 의자에 주저 앉으며 "미안해, 내 잘못이야."라고 계속 말했다.

"익숙해 보이나요?" 내가 물었다.

몇 명이 고개를 끄덕였다.

"끔찍했어요. 당신이 그렇게 굴복하는 걸 보고 참을 수가 없었어요." 일레인이 말했다.

"여기에서 누구를 곤란하게 하려고 하는 건 아니지만 혹시 이런 기분을 알고 있는 사람이 있나요?" 나는 다시 물었다.

"네!" 진이 말했다.

"허공을 대하는 듯한 느낌이 싫었어요. 당신이 그냥 내 앞에서 사라진 것 같았어요." 니키가 말했다.

"좋아요, 다른 걸 해 봅시다." 내가 말했다.

이번에는 니키가 다가올 때 나는 재빨리 옆으로 물러나서 그녀가 멈추지 못하고 그냥 지나치도록 했다. 우리는 이것을 두 번 더 했다. 가끔 휴와 함께 세 번째로 할 때가 있는데, 그럴 때 그는 손가락으로 뿔을 만들고 화난 황소처럼 달려왔다.

"이건 좋아요." 자크가 말했다. "그냥 피하는 게 현명한 것 같아요."

"어떤 상황에서는 좋은 전략일 수도 있지만, 여러분에게 다가온 사람은 어떨까요?"

"음, 아직 해결된 게 없어요. 이것은 정말 허공을 대하는 느낌이 들어요. 아까 한 것과 비슷하지만, 그렇게 수동적이지는 않고 좀 더 수동적

공격 같군요."

"오, 세상에!" 에리카(Erica)가 말했다. "남편과 내가 그렇게 하고 있어요. 우리는 단지 멈추기만 했어요. 우리는 갈등을 다루지 않았어요."

이제 세 번째 시나리오가 있다. 니키와 나는 서로 어깨를 밀며 소리쳤다.

"내가 맞고 네가 틀렸어!" 우리는 끝나서 웃기 전까지 계속 소리쳤다.

나는 방 안을 둘러보았다. 어떤 사람들은 웃고, 다른 사람들은 약간 놀란 표정을 지었다.

"맞아요. 낯익어요!" 조가 말했다.

"나도 그래요." 브라이언과 일레인이 말했다.

"여기서 무슨 일이 있었을까요?" 내가 물었다.

"아직도 해결된 건 없어요."

"하지만 허공을 대하는 것 같지는 않네요."

"완전히, 비생산적이에요."

"하지만 열기가 좀 있지 않나요?" 내가 말했다. "접촉이 좀 있었죠? 다른 두 상황만큼 차갑고 허공을 대하는 것도 아니지요."

그런 다음 나는 계속 진행했다. "이제 우리는 합기도에서 나온 것을 시도할 것입니다. 합기도는 때로는 평화 또는 조화의 기예라고도 합니다. 이것은 공격자가 최대한 자신을 보호하면서도 피해를 거의 주지 않고 불안정한 누군가의 에너지를 접지하는 기술입니다."

이번에는 니키가 나를 향해 다가오고, 나는 살짝 옆으로 가서 그녀가 가는 방향으로 몸을 완전히 돌려 그녀의 팔을 잡고 몇 걸음 내딛었다. 그런 다음 나는 부드럽게 함께 다른 방향으로 이끌었다. 이 모든 일이 순식간에 일어났다. 우리는 그것을 슬로우 모션으로 반복했다.

"어떻게 느꼈나요?" 내가 물었다.

"정말 대단했어요!" 니키가 말했다.

"우리는 해병대에서 그런 것을 배웠어요." 브라이언이 말했다.

"이건 어우러지는 것입니다. 언어적 또는 감정적 상황에서는 어떻게 보일까요? 다시 말해, 여러분에게 화가 난 사람과 어떻게 어우러질 것인가요?"

"음, 당신은 그쪽으로 다가가서 그들의 관점에서 보려고 돌아섰어요." 리제트가 말했다.

"예." 자크가 말했다. "상대방쪽에서 보려고 했지요."

"그리고 나서?"

"상대방도 다른 방식으로 보게 했어요."

"그래서 이전에 했던 것처럼 당신이 정말로 경청하는 것부터 시작할 거라고 생각해요." 르네가 말했다. "그리고 당신이 니키를 향해 움직이기 시작했지만, 그녀를 공격하지 않는다는 걸 알았어요. 실제로는 '당신을 기꺼이 만날 용의가 있어요.'라고 말하고 있었죠."

훌륭하게들 말했다.

나는 그들에게 다음과 같이 상기시켰다. "어우러지는 것이 항상 옳다는 생각을 하지 마세요. 지금 보여 드린 것은 무의식적으로 했던 일들을 의식하도록 만드는 것에 관한 것입니다. 그리고 우리가 하는 수련, 특히 바디스캔과 생각과 감정에 관한 마음챙김을 통해, 이전에 보지 못했던 선택을 할 수 있어요. 이것은 미지의 세계로 도약하기 때문에 용기가 필요합니다. 몇 년 동안이나 의사소통 패턴에 갇혀 있던 한 부부가 있었어요. 어떤 이유에서인지 종종 차 안에서 그 일이 일어났죠."

사람들이 웃었다.

나는 계속 말했다. "남편이 뒤로 물러서고 부인은 '조심해요!'라고 말하고 남편은 항상 하던 말을 했어요. 테이프 녹음기를 틀어 놓는 편이 나을 거예요. 그러던 어느 날, 수련을 한 후, 둘 중 한 명이 몸의 스트레스를 알아차리고 잠시 멈췄어요. 각본대로 하지 않은 거죠. 즉흥적이었어요! 우리가 지금 정말로 이 순간에 있다면 우린 항상 즉흥적으로 행동하죠. 우리가 과거에 항상 했던 것처럼 세 가지 행동을 모두 할 필요가 없습니다."

바른 말

MBSR 수업에서 우리는 의사소통에 대해 이야기하고 있다. 이것은 붓다의 가르침에서는 팔정도의 또 다른 구성 요소인 바른 말(wise speech)이라고 한다. 붓다는 바른 말에 대해 매우 간단하게 직접적으로 알려주고 있다. 이는 우리가 말하지 말아야 할 형태의 것이다. 나는 명상 지도자 실비아 부르스타인(Sylvia Boorstein)이 만든 W.A.I.T.라는 약어를 좋아한다. 나는 왜 말하고 있는가?(Why Am I Talking?)

바른 생각이 자제에 대한 몇몇 제안과 함께 시작하는 것처럼, 바른 말에 대해 언급할 때는 거짓된 말을 하지 말고(진실을 말하라), 사람들의 분열을 초래하는 말을 하지 말고(건설적이지 않고 목적이 없다면 말을 하지 말라), 거친 말을 하지 말고(친절하고 따뜻한 말과 어조로 말하라), 잡담을 하지 말라(말하는 것이 적절한 시간인지 필요한지 생각하라)고 했다. 여러분이 어린아이였을 때 배웠을지도 모르는 몇 가지 교훈 같지 않은가?

팔정도 중 바른 말을 가르치게 됨에 따라, 우리를 지지하기 위해 마음챙김의 네 가지 토대를 이용해서, 지금까지 우리가 배워 온 모든 것을 하나로 합치기 시작한다. 바른 말은 알아차림에서 시작하고, 가장 중요한 것은 듣는 것이다. 또한 우리 자신 안에서의 마음챙김과, 반응할 때 몸 감각과 유쾌한지 불쾌한지 또는 중립적인지 느낌에 관한 마음챙김을 확립한다. 우리는 자신의 마음 상태를 알게 된다. 화가 났는가? 주의가 산만한가? 여기에 다르마에 관한 마음챙김이 있다. 어디에서 고통과 갈망과 혐오가 작용하고 있는가? 해탈이나 공간에 대한 가능성을 볼 수 있는가? 상황에 대한 바른 생각을 통해 친절함이나 연민을 떠올릴 수 있는가? 추측을 하면서 오래된 패턴으로 빠지는가?

나의 스승 텐신 선사는 종종 바른 말을 '수련이 실제가 되는 길', 또는 수련을 현실로 만드는 길의 한 부분이라고 언급한다. 바른 말은 팔정도의 계 중 하나라고 한다. 계(빨리어 sila)는 '행동을 지배하는 도덕적 원리'로 정의된다. 일단 어떤 것이 말이나 글로 표현되면, 그것은 단순히 신념의 문제가 아니라, 우리가 세상에서 어떻게 행동하는지 일부가 되고, 다른 사람들에게 크고 지속적인 영향을 미칠 수 있다. 사실 그것은 현실이 된다.

이것이 MBSR 수업에서 행동과 패턴의 측면에서 바른 말을 탐구하는 것이 도움이 되는 이유이다. 좀 더 의식적이 되면, 우리가 가치와 윤리에 따라 행동하고 있는지 확인할 수 있다. 아무런 해를 끼치지 않으려는 의도와 관련이 있다면, 어우러지는 것은 좀 더 쉽게 이루어질 수 있다. 바른 말은 윤리를 기초로 하며, 우리가 말하고 싶은 것이 다른 사람에게 어떻게 영향을 줄지 충분히 고려하기 위해 멈추고, 말하고자 하는 것이 상대방이나 가족, 지역에 해로운 영향을 끼치는지 스스로에게 묻는 방식으로 실행될 수 있다. 바른 말은 해를 끼치지 않으려는, 적어도 가능한 한 거의 해를 끼치지 않으려는 바른 생각과 관련되어 있다. 이 장의 끝에서 불교 전통에서 이것을 실천하는 공식적인 방법에 대해 더 자세히 이야기하겠다.

바른 말은 바른 생각과 바른 견해를 관계 짓는 것이다. 바른 말을 하는 것은 그것을 실현하는 것이다. 한 걸음 물러서서 팔정도의 폭넓은 의도를 살펴보면 고통의 완화가 가능하다. 이런 맥락에서 말의 틀을 잡을 수 있다. 내가 더 큰 선에 기여할 것인가, 아니면 내가 말하려는 것이 해를 입힐 것인가? 그리고 나의 의도는 무엇인가? 이를 알기 위해서는 우리가 이야기해 왔던 '아는 것'에 대한 특별한 방법을 수련해야 한다. 우리는 자신에 대해 무언가 알 필요가 있다.

명상수련 시 자신이 사용하는 단어와 음색을 보고, 말하려고 하는 것을 수련함으로써 우리가 쓰는 말에 대해 눈치챌 수 있다(우리는 모두 명상하면서 대화하고 있지 않은가). 조가 말했듯이, 우리는 이 비판단적인 알아차림으로 조용히 앉아 있을 때 자신을 알게 될 수도 있다. 이런 지속적인 수련으로 자신의 패턴을 보기 시작한다. 주의가 산만하지 않으면 MBSR 수업에서 설명한 패턴 중 하나를 발견할 수 있다. 우리는 종종 방어적이거나 패배하거나 사과하거나 회피하거나 논쟁적이라는 것을 알 수 있다. 어쩌면 노골적인 거짓말은 아니지만 과장일 수도 있는 진실하지 않은 면을 엿볼 수도 있다. 우리 자신을 좋아보이게 하거나, 아니면 심지어 나쁘게 보이게 하거나, 아니면 더 극적으로 보이게 하기 위해 이야기를 약간 바꿀 수도 있다.

수련을 통해 우리는 몸이 반응하는 것을 더 빨리 알아차릴 수 있고, 이것으로 말하기 전에 잠시 멈출 수 있는 좋은 때라는 것을 알 수 있다. 스트레스 호르몬이 진정되고 혈액이 전전두엽 피질로 돌아가 현명한 결정을 내릴 수 있게 해 줄 수도 있다. 요즘은 의사소통이 빠르게 진행되기 때문에 이런 멈춤은 수련하기에 매우 중요한 지점이다. 발신자의 이름이나 제목만 보고도 투쟁-도피 반응을 일으키는 이메일을 받은 적이 있는가?

이런 일이 내게 일어났을 때, 그리고 확실히 그렇게 될 때, 너는 단지 그것을 인정하고 심지어 친절하게 "호르몬 반응이 유발되었다."라고 말한다. 그리고 나서 지금 이메일을 읽기에 적절한 때인지를 고려하고, 만약 그것을 읽고 기분이 좋지 않다면, 지금은 답장할 때가 아니라는 것을 알게 된다. 몸을 고요히 하는 데 시간이 쓴다.

나는 책상에서 일어나서, 걷기명상을 좀 하고, 물 한 잔을 마시고, 나 자신에게 대응할 시간을 준다. "좋아, 며칠 후나 아니면 두 시간 후라도 다시 이 일을 시작할거야." 이 공간은 내게 무슨 일이 일어나고 있는지 살펴보고, 내 의도와 마음에 연결할 수 있는 시간을 준다. 오해를 막기 위해 나는 그 사람에게 "화요일에 다시 연락한다."라고 알려 줄 수도 있다. 이것은 붓다가 우리가 하는 말의 시기와 적절성을 고려하는 측면에서 언급한 질적인 면이다. 이 모든 것을 고려하려면, 기본적으로 어느 정도 알아차림이 있어야 한다.

MBSR 수업 참가자들의 예를 보면 마음챙김 듣기와 일시 멈춤이 얼마나 중요한지 알 수 있다. 왜냐하면 우리는 많은 시간을 다른 사람들과 관계를 맺고 있기 때문에, 듣기와 멈추기를 수련하기 좋다. 많은 사람은 명상수련이 바른 말을 수련하기에 정말로 잘 맞는다는 것을 알게 된다. 데비가 말했듯이, 딸의 말을 끝까지 들으면 그녀가 예상한 만큼 논쟁할 것이 없다는 것을 알게 된다. 그리고 나에게는 이메일이 그렇다. 내가 이메일을 잘 읽을 때는, 내가 생각한 것과 다를 때도 있다. 그래서 우리는 또한 문자와 트위터, 페이스북, 포스트, 이메일을 잘 보고, 반응하기 전에 시간을 좀 가질 수 있다.

나는 한때 친한 친구와 문자 때문에 풀기 어려운 오해가 있었다. 나는 너무 빨리 답했고 그것은 사려 깊지 못한 행동이었다. 우리는 서로 비난했고, 상처 입기 전까지 누구도 "이 일에 대해 이야기 좀 하자!"라고 말할 시간을 갖지 않았다. 우리는 이 문제를 해결하기 위해 노력해야만 했고, 그렇게 했지만 쉽지 않았다. 그것은 나에게 정말 중요한 교훈이 되었다. 이제 나는 예전처럼 그저 누군가에게 전화를 걸어 상황을 의논하고 싶다. 왜냐하면 충분하지 않은 의사소통으로는 많은 것을 잃을 수 있기 때문이다.

마음챙김의 네 가지 토대라는 맥락에서의 바른 말

사성제에서 팔정도를 탐구하는 동안, 특히 내가 전에 언급했던 마음챙김의 네 가지 토대에 대한 가르침이라는 렌즈를 통해 바른 말을 살펴볼 가치가 있다. 상기해 보면 모든 현상의 '일어나고 사라짐'을 보는 반복적인 지침이 있다. 또한 반복적으로 우리의 안팎으로 몸과 느낌, 마음 상태, 다르마에 대한 알아차림을 수련하도록 한다. 이것은 다른 사람들을 포함하여 매 순간 우리 안에서 그리고 우리 주변에서 무슨 일이 일어나고 있는지 깨닫는 것을 의미한다. 다른 사람들에게 무슨 일이 일어나고 있는지 알 수 있는가? 다른 사람들은 어떤 상태인가? 다른 사람들이 고통을 받고 있는가?

지노와 마르셀라에게 느껴지는 나의 내면에서의 반응은 뭔가 잘못되었다는 것이다. 하지만 나는 외부적으로는 마음챙김을 별로 하지 않았다. 만약 그랬다면 나는 그 부부가 괜찮고, 서로를 사랑하고, 나와는 다르지만, 그들만의 함께하는 방식이 있다는 것을 알았을 것이다! 내면과 외부에 대한 마음챙김은 우리의 내면과 주변, 그리고 다른 존재들에게도 의도적으로, 비판단적으로 관심을 기울이도록 유도한다. 내면과 외부의 연결흐름이 없다면, 수련은 자기 참조적이고 자기중심적이거나 다른 사람에게 너무 집중될 것이다. 어느 쪽이든 간에, 우리는 중요한 단서와 정보를 놓치게 된다. 수업에서는 다음과 같은 예를 보여 준다. 일레인은 학생 빌리를 더 깊이 알면서 정보를 얻게 됨에 따라 그녀의 마음을 열었다. 르네는 매 순간 경험에 주의를 기울이면서도 여전히 알츠하이머로 고통받는 남편을 위해 존재할 수 있다는 사실을 발견했다.

윤리를 표현하는 바른 말

바른 말은 팔정도의 세 가지 윤리적 요소 중 하나이다. 나머지 두 가지는 바른 행동과 바른 생활이며 8장에서 다루게 된다. 불교의 가르침에서 윤리적 토대는 또한 계라고 불리는 것에서 나온다. 계는 행동 지침으로 시대에 따라 문화와 종교 전반에 걸쳐 식별되며, 지켜지지 않을 시 큰 고통과 해를 끼치고, 실천될 때 평화와 조화를 촉진한다. 불교 전통에 따라 5계, 10계 또는 그 이상이 있을 수 있다. 여기에는 다섯 가지 일반적으로 행해지는 것들이 있다.

- 살아 있는 것을 죽이지 않는다.
- 도둑질하지 않는다.
- 거짓말을 하지 않는다.
- 술을 마시지 않는다.
- 성적인 부정행위를 하지 않는다.

이러한 윤리적 지침 중 붓다는 가르침에서 정직하게 "거짓말을 하지 않는다."가 가장 중요하다고 말했다. 그것이 이 장에서 내가 계를 말하는 이유이다. 붓다는 계를 말하거나 설명함에 있어, 인간의 행동이 심한 고통을 일으키는 것처럼 보이는 것을 관찰하고 자신의 방식으로 이름을 지었다. 물론 이러한 통찰력은 불교에만 국한되지 않는다. 그것은 여러분의 전통적인 지혜에서 인식하는 것과 같다. 불교는 가르침을 지시하거나 명령하지 않고 오히려 마음을 훈련시키거나 키우는 방법으로 주어진다. 따라서 일반적인 표현은 다음과 같다. "나는 생명을 빼앗거나 살아 있는 존재에게 해를 끼치지 않도록 훈련한다." 또는 "나는 주어지지 않은 것을 취하지 않고 스승과 공동체와 함께 관대한 태도를 배양할 것을 약속한다." 배양이나 훈련이라는 개념의 의미는 여러분이 그것을 "완벽하게" 하지 않을 것이라는 것을 알고 점점 더 많은 역량을 키운다는 뜻이다.

선의 전통에서는 수행자들이 계를 공부하는 의식이 있고, 그다음 스승과 도반들과 함께, 능력이 닿는 한 최선을 다하여 계를 지키도록 한다. 내가 수련하는 센터에는 매달 모든 계를 읽으면서 하루를 시작하는 성찰의 날이 있으며, 모든 사람은 하루 동안 집중할 것을 선택한다. 여기에는 '수련의 날 돌보기'라는 것이 있는데 여기에는 센터의 유지관리를 위한 자원 봉사 활동을 포함한다. 저녁에는 회의를 하며 수련의 날에 수련하는 동안 발견하거나 느낀 것을 같이 이야기한다. 이것은 우리의 윤리관을 지키고 서로 배울 수 있는 좋은 방법이다.

계는 또한 수련할 수 있는 안전한 환경을 조성하기 위해 며칠간 침묵하며 지내는 집중수련 초반에 이야기된다. 우리는 또한 MBSR 지도자 훈련 시작 시점에 계에 대해 토론하고 존중하도록 한다. UMASS CFM에서 제시하고 UMASS CFM 웹 사이트에 올라와 있는 지도자를 위한 "원칙 및 표준"에 따라 개개인이 일상에서 매일 헌신적으로 수련하고 수행처에서 집중수련을 해야 한다. 즉, 이것은 우리가 각자의 방식으로 계를 실천해야 한다는 것을 의미한다.

내 친구이자 선배인 다르마 스승 래리(Larry) 양은 "진정으로 자유로운 마음을 갖기 위해서는 윤리적 행동의 토대 위에 놓여 있어야 한다."라고 말했다. 그는 내가 만난 사람 중 가장 윤리적인 사람 중 한 명이지만, 일종의 도덕적 우월에서가 아니라 자신의 경험적 배움에서, 그리고 우리 모두가 옳은 길에서 벗어나는 것에 대한 큰 연민을 가지고 이 말을 하는 스승이다.

불교의 다른 가르침과 마찬가지로, 의도는 우리가 판단보다는 연민의 정신으로 수련하는 것이다. 즉, 우리 모두가 느낄 수 있는 깊은 진실에 대한 공명을 일으키는 것이다. 8장에서는 바른 행동과 바른 생활에 대해 논의하게 될 때, 이 점에 대해 더 자세히 이야기하겠다. 여기 내가 배운 몇 가지가 있다. 내가 화를 내거나, 정직하게 말하지 않거나, 누군가를 해치거나, 내 가치관과 윤리를 벗어난 다른 일을 하는 것같이 어리석은 행동을 하면, 나는 앉아서 명상을 하면서 이러한 행동이 큰 불편을 초래할 것을 알아차린다. 침묵과 고요 속에서 알아차리며 앉아 있는 것은 훌륭한 윤리적 스승이다. 나는 그 효과를 느낀다. 그리고 내 행동에 대해 이야기하고, 보상하고, 그것을 통해 배울 가능성이 훨씬 더 커지게 된다. 앉아 있는 것은 내가 계에 따라 살기 위해 했던 약속을 지키는 데 도움이 된다. 왜냐하면 내가 지키지 않으면 너무 많이 아프고, 다른 사람들에게 어떻게 상처를 주는지 알게 되기 때문이다.

내가 가르친 지도자들은 이 계가 실수에 대해 창피를 주는 방법이 아니라 무의식적이고 해로운 행동으로 길을 잃는 고통을 느끼는 것뿐만 아니라, 바른 노력에서 언급했듯이, 후회가 없는 데서 오는 평화와 기쁨을 느끼게 하는 초대장이라는 것을 강조한다. 다르마 스승인 길 프론스달(Gil Fronsdal)은 윤리에 관한 훌륭한 기사를 썼고, 우리가 이 계로 무엇을 함양하고 있는지 묘사하기 위해 '윤리적 감수성'이라는 용어를 사용했다. 수련을 통해 우리는 좋은 쪽으로 더 민감하게 느끼게 된다. 그래서, 모든 생명체에 대한 더 많은 연민과 보살핌의 마음을 키우게 된다.

공동체에서의 생활: 수행공동체의 중요성

수업의 이 시점에서 우리는 사람들이 서로에게 얼마나 중요한 존재가 되었는지, 그들이 같이하는 수련이 얼마나 중요한지, MBSR 수업이 얼마나 바르고 친절한 친구들의 공동체인지 알 수 있다. 이곳은 이런 특별한 방식으로 함께 지내는 것을 수련하고 그것을 펼치기 시작하기에 좋은 장소이다. 결국, 우리는 모두 하나의 큰 공동체, 인간 공동체에 존재한다. 바른 말과 내면과 외부에 관한 마음챙김은 한 번에 바른 단어 하나씩 더 평화로운 세상을 창조하는 데 도움이 된다.

7장
온종일 집중수련에 대한 다르마:
가르침으로서의 장애 탐구

MBSR 수업에서 온종일 수련을 시작하는 이른 토요일 아침이다. 우리는 점심을 준비하고 여분의 요가 매트와 담요를 차에 넣었다. 이전 수업을 함께했던 참가자들이 함께할 것이다. 그들을 보는 것은 항상 기쁘다. 휴가 했던 반도 함께하기 때문에, 큰 그룹이 될 것이다. 우리는 이러한 온종일 수련을 많이 했지만, 항상 알지 못하는 느낌이 있다. 각각의 수련들은 다 독특하다.

이날 중점적인 것은 수련시간을 7시간으로 확장하고, 하나의 수련에서 다른 수련으로 원활하게 이어지는 것뿐만 아니라 공식 수련 사이에 비공식적이고 잠재적으로 깨어 있는 모든 순간에 마음챙김을 엮고 확립하는 것이다. 이것은 침묵 속에서 매 순간 존재감을 확장할 수 있는 기회이다. 이때 우리는 많은 지지를 받기 때문에 더 큰 일상생활 속에서 깨어 있으면서 알아차릴 때 어떤 기분인지 느낄 수 있다.

일반적으로 MBSR의 온종일 수련은 5회기나 6회기 수업 이후에 하게 된다.

프로그램을 하면서 이 시점까지 대부분의 사람은 45분에서 1시간 정도 꽤 규칙적으로 명상과 요가수련을 해 왔다. 그들은 덜 공식적이고 매우 가치 있는 방법으로 그들의 삶 속의 많은 부분에 마음챙김을 적용하기 시작했다. 그들이 경험하지 못했을 수도 있는 것은 6시간 동안 지속되는 침묵과 이렇게 길게 연속되는 수련이다.

우리는 침묵으로 시작하는 것은 아니다. 서로 인사하고 그날 전반적인 수업 내용을 살펴본다. 별로 놀라울 것 없는 앉기명상, 걷기명상, 바디스캔, 요가, 반복……. 침묵 속에서 하는 점심식사나 먹기명상, 그다음에는 짐작하듯 더 많은 수련을 한다. 그리고 우리는 말하기, 읽기, 쓰기, 심지어는 눈을 마주 치는 것을 삼가도록 한다. 이것이 우리가 침묵을 정의하는 방법이다. 우리는 침묵을 지키는 것과 이어서 수련하는 이점에 대한 몇 가지 지침을 가지고 오늘의 무대를 마련했다. 휴는 이렇게 말했다. "오늘은 우리가 입력과 소음으로 폭격을 당하는 현대 문화에서 실제로 아주 드물게 침묵을 경험할 수 있는 기회입니다. 이렇게 하면 우리는 전에 경험하지 못했던 방식으로, 즉 외부의 많은 정보를 처리해야 하거나 말하지 않고 자신을 듣고 볼 수 있는 방식으로 자신과 함께하게 됩니다. 이렇게 고요한 시간을 따로 가지면서 우리 삶의 뚜껑을 열고 우리가 어떻게 살아왔는지에 관한 재미있는 점을 살펴보게 됩니다. 자신을 잘 보살펴 주세요. 그러면 무슨 일이 일어나는지 알 수 있습니다!" 휴가 말하고 있는 것은 집중수련에 나타나는 것이 우리 삶의 축소판으로 볼 수 있다는 것이다. 예를 들어, 니키가 2회기에 알아낸 것처럼, 바디스캔에 대한 그녀의 조급함은 그녀의 말처럼 모든 것에 대한 일반적인 접근 방식이었다.

침묵수련은 수천 년 전으로 거슬러 올라가는 수행과 선원의 혹은 종교적 삶의 토대이다. 침묵수련은 아마도 실제로 열거할 수 있는 것보다 훨씬 더 많은 여러 가지 방법으로 명상수련을 뒷받침한다. 여기 내가 경험한 것과 스승들로부터 배운 것이 있다.

침묵 속에 머물며 배우기

우리가 얼마나 플러그에 꽂혀 있는가에 따라 우리의 하루는 그 어느 때보다도 더 입력으로 가득 차 있다. 우리가 받아들이는 모든 것은 어떤 식으로든 마음과 가슴으로 처리를 해야 한다. 낮에 일어난 모든 일과 입력된 자료들을 모두 소화할 수 있는 조용한 시간이 없었다면, 자려고 할 때 처리해야 한다(이런 이유로 많은 사람이 잠을 잘 수 없다). 명상하기 전에 이메일이나 문자를 확인하면 명상이 마음과 몸의 활동을 조금은 진정되도록 도울 수 있다. 하지만 당신이 그 모든 입력된 내용을 처리하는 데 많은 시간을 보낼 가능성이 높다. 그리고 또다시 채우게 된다.

집중수련 시, 우리는 아무것도 더하지 않기 때문에, 비우기를 시작할 기회를 가지게 된다. 행위를 하지 않는다면 도대체 무엇을 하고 있는 것인가? 그리고 행위도 하지 않고 말하지도 않는다면 우리는 누구인가? 이 장에서 우리가 탐구하는 것은 바로 침묵이지만, 이것은 그냥 읽는 것이 아니라 직접 경험해야 하는 것이다. MBSR 수업을 듣고 온종일 수련을 하거나 다른 수행처에서 더 오래 수련했다면, 그것이 당신에게 어떤 의미인지 알 수 있을 것이다. 잠시 시간을 내어 말로 표현할 수 있는지 알아보거나, 단순히 감정을 불러일으킬 수 있는지 알아보자. 만약 그런 집중수련에 참가하지 않았다면, 그것을 경험할 시간과 장소를 찾아보라고 하겠다.

참가자들을 따라 집중수련을 하는 대신, 나는 침묵수련의 이점뿐만 아니라 그들이 스스로에게 가르침을 주고 있는 현재 도전들에 초점을 맞추고 싶다. 여러분도 볼 수 있기를 바란다. 나는 또한 이 시간을 이용해서 사성제 중 하나인 다르마에 대한 마음챙김의 핵심적인 가르침인 다섯 가지 장애와 존재의 세 가지 특징을 탐구할 생각이다. 그러니 계속 읽어 보라! 이 장이 여러분이 그러한 온종일 수련을 위한 시간을 찾고 일어날 수 있는 일들을 다루는 방법을 배울 수 있도록 영감을 주기를 바란다.

다섯 가지 장애인가, 안내인가

붓다는 깨닫기 전 오래 앉아 있을 때, 수행의 장애와 마주쳤다

그는 인간 상태에 대해 관찰한 모든 것과 마찬가지로, 장애들에 대해서도 가르쳤다! 그는 이것을 다섯 가지 장애로 명명했다.

- 불안이나 걱정
- 감각적 욕망 또는 집착
- 분노나 악의
- 혼침과 나태
- 의심

우리는 한 가지씩 알아볼 것이다. 하지만 먼저 약간의 배경을 알아보자.

마음챙김에 대한 네 번째 토대인 다르마에 관한 마음챙김에서 붓다는 평소처럼 솔직하고, 사실적이고, 연민 어린 태도로, 깨달음을 얻고자 하는 일상 수행 속에는 어려움과 도전이 있다고 했다. 나는 이러한 도전들을 통과하기 힘든 벽이 아니라 자유를 향한 길, 자유로의 실제적 통로로 볼 수 있도록 마음챙김에 대한 네 번째 토대에 포함시킨 것에 감사한다. 우리가 경험하는 어려움은 그것들을 의식하고 현명하게 함께해 나간다면 실제로 자유로 가는 시작점을 포함할지도 모른다.

붓다의 경험을 예로 들어 본다. 깨달음을 얻던 밤, 그는 마라라는 악마에 의해 공격당한 것으로 전해진다. 나의 선 스승인 텐신 선사는 그것을 붓다 자신의 정신의 일부로 볼 수 있다고 한다. 마라는 그의 아름다운 딸들과 모든 사치스러운 것들로 유혹하면서, 자리에 앉은 붓다를 흔들어 놓기 위해 다양한 방법을 시도했다. 마라는 또한 군대와 끔찍한 폭풍으로 붓다를 겁먹게 하려고 노력했다.

붓다는 어떻게 반응하였을까? 그는 유혹에 굴복하거나 도망치지 않았다. 그랬더라면 우리는 오늘날 수행을 하지 않았을 것이다! 붓다의 행동은 MBSR에 있는 전반적인 접근 방식에 녹아 있다.

그는 마라를 향해 돌아서 분명하고 단호하게 말했다. "마라, 나는 너를 본다." 붓다가 이를 반복한 후에, 마라는 마침내 떠났다. 우리도 마라의 모습으로 나타나는 자신의 장애에 이름을 지을 수 있는지 보자.

불안을 친구로 만들기: 걱정을 다루는 방법

나는 이 문제를 내 약력에 포함시키지 않았지만, 나는 불안과 걱정이라는 장애에 관한 세계 최고의 전문가 중 한 명이라고 생각한다. 왜? 내마음은 매우 분주하고 불안했으며 몸은 가만히 있지 못하고 들뜬 상태로 수련을 시작했다. 이미 이것을 알았을지 모르지만, 나는 천성적으로 불안한 사람이기 때문에 마음챙김과 선 수행을 자연스럽게 하러 오지는 않았다. 사실, 나처럼 불안한 사람들이 "마음이 너무 불안하고 분주해서 가만히 앉아 생각을 고요하게 하는 명상을 못할 것 같아요."라고 말할 때 미소를 짓게 된다. 이와 유사하게 사람들은 이렇게 말한다. "유연하지 못해서 요가를 못해요." 그것이 가장 필요한 사람들이 바로 우리들 아닌가라고 나는 말하고 있을 뿐이다.

나로 말할 것 같으면, 집에서 우편물을 확인하거나, 설거지를 하거나, 산책을 하러 나가고 싶은 생각과 욕망으로 가득 찬 채로 방석 위에 앉아 있곤 한다. 앉아 있는 것은 여전히 꽤나 힘든 일이었다. 내가 어떻게, 왜 그런 일에 매달리는지 알 수 없지만 정신없는 행동이 내가 가고 싶은 곳으로 나를 데려가는 것이 아니라는 것을 깊이 알고 있었다. 그것은 내가 절실히 필요로 하는 평화와 안도를 제공하지 않았다. 이 불안을 명상지도자에게 가져갔을 때, 호기심을 가져 보라고 했다.

"음, 그건 꽤 정상적으로 들리는군요. 그것에 맞서기보다 그것으로 수련하는 것이 어때요? 불안을 몸 안에서 실제 감각으로 알 수 있는지보고, 사고 흐름에 특정한 패턴이 있는지 주목하세요. 예를 들어, 많은 사람은 끊임없이 미래로 나아가 불안을 걱정으로 만듭니다."

"예, 그게 저예요." 내가 말했다. "전 항상 미래로 가서 걱정하고 있어요."

"미래로 향하는 것에서 뭔가 찾을 수 있는지 보세요. 나의 경우에는 불안이 안전에 대한 아주 자연스러운 욕구와 관련이 있다는 것을 깨달았어요. 그걸 가지고 앉아서 무엇을 알게 되었는지 말해 보세요. 그런 다음 이 불안을 확인하고 여기에 익숙한 것이 있는지 물어볼 수 있을 겁니다."

나는 그녀의 제안이 만족스럽지 않았다. 마음은 바쁘고 몸은 꼼짝도 하지 않는 상황에서 그것들에 대해 판단을 했고, 그것은 느낌을 더 고조시킬 뿐이었다. 나는 불안감에 안절부절못했다. 하지만 나는 이 지도자를 믿었기 때문에 다음 앉기명상 때는 이 느낌에 호기심을 가지려고 노력했다.

내가 경험한 것은 다음과 같다. 음, 미래에 대한 많은 생각, 미래에 대한 걱정. 나는 내용에 집중하거나 생각을 판단하는 것을 멈췄다. 그저 이렇게 "와, 마음이 바쁘네."라고 썼다. 그리고 몸을 보자. 음, 내 몸속에는 에너지가 많아서 움직이고 싶다. 나는 가만히 앉아 내가 느끼는 것에 점점 더 호기심을 불러일으켰고, 내 경험은 미묘하고 천천히 변하기 시작했다. 불안에 대해 호기심을 가진 내 마음은 실제로는 불안하지 않았다. 그리고 내 경험에 대한 관심이 조금씩, 판단 없이, 앞쪽으로 드러나기 시작했다. 나는 더 조용하고 차분하고 더 안정되었다. 어쩌면 이것이 내가 마라를 보았다고 말하는 방식일지도 모른다.

한 번 앉기명상을 했다고 이런 일이 일어났는가? 아니다! 하지만 그래서 내가 이 주제에 대한 세계 최고의 주요 전문가 중 한 명이 된 이유이다. 나는 이 수련을 계속했고 잘 알게 될 때까지 심지어는 그 경험과 조금 친하게 지낼 만큼 열심히 연구했다. 어느 날 갑자기 새로운 것을 보게 되었을 때, 나는 불안한 몸과 마음을 탐험하던 어느 날을 생생하게 기억한다. 나는 이 느낌이 아주 익숙하다는 것을 깨달았다. 그리고 단지 명상수련에서만 그런 것이 아니라 이 느낌은 나를 많은 시간 동안 몰아붙인 에너지였다.

이 특별하게 앉아 있는 동안 알게 된 것은 내가 경험한 것이 고통을 피하려는 거듭되는 노력이었고, 내 가치를 증명하고 모든 것을 계획함으로써, 예측할 수 없는 세상에서 안전함을 느끼려고 한다는 것이다. 앉기명상 동안 경험을 탐구한 결과, 내 삶의 근본적인 원동력 중 하나에 대한 통찰력이 생겼다. 눈물이 뚝뚝 떨어지는 것을 느꼈다. 눈물이 흘러내리며, 바쁘게 사는 나 자신에게 연민이 느껴졌다. 나는 스스로를 봐주기를 원했고, 가치 있다고 느끼고, 안전하기를 원했다.

불안에 대한 느낌이 예전과는 달라졌다. 사실 아직도 일상에서는 여전하지만 이제는 앉기명상 동안에는 그런 경험을 많이 하지 않는다(이는 여전히 진행 중이다).

보는 것이 장벽으로 들어가는 문이다

MBSR에서 장애요소를 명백하게 가르치지 않을지라도, 불안, 졸음, 짜증, 의심, 그리고 다른 일이 일어나기를 바라는 욕구 같은 것들이 분명히 나타날 것이다. 지난 몇 주 동안, 집중수행을 하기 전에, 우리는 '마라'라는 이름을 지으며 호기심을 개발하는 방법을 수련해 왔지만, 이것은 더 긴 여정이 될 것이다. 그래서 수련을 하는 동안 내가 주위를 둘러보며 사람들이 꿈틀거리고, 한숨을 쉬고, 방 안이나 시계를 둘러보는 것을 볼 때, 나는 다음과 같이 명상 지침을 잠시 말한다. "자신이 참을성이 없고 불안하다는 것을 알게 되면, 지금 현재 느낌에 호기심을 가질 수 있는지 알아보세요. 어쩌면 움직이고 싶고, 떠나고 싶은 충동일 수도 있고, 아니면 언제 끝나나 하는 생각이나 또 다른 생각이 들 수도 있습니다. 호흡이나 듣기로 알아차림을 되돌릴 수 있는지 알아보세요." 가끔은 약간의 미소를 짓는 분위기를 볼 수 있지만, 때로는 끝날 때까지 그냥 계속 꿈틀거리기도 한다. 만약 이것이 당신에게 일어나는 일이라면, 불안할 때 느껴지는 감각, 생각, 감정에 호기심을 불러일으키고 어떤 일이 일어나는지 보라.

"갈망의 물결을 타라": 갈망과 욕망 다루기

장애 목록의 윗부분에 있는 것이 감각적 욕망이나 집착이다. 붓다가 자신의 삶을 신중히 조사한 결과에 따르면, 이것이 고통의 원인이라는 것을 상기시킨다! 그래서 우리는 이것에 주의를 기울이고 싶어 할지도 모른다. 고통의 원인으로 집착은 '두 번째 고귀한 진리'로 명명된다.

그렇다면 특히 집중수련 시 우리가 원하는 것에 대한 욕망이 어떻게 나타나고 있는가? 몇 년 동안 가르치면서 내가 알아낸 한 가지는, 실내 온도를 모든 사람에게 맞출 수는 없다는 것이다. 하루가 시작될 무렵 세 사람이 다가와 온도를 낮춰 달라고 하고 또 다른 세 사람은 이미 스웨터와 숄을 걸치고 있을 수도 있다. 물론 그 사실을 상기하는 것이 필요하지만, 가르치는 관점에서 일하는 한 가지 방법은 미리 설명하는 것이다. 그 집단이 자리를 잡음에 따라 나는 이 사실을 간단히 말한다. 그 방은 모든 사람에게 '알맞은 온도'가 되지 않을 것이다. 그리고 잠시 동안 알맞더라도, 방도 우리 체온도 변할 것이다. 그러면 어떻게 해야 하는가?

실용적인 차원에서, 나는 사람들에게 여러 겹으로 입으라고 권한다. 그리고 30분에서 45분 정도 수련을 할 것이고, 끝까지 할 가능성이 매우 높다고 그들에게 확신시킨다. "바디스캔에서처럼 감각에 호기심을 불러일으키세요. 단어 앞에 '너무'라는 단어를 붙이지 않고, '따뜻한' 또는 '차가운'이라는 단어를 쓴다면 어떤 일이 일어나는지 보세요. 온도가 알아차림의 대상이 되게 하고 판단하지 않고 저항하는 마음이 없다면 어떤 일이 일어나는지 보세요." 다음번에 어떤 것에 대해서 '지나치다' 또는 '충분하지 않다'고 생각될 때 이것을 시도해 보고 싶을지도 모른다.

이 주제에 대해 세계적인 전문가는 아닐지 모르지만, 나는 아마도 한 사람 정도 제외하고는 다른 모든 사람보다 항상 더 추위를 느끼기 때문에 많은 경험을 가지고 있다. 아무리 여러 겹을 입어도 항상 적당하게 되지 않기 때문에, 나는 추위가 어떤 느낌인지 호기심을 가지는 법을 배웠고, 그것이 앉아서 내 머리 속에서 너무 춥다고 말하는 것보다 훨씬 흥미롭고 보람 있는 수련이라고 말할 수 있다. 불편하다! 2장에서 말한 고통에 두 번째 화살이 더해졌다는 사실 외에도, 그것은 나를 매우 자기중심적으로 만든다. 그것은 모두 나에 관한 것이다. 하지만 내가 공동체의 일원이고 우리 모두는 어떤 형태로든 불편함을 마주하고 있다는 것을 깨달았을 때, 따뜻하고 싶다는 갈망은 좀 느슨해진다.

다른 일에도 이렇게 시도해 볼 수 있다. 어떤 것에 대한 욕망에 굴복하기보다는, 그것을 다르게 대해 볼 수 있다. 예를 들어, 가끔씩 앉기명상을 하는 동안 바스락거리는 소리가 들려 고개를 들어 보니 누군가가 그의 단백질바나 마실 물을 꺼내는 것을 보았다고 해 보자. 분명히 갈망이 생겨나고 이것에 대응하는 한 가지 방법은 다음과 같다. 그냥 따라 한다. 익숙한가? 당신은 얼마나 빨리 신체적 갈망에 대응하는가?

'갈망의 물결을 타는' 다른 방법이 있다. 수행 기간 동안 물이나 차를 조금 마시고 싶어도 한 모금도 마시지 않는 것이다. 가져온 간식이 먹고 싶지만 다음 시간까지 기다리며, 몸에서 음료를 마시고 싶은 욕구를 느끼고, 그 생각을 알아 차린다. 나는 너무 목이 마르다. 갈망하는 감정에 주목하고, 아무것도 하지 않고 무슨 일이 일어나는지 본다. 원하는 느낌을 살펴보라. 그러면 느낌이 더 강해지고, 그것이 유지되다가, 약해지고, 심지어 사라지는 것을 알게 될 것이다.

어떤 일이 일어나든 욕망에 대한 복합적인 느낌과 생각을 알아차림의 정면에 둔다면 그것에 그렇게 사로잡히지 않을 것이다. 추위 때문에 많이 힘들어서 이렇게 많이 해 왔다. 그리고 그 불편함에 대한 관계를 진정으로 바꿔 왔다. 그리고 나서 삶의 다른 불편함으로 확산시켰다. 결국, 나에게 딱 맞는 조건이 될 수 없는 경우는 인생에서 수십 억 번이 있을 것이다. 여러분은 어떻게 되어 가는가? 내가 가장 좋아하는 토요일 밤 라이브 캐릭터 중 하나인 자기 계발 전문가 스튜어트 스몰리(Stuart Smalley)가 한 말을 인용해 보면 다음과 같다.

"전 세계에 카펫을 까는 것보다 슬리퍼 한 켤레를 신는 것이 훨씬 쉽습니다."

텐신 선사는 집중수련을 '자발적 제한'이라고 부른다. 생사가 걸리지 않은 상황에서 우리는 자발적인 경우, 욕망을 즉시 만족시키지 않고 참는 법을 배운다. 우린 이 일을 하려고 신청했을 뿐 아니라, 돈도 지불했다! 그래서 필요한 것이 즉시 충족되지 않는 우리가 스스로 처하지 않은 상황을 만나도, 우리는 수련을 했기 때문에, 그렇게 많은 고통을 겪지 않아도 된다.

MBSR 집중수련 시작 부분에서, 우리의 욕망과 어떻게 다르게 관계 맺을 수 있는지, 그리고 그 욕망에 의해 움직이지 않을 수 있는지 볼 기회라는 사실을 주목하면서 이를 언급한다. 이것은 박탈감이 아니라 실제로 고통에서 벗어나고자 하는 깊은 소원에서 비롯된 것이다. 또한 3~5번의 호흡 후에 물을 한 모금 마셔야 한다고 느끼거나 스웨터를 벗고 싶다고 느끼면 그렇게 하라고 덧붙인다. 여러분은 여전히 약간의 호기심을 가지고 자극과 반응 사이에 공간을 마련함으로써 능력과 회복력을 향상시켰다.

길들이기 위해 이름을 붙이라: 분노와 작업하기

붓다가 깨달은 것처럼(여러분도 분명히 그랬겠지만) 갈망은 우리의 수행과 삶에서 분명히 도전이 될 수 있으며, 혐오도 마찬가지다. 앞의 예처럼 나는 따뜻함을 갈망하는 것에서 추위에 화를 내는 것으로 쉽게 옮겨 갈 수 있었고 심지어 추위를 타지 않고 내가 추위로 고통받는 동안 더워할 수도 있는 뜨거운 피를 가진 모든 사람에게 화를 낼 수도 있었다! 물론 가정이지만 그렇다. 분노와 악의는 완전히 자연스러운 감정으로, 다 쓸모가 있다. 예를 들어, 분노는 경계를 설정하거나 필요한 변화를 만드는 데 도움이 될 수 있다. 하지만 화나 오랜 분노가 우리에게 도움이 되지 않는 곳과 심지어 우리를 해칠 수도 있는 곳을 보는 것도 중요하다.

이 특별한 장애에 관해서 마가렛(Margaret)이라는 이전 참가자가 생각난다. 그녀는 집중수련에서 흔히 볼 수 있는 참가자였다. 마가렛은 작년 여름에 수업에 왔는데 분노를 발산하는 여전사 같았다. 그녀는 모든 것에 대해 나와 말다툼을 했고, 모든 것에 대해서 맞섰다. 그녀에게는 방이 너무 밝거나, 너무 어두웠다. 바디스캔은 다른 이완 기술에 비해 어리석은 수련이었다. 그녀는 만트라 명상을 선호했고 내가 언급한 모든 것에 대한 연구 자료를 원했다. 하지만 그녀는 수업에 계속 왔고 나는 그 점이 궁금했다. 초기에 그녀의 등록서류를 다시 보았고 그녀가 '턱 통증' 때문에 왔다는 것을 알았다. 그 외에는 정보가 별로 없다. 수업 전후에 몇 번 그녀에게 다가가서 우리가 이야기를 할 수 있을지, 온갖 짜증 속에서 그녀에게 무슨 일이 벌어지고 있는지 알아보려고 했지만, 그녀는 말하지 않았다. 온종일 수련하는 날이 다가오자 그녀가 어떻게 할지 심지어 올 것인지 궁금했다. 아니나 다를까 그녀는 얼굴을 찡그린 채 방 건너편에서 불만을 나타내고 있었다.

침묵 속에서 마음챙김 점심식사를 하기 직전에, 휴와 나는 그날 일어날 수 있는 어려움에 대해 도움이 필요하면 누구나 우리에게 도움을 요청할 수 있다는 것을 분명히 했다. 우리는 모든 사람이 볼 수 있는 곳에 자리를 잡았다.

몇 분 후 마가렛이 다가왔다. "베스, 난 가야 해요. 오늘은 견딜 수가 없어요. 가야 된다는 생각들을 그냥 흘려보낼 수가 없어요. 계속 떠올라요."

"물론 가도 돼요. 하지만 우선 잠깐 앉아서 먼저 얘기하지 않을래요?"

"싫어요. 그냥 가고 싶어요."

"알았어요, 이해해요." 나는 일어서서 그녀의 팔을 부드럽게 건드렸다. "한 가지만, 마가렛. 그런 생각들은 실제로 여기 의료 센터에 있지 않아요. 그래서 그 생각들은 당신과 함께 갈 가능성이 있어요."

나는 그녀의 이마 주름이 잠시 풀리고 입 주변에 미소가 지어지는 것을 보았다. "당신은 못됐어요, 알죠?" 그녀가 대답했다. 내 생각에는 그녀가 욕을 하고 싶어 했을 수도 있다고 생각한다. "잠시 더 있을게요. 잠깐 얘기 좀 할 수 있을까요?"

나는 그녀에게 오리와 거위들이 보이는 연못 옆 벤치에 앉자고 했다.

"난 그냥 화가 나요. 내가 뭐에 대해 화가 났는지 계속 생각하는데 그게 머릿속에서 떠나지를 않아요."

나는 강한 감정이 있을 때 할 수 있는 뭔가를 시도해 보겠냐고 물었고, 그녀는 용감하게 동의했다.

"지금 화를 느낄 수 있나요?" 그녀가 고개를 끄덕였다. "몸에서 물리적으로 느껴지는 것이 있나요?"

그녀는 잠시 눈을 감았다. "늘 그렇듯이 턱이 긴장되고, 위장이 조이는 것 같아요."

"좋아요, 생각은 어때요?"

"생각은 어떤 상황에 대해 계속 맴돌고 있어요. 그리고 잘못을 찾아 비난하고 있어요."

"그리고 감정은요?"

그녀는 눈을 뜨고 나를 노려보았다. "내가 열 받았다고 이미 말했잖아요!"

"당신이 화났다고 들었어요. 다른 건 없나요?"

이제 눈물이 난다. "난 거기 가고 싶지 않아요. 그 얘기는 하고 싶지 않아요." 나는 그녀에게서 벽을 느꼈고 밀어붙이고 싶지 않았다. 그녀에게 수영하는 오리들을 보고 숨 쉬는 데 집중해 보라고 했다. 우리는 함께 호흡을 했다.

"마가렛, 오후에는 몇 가지 선택을 할 수 있게 해 줄게요. 한 가지 선택은 화를 느끼고 생각을 알아차릴 때, 그 과정을 거치면서 어떤 일이 일어나는지 확인하는 것이에요. 몸속에서 일어나는 것을 느끼고, 생각의 흐름을 알아차리고, 이런 식으로 감정에 친절하게 이름을 지을 수 있는지 확인해 보세요. 이렇게요. "아, 이것은 화이다. 나는 너를 잘 알고 있다." 또 다른 선택은 지금 도움이 되지 않는다면 연못 주위를 돌며 걷기명상을 하는 거예요. 그 감정을 둘러싼 문자 그대로의 공간이나 내면의 공간을 만들 수 있는지 알아보세요. 아니면 둘 사이를 왔다 갔다 할 수도 있고. 어때요?"

그녀는 단호해 보였다. 앉은 자리에서 흔들리지 않는 붓다의 결정처럼 보였다. "해 볼게요." 그녀가 대답했다. 문에 가있는 작은 금처럼 그녀 안에서 뭔가 다른 느낌이 들었지만, 확신할 수는 없었다.

집중수련이 끝날 무렵 나는 마가렛이 떠나기 전에 그녀를 붙잡고 싶어 방을 훑어보던 기억이 난다. 걱정할 필요는 없었다. 그녀는 내게로 다가와 놀랍게도 내 손을 잡고 나를 한쪽으로 끌어당겼다. 나는 기대하며 그녀를 올려다보았다. 그녀는 분명히 울고 있었다.

"아들이 4년 전에 죽은 후로 너무 화가 났어요." 그녀는 이런 말을 한 적이 없었다. "그러고 나서 오빠와 크게 싸웠고, 몇 년 동안이나 화해하지 않았어요! 오늘 오후에, 당신이 말한 걸 시도해 봤어요. 정말 무서웠어요. 내가 그 느낌을 지우거나 직면하려고 하면 거대한 괴물이 삼킬 것만 같았어요. 그러나 나 자신에게 그 이야기를 하는 것을 그만두고 그냥 울었어요." 그때, 이 힘센 여전사가 몸을 숙여 내 어깨에 머리를 기댄 채 울었다. "마침내 그것을 지금 느낄 수 있다는 게 믿기지가 않아요. 내가 남아 있어서 다행이에요.…… 그런 것 같아요."

나머지 수업 동안 변화된 마가렛은 다른 참가자들과 함께 더 많이 참여했으며 마지막 수업에서는 눈물을 흘리며 "나는 여러분 모두 사랑합니다."라는 말을 반복했다.

마가렛은 내게 영향을 준 참가자로, 지금도 내게 영감을 불어넣고 있다.

꾸벅이는 고개와 기울어지는 몸: 혼침 다루기

오후에는 붓다가 말한 혼침(torpor)을 경험하기도 한다. 혼침은 에너지가 매우 낮고 무기력한 상태이다. 방을 둘러보면 사람들이 평화로운 상태에서 잠자는 상태로 떨어질 때 고개를 꾸벅이고 몸이 기울어지는 것을 본다. 이것은 여러 날 이어지는 집중수련에서도 매우 흔하다. 혼침이라는 장애는 때로는 '정오의 졸음 악마'로 알려져 있다.

그러나 명상에서 혼침은 실제로 언제든지 발생할 수 있으며, 이는 명상수련 시 처음부터 만나는 가장 흔한 문제 중 하나일 것이다. 현실을 직시하자. 우리는 여전히 몸속에 있고, 눈을 감았고, 몸과 마음은 이렇게 말한다.

"이봐, 난 이 기분을 알아. 이제 잠 잘 때가 됐어! 잘됐다. 나는 지쳤어." 그리고 우리는 몸이 너무 많이 기울거나 머리가 앞으로 꾸벅 움직일 때까지 졸다가 갑자기 혼침에서 깨어난다.

현재 우리는 잠이 매우 부족한 문화인 것은 사실이지만, 붓다는 2,500년 전에 혼침이라는 장애에 대해 언급했으므로, 수면부족 그 이상의 것이 있을 것이다. 하지만 이것이 문제가 된다면, 수면습관은 시작하기에 좋은 지점이다. 혼침은 일반적으로 과로나 과민증 같은 것들을 볼수 있는 기회를 제공하고 자기 관리를 더 잘할 수 있게 해 준다. 그것은 문이지 벽이 아니다.

나는 고백할 게 있다. 이것은 내가 직면할 필요가 없었던 장애 중 하나이므로 여기서 전문가들에게 의지해야 한다. 우리는 명상으로 어딘가 다른 곳으로 가는 것이 아니고, 수련하면서 보지 못했거나 보고 싶지 않은 것들이 있을 수도 있다는 사실에 대해 많이 말해 왔다. 나처럼 이겨 내거나, 주의를 산만하게 하거나 느끼지 않으려고 할 수도 있다. 마가렛처럼 싸울 수도 있고…… . 아니면 그냥 졸 수도 있다!

어떻게 하면 좋을까? 우선 존 카밧진이 말한 것처럼 '깨어나라'는 의도를 설정하라. 여러분 중 일부는 정말로 삶을 깨닫고 싶어 한다는 것을 떠올려라. 그것이 여러분이 처음에 수련하는 이유이다. 그 의도를 구현하는 자세를 취하라. 그런 다음 졸음의 가장 초기 징후가 나타나면 그 징후들을 알아차린다. 보트가 매어 놓은 곳에서 미끄러지듯 움직이는 것처럼, 주의를 놓치는 첫 징후를 포착할 수 있는지 확인한다.

머리가 앞으로 조금이라도 움직이는 것에 주의를 기울이고, 몸이 흔들리는 것을 알아차린 다음, 스스로에게 지지를 보내라! 척추에 에너지를 불어넣고, 눈을 살짝 뜨고, 들이마시는 숨에 더 집중한다. 졸음을 알아차리는 자각은 졸지 않는다. (익숙한 소리인가?) 알아차림은 그 자체가 경보 장치이고 여러분을 깨울 수 있다. 모든 것과 마찬가지로, 우리는 그것을 싸우거나 판단할 필요가 없으며, 그것으로부터 우리의 삶에 대해 배울 수 있다.

참가자들에게 졸음으로 수련하자고 제안을 한 후, 나는 그들이 돌아와서 이렇게 말하는 것을 들었다. "힘들 때 어떻게 확인하는지, 내 삶에서 이와 같은 패턴이 어떻게 나타나는지 보고 있어요. 그리고 어려움을 해결하러 어디로 가는지도요." 이런 식의 통찰은 축하할 만한 것이다. 문으로 들어가 엿보기만 할지라도 거기 무엇이 있는지 보라. 조사해 보고 반복하라.

아마도 나는 벨리댄스를 해야 할 것 같다: 의심 다루기

모든 장애 중에서 의심은 가장 큰 장애가 될 가능성이 있다고 한다. 수련에 대해 확신이 서지 않거나, 수련을 할 수 있는 능력을 확신하지 못해서 끊임없이 자신을 의심하게 된다면, 수련을 규칙적으로 해 나가며 결실을 보기가 어렵다. 그래서 그것은 자기충족성 예언이 될지도 모른다. 만약 우리가 '그냥 그것을 하기로' 그리고 무슨 일이 일어나든 그것으로부터 배우기로 약속할 수 없다면, 자유를 향한 이 특정한 길에 필요한 인내와 끈기로 수련을 계속하는 것은 매우 어렵다.

의심이 나타나는 두 가지 주요한 방식이 있다. 하나는 우리가 스스로, 특히 오랜 기간 동안 수련할 수 있는 능력을 의심하는 것이다. 이것은 자크가 온종일 수련을 하기 전에 말한 것처럼 집중수련의 시작이나 심지어 일주일 전에, 이렇게 말할 수 있다. "저는 7시간이나 못할 것 같아요."

또는 아일린처럼 "저는 오랫동안 조용히 있어 본 적이 없어요. 너무 힘들 것 같아요. 저는 그렇게 할 수 있는 사람이 아니에요."라고 말할 수 있다. 만약 여러분이 생각한다면 현명한 대응은 "여러분은 그것을 시도할 의향이 있나요, 그냥 한 번에 하나씩 말이에요. 한입에 다 먹지 않아도 돼요."가 될 것이다. 상기해야 할 것은, 그것이 확실한 방법이 될 것이라고 생각할 수도 있지만, 진실은 여러분도 모른다는 것이다. 심지어 이것을 이끌고 있는 나조차도 모른다.

의심의 또 다른 측면은 방법, 수련 또는 가르침의 타당성을 의심하는 것이다. 때로는 사람들이 집중수련을 하게 될 때, 그들은 그 시간에 할 수 있는 많은 다른 것에 대한 생각에 사로잡힐 수도 있다. 또는 이 수련이 그들에게 적당한 것이 아니고, 목적을 알 수 없다고 의심할 수도 있다.

한번은 여러 날 동안 침묵수련을 하다 한 여성이 다가와 이렇게 말한 적도 있다. "마음챙김을 하고 싶었는데, 지금은 밸리댄스를 추고 싶은 것 같아요. 밸리댄스 동작으로 수련하는 게 더 낫겠어요." 그러고 그녀는 떠났다. 춤과 움직임이 그녀에게 가장 맞는 것인데 내가 뭐라고 하겠는가? 그러나 그녀는 떠나지 않을 때 어떤 일이 일어나는지 알 수 없었고, 앞의 예에서 보았듯이, 머물면서 배울 것이 많다.

붓다가 마라의 모든 유혹에 흔들리지 않고 깨달음을 얻기로 결심하고 나무 아래에 앉아 있을 때, 그도 결국 의심에 직면해야 했다. 마라가 다른 전술이 통하지 않는다는 것을 깨닫고 물었다. "누가 깨달음을 얻어야 한다고 생각하는가? 누가 증명할 것인가?"

붓다는 땅을 향해 손을 내밀었다. "대지가 증명할 것이다." 붓다에 대한 많은 묘사가 대지에 한 손가락 끝을 대고 있는 모습이다. 흔들리지 않는 신념에 대한 상징은 수년 동안 나와 수많은 사람에게 깊은 위안을 주었다. 의심이 들 때면 나는 종종 손으로 대지를 만진다.

다른 장애와 마찬가지로 의심도 언젠가는 여러분을 찾아갈 것이다. 그렇게 되면 먼저, 이름을 붙이고, 몸의 감각을 보고, 생각을 생각으로 보고, 감정적인 느낌을 보면서 의심을 살펴볼 수 있다. 그러면 자신의 내면이나 주변에서 자유롭게 되겠다는 자신과의 약속에 꾸준히 충실하고 타인의 자유에 기여하고자 하는 것에 접촉하면서, 자신의 방식으로 대지를 만질 수 있다.

우리의 참가자 붓다들 대지를 만지다

온종일 집중수련을 하는 동안 참가자들은 자리를 잡고 자신의 방식으로 대지와 접촉했다. 내가 그걸 어떻게 아는가? 기본적으로 그들이 와서 머물렀기 때문이다! 다음은 그들이 성찰한 내용으로 여러분에게 영감을 불어 넣을 것이다.

데비가 말했다. "아침에 너무 불안해서 떠나고 싶었지만, 걷기명상 중에 내 안의 무언가가 자리를 잡았어요. 방금 잠이 든 것 빼고는 하루 종일 꽤 평화로웠어요. 이 모든 것을 종합해 볼 수 있는 기회가 있어 정말 감사하게 생각했고, 무엇보다도 내가 할 수 있다는 것을 알게 되었어요! 내가 할 수 있을 줄 몰랐어요. 침묵이 내게 말을 걸었고, 나는 더 많이 침묵하고 싶어한다고 생각했어요. 내 친구들과 가족들은 내가 하루 종일 침묵할 수 없다는 데 내기를 걸었어요. 난 항상 말하기를 좋아하는 외향적인 사람이에요. 그리고 그거 알아요? 난 정말 침묵이 좋았어요!"

"나는 항상 약속을 지키는 사람이에요." 니키가 말했다. "거기에 어려운 점이 있는데 너무 지나치게 지키려는 경향이 있다는 거예요. 그리고 나 자신과 다른 사람에게 화를 내게 돼요. 오늘 정말 오고 싶었기 때문에 약속을 취소했어요. 그건 내가 하던 게 아니었어요. 어쨌든 그렇게 했어요. 이건 나한테 너무 중요한 일이에요." 그녀는 눈물이 그렁그렁했다. "난 그날이 정말 좋았어요. 비록 어떤 부분은 힘들었고, 문밖으로 뛰쳐나가고 싶기도 했지만요. 10년 전 의대를 가기 전부터 지금까지 느껴 보지 못한 깊은 평화를 느꼈어요."

"아마도 니키, 당신은 아직 약속을 잘 지키는 사람이에요. 외부와의 약속이 아닌 내면의 약속을 지키는 것이 가능하겠어요?" 그녀는 고개를 살짝 끄덕이며 아래를 내려다보고 눈물을 닦았다.

평소에는 조용하고 독립적인 사업가 피터가 말했다. "마음챙김하며 먹은 점심은 정말 풍성한 느낌이어서 놀랐어요. 나는 귤을 꽤 오래 먹었어요. 귤이 얼마나 아름다운지 처음 보았고, 맛이 정말 풍부했어요. 그리고 건포도 때와 같이 그 작고 맛있는 과일에는 공기, 물, 태양, 그리고 대지와 같은 수많은 것이 들어가 이루어져 있었어요! 나는 풀밭에 등을 대고 누워 구름을 쳐다보기도 했어요. 어렸을 때부터 그런 적이 한 번도 없었어요."

자크가 말했다. "지금은 정말 기분이 좋고 여기 와서 기쁘지만, 전화기를 확인하고 싶어서 여기서 나가고 싶은 순간이 있었어요. 나는 요점을 알지 못하는 것 같았어요. 나는 여전히 이것이 나에게 알맞은 방법이라고 확신은 못하지만, 이 순간에 내가 어떻게 느끼는지 부인할 수는 없어요. 정말 평화로워요."

모두 용기를 내어 말했다. "마라, 나는 너를 본다." 그리고 대지와 접촉했다. 요가 수행자 베라(Berra)가 말했듯이, "보는 것만으로 많은 것을 알 수 있다." 나는 머무르는 것만으로도 많은 것을 알 수 있다고 덧붙인다.

존재의 세 가지 특성: 무상, 고통, 무아

집중수련에서 얻을 수 있는 또 다른 기회는 인간의 본성에 대한 또 다른 근본적인 불교의 가르침을 살펴보고, 더 나은 경험을 하는 것이다. 이 가르침은 존재의 세 가지 특성이라고 불리며, 이는 무상(Imperma-nence), 고통(Suffering), 무아(Non-Self)이다. 집중수련에 참가한 사람들이 겪은 이 세 가지 특성에 대한 경험을 살펴보자.

무상과 고통

지속적인 알아차림으로 우리는 모든 것은 변하고, 영원하지 않다는 것을 알 수 있다. 사람들은 "아침은 이랬고, 오후는 저랬다."라고 말하고, 한때는 "불안했다.", 그다음엔 "평화로웠다.", 그다음엔 "피곤해졌다."라고 했다. 앞 장에서 우리는 가려움같이 위협적이지 않은 감각과 고통과 강한 감정과 같은 더 도전적인 감각들이 오고 가는 것으로 무상의 예를 보았다. 붓다는 우리를 무상에 대해 더 깊이 알아차리도록 하고 있으며, 그것이 노마와 앨런이 함께 다루는 것으로 우리와 우리가 사랑하는 사람들이 죽을 것이라는 것에 대한 깨달음이다. 어떻게 이런 일이 고통을 덜어 줄 수 있을까?

노마와 앨런의 무상에 대한 인식은 중요한 선택으로 이어졌다. 시간이 한정되어 있다는 것을 알고, 그들은 진정으로 하고 싶은 일과 그들에게 의미 있는 일을 하고 있다. 우리가 그렇게 살아가면, 항상 그렇지는 않더라도, 그보다 더 많이 그렇게 살면 어떨까? 붓다는 우리가 매일 "늙어 가고, 아프고, 죽는 것이 본성"이라는 것을 인정해야 한다고 했다.

우리 문화권에서는 이는 터무니없는 제안일 것이다. 우리는 이러한 현실에서 벗어나려고 필사적으로 달려가고 있다. 종종 영원한 젊음을 추구하기 위해 지나친 건강관리와 제품들을 시도해 본다. 결국에는 효과가 없을 텐데 다른 방법으로 시도해 보는 것은 어떨까?

지난 몇 년 동안 나와 같은 나이대의 친한 친구들이 몇 명 죽었다. 어쩐지 이런 죽음은 1980대 초반까지 사셨던 우리 부모님의 죽음과는 달랐다. 친구들이 진단을 받고 치료를 받는 것을 보고 나는 우선순위를 진지하게 다시 바꾸기 시작했다. 그래서 가능한 한 많은 시간을 그들과 함께 보낼 수 있었다. 이것은 내가 직장생활에 집중하던 것을 사랑하는 사람들과 의미 있는 시간을 보내는 것으로 방향을 바꾸는 것을 의미했다. 그리고 그 시간 중 일부는 병원에서, 혹은 그들이 죽어 가는 동안 침대 옆에서 보냈지만, 그것이 마지막이 될 수 있다는 것을 알면서, 거기에는 연결되어 있다는 느낌과 매 순간의 소중함에서 비롯된 깊은 의미와 평화가 있었다. 우리는 가끔 배꼽을 잡고 웃기도 했다. 사랑하는 사람이 마지막 숨을 쉬는 것을 지켜보면 자신의 숨을 지켜보는 것과의 관계도 달라진다. 적어도 그게 나를 위한 방법이다. 무상을 아는 것이 상실감에 대한 슬픔이나 분노를 없애 준다고 말하는 것은 아니다. 그렇지 않다. 하지만 슬픔이나 분노를 변화시킬 수 있고 우리가 그것을 겪는 동안 견딜 수 있게 한다.

나는 이미 앞 장에서 존재의 두 번째 특징, 두카(dukkha) 또는 고통에 대해 많은 것을 썼다. 붓다가 여기서 지적하고 있는 두카는 실제로 영원하지 않은 것들에서 지속적인 평화와 행복과 안전을 구하고자 할 때 오는 특별한 고통이다. 그리고 그것이 전부이다.

나는 진정 누구인가? 무아에 대한 가르침

여기 있는 참가자들을 포함하여 많은 사람은 자신이 누구인지에 대한 구체적인 생각으로 집중수련을 시작하게 되는데 이는 일반적으로 자신의 삶 속에서 자신에 대한 자각에서 비롯된다.

아일린은 자신이 항상 '말하는 사람'이라고 생각한다. 니키는 자신이 '결코 약속을 깨뜨리지 않는' 사람이라고 믿는다. 자크는 자신이 하루에 아무것도 하지 않는 사람이라는 생각을 가지고 있다. 각자 항상 자신이 어떤 사람이라고 생각하고 있지만, 집중수련이 진행됨에 따라 그들은 실제로 항상 하는 대로 하지 않았다(또는 절대로 하지 않을 것 같은 일을 했다). 그럼 이제 그들은 누구인가?

사람들이 MBSR을 하러 왔을 때 그들은 자신을 어쩌다 암에 걸린 장난스럽고, 열정적이고, 똑똑한 사람인 엄마, 사회복지사, 여성, 친구, 여동생이 아닌 '암 환자'로 인식하며 자신을 질병과 동일시하고 있다는 것을 알 수도 있다. 또한 우리가 좋게 느끼는 것에서도 마찬가지일 수 있다. 예를 들면, '나는 성공한 사업가이다.'라고 생각하는데, 실패하면 '나'는 어떻게 되는 것인가? 여전히 나인가? '나는 좋은 사람이다.'라고 생각하는데 교통체증에 걸려 욕을 한다면 어떻게 되는가? 여전히 나인가?

'나는 마음챙김을 하는 사람이다.'라고 생각한 다음, 커피잔을 차 지붕에 올려놓고 차를 몰고 가거나, 어디 가야 하는데 열쇠를 잃어버린다면 어떨까? 그럼 누구를 대상으로, 그리고 자신을 뭐라고 불러야 할까? 그냥 물어보는 것이다.

여기 살펴봐야 할 일련의 질문이 있다. 화를 자주 혹은 가끔 낸다면, 그러면 자신은 '화내는 사람'이 될까? 화가 난다고 말하는 것과 화를 느낀다고 말하는 것은 어떻게 다른가? 여전히 온전하고 친절하며 유머스럽고, 지혜롭고, 인간적이기 때문에, 심지어 끔찍하게 슬퍼할 때조차도 자신의 감정으로 스스로를 규정할 필요가 없다. 구름이 끼어 보이지 않는다 해도 태양이 사라지지 않듯이 화를 낼 때도 자신의 선함은 사라지지 않는다.

내가 말하고자 하는 것은 우리는 변화하는 존재지 고정된 존재가 아니라는 것이다.

무아에 대한 가르침에서, 붓다는 자아가 없다고 가르치지 않았다. 그가 실제로 말한 것은 "자아를 찾는다면, 그대는 그것을 발견하지 못할 것이다."였다. 즉, 항상 이렇다라고 말할 수 있는 변하지 않는 자아를 찾으려하는 데 정말로 호기심을 가지고 주의를 기울여 보면 그것을 찾지 못할 것이라는 것이다. 우리는 브라이언이 항상 모든 사람을 위해 있었는데, 이제 모든 것을 가족에게 의존하게 되었다는 생각 때문에 겪은 고통을 보았다. 그는 천천히 자신의 새로운 역할을 받아들였고 가족이 그를 돕는 것을 좋아한다는 것을 알게 되어 고통을 덜 받게 되었다. 무아에 대한 수련은 면밀히 살펴보는 수련이며, 우리 자신을 포함한 모든 것이 변화한다는 본질을 보게 하고, 이 통찰력이 우리의 고통을 어떻게 감소시킬 수 있는지 알게 하는 수련이다. 다시 말하지만, 다 없애는 것이 아니다. 우리의 모든 수련과 깨달음과 마찬가지로, 그것은 사물의 본질을 보는 것이다. 우리가 깊이 볼 때, 우리는 누구인가? 더 중요한 것은, 우리는 무엇인가에 관한 것이다.

정말로 자세히 살펴보면, 자신을 정의하는 방식이 자신이 생각하는 것처럼 고정적이고 지속적인 것이 아니고, '나' 또는 '당신'의 이야기가 실제로 그냥 이야기일 수 있음을 발견할 수 있다. 누군가가 내게 준 이름, 출생지, 성별, 피부색, 역사가 있다는 것은 사실이다. 하지만 그 역사와 다른 모든 것은 많은 방법으로 해석될 수 있다. 나는 내가 절대적으로 좋아하지 않는 어떤 것들과 선호하는 것들이 있다. 하지만 그것을 '나'라고 할 것인가?

그러니 생각했던 것처럼 자신이 실제적이고 고정되어 있는지 한번 보라. 이야기를 좀 더 여유 있고 유연하게 이해한다면, 자신의 긴장과 고통이 좀 줄어드는지 보라.

베트남의 선사 틱낫한은 이렇게 말했다.

그는 종종 꽃을 들고 "이 꽃은 꽃이 아닌 요소로 만들어졌습니다. 그 안에는 햇빛과 대지, 비와 하늘이 있습니다."라고 말한다. (그는 종이 한 장으로도 이것을 한다) "그리고 여러분도 여러분이 아닌 요소로 만들어졌습니다." 물리학은 원자로 만들어진 물질처럼 보이는 것이 실제로는 대부분 공간이라고 말한다.

잭 콘필드(Jack Kornfield)가 말한 '기능적 자아(functional self)'를 갖는 것도 유용할 수 있고, 현명하게 알고 활용한다면 아주 훌륭할 수 있다. 나는 의사역할을 할 때 흰 가운을 입고 청진기를 사용한다. 나는 다른 도구들과 처방전을 가지고 있다. 이것들은 내 일의 도구이며 내 환자들에게 명확성과 신뢰감을 준다. 하지만 하루가 끝날 무렵에는 그것들을 내려놓는다(그렇게 해야 할 필요가 있다). 30년이 넘도록 나는 보살피는 역할을 너무 오래 하면, 내가 고통을 받고 내 가족 또한 힘들어진다는 것을 여러 번 발견했다.

나는 이 두 가지 모두를 한다. 그러니 스타벅스에서 나를 본다고, 발진이 난 것을 보여 주지 마라(이런 일이 일어난다). 텐신 선사는 법당에서는 승복을 입지만, 마을에서는 청바지를 입고 '나는 축구 코치를 맡고 있는 아빠'라고 말한다.

　많은 사람이 그렇듯이, 우리는 역할에 한정되는 것이 고통스럽다는 것을 알게 되었다. 그것이 긍정적이든 부정적이든 말이다.

　내가 '나'라고 부르는 것을 살펴보라는 붓다의 가르침은 이런 종류의 고통을 다루는 데 매우 큰 도움이 되었다. 자신에게 무엇이 진실인지 보라.

8장
행동과 생활에 대한 다르마:
윤리적 기준을 가지라

오늘 많은 환자 중에는 이름만큼이나 사랑스러운 그라시엘라(Gra-ciella)가 있었다. 그녀는 동네 카지노와 연결된 스테이크 하우스의 웨이트리스이다. 그라시엘라는 하루 종일 서 있어야 하는데, 무릎 관절염 때문에 힘들어 했다. 나는 그녀에게 쉬운 답을 줄 수가 없었다. 우리 둘 다 그녀가 살을 빼기를 바란다. 물리치료가 도움이 될 수도 있고 약간의 보충제도 도움이 될 수 있지만, 그녀는 스케줄이 꽉 차 있었다. 그녀가 일을 그만두는 것은 힘들었고 대가족에는 항상 그녀의 보살핌이 필요한 누군가가 있었다. 그래서 이상적이지는 않지만 나는 그녀에게 왼쪽 무릎에 호르몬 주사를 놓았다. 4개월에 한 번씩만 할 수 있지만 지난번 이후로는 더 자주 했다. 그것으로 그녀는 안도감을 많이 느꼈다. 이 부분은 내가 일시적인 혜택이 현재로는 위험을 능가한다고 느끼는 분야 중하나이다. 하지만 시간이 흐르면 이 상황이 변할 것이고, 우리는 또 다른 해결책을 찾아야 한다.

6장에서 나는 무술을 훈련했다고 언급했다. 내가 배운 것 중 하나는 주짓수에 기초한 '격투기'였고, 여기에는 상대방을 붙잡고 질식하지 않도록 바닥에 뒹구는 것이 많이 포함된다. 내가 왜 이런 말을 하는 걸까? 이 장에서 우리는 내가 '참여 마음챙김(engaged mindfulness)'이라고 부르는 것에 초점을 맞출 것이다. 가족, 일, 사회 전반에 대한 알아차림을 우리 삶의 모든 측면으로 가져온다. 다시 말해, 우리의 가치관, 윤리, 그리고 지구 전체와 관련하여 살아가는 길로서 마음챙김을 실천하는 것이다. 우리는 6장에서 팔정도의 윤리적인 요소 중 하나로 바른 말에 대해 살펴보았다. 어떤 사람은 참여 마음챙김이 부분적으로는 그 순간에 옳은 일을 하고 장기적인 결과를 보는 것이라고 말할 수도 있다. 그것은 우리가 가능한 한 피해는 덜 주고 좋은 일은 많이 하면서 살아갈 수 있는 방법들을 깊이 살펴보는 수련이다. 사실, 이것을 생각할 때마다 '고군분투(grappling)'라는 단어가 계속 떠오르고 있다. 요즘 내 직업에서 윤리적인 부분과 씨름하며, 팔정도의 이 부분에 대해 어떻게 글을 쓸지 고민하면서, 그 시절 초기에 내 몸에서 벌어진 신체적 고군분투가 어떻게 느껴졌는지 기억한다. 그리고 그거 아는가? 윤리에 관해서는, 우리는 고군분투해야 한다고 생각한다. 그것은 쉽다고 할 수는 없다. 우리는 강하고 그것은 그럴 만한 가치가 있다.

이 장에서는 또한 붓다가 '내면과 외부 모두에 대한 자각의 장'을 성찰하라고 말한 마음챙김의 네 가지 토대에 대한 가르침을 반복할 수 있는 기회를 준다. 이 부분에서 우리는 '외부' 성찰에 빛을 비추고 있다.

물론 이것은 내면에서 일어나는 일과 완전히 분리될 수는 없지만, 우리는 그저 외적인 면에 좀 더 초점을 맞출 것이다.

여기서 우리가 이것을 탐구할 때, 내가 '가치관'과 '윤리'라는 단어를 사용하고 있음을 주목하라. 나는 교육경력이 많은 조 마리 테일러(Jo Marie Taylor, 'Joey')에게 이 두 단어의 차이점을 명확히 할 수 있도록 요청했다. 32년 동안 도심에서 어린아이들과 함께 일한 사람으로서 그녀는 이렇게 말했다. "가치관은 우리가 발달 과정에서 성장함에 따라 형성됩니다. 가치관은 성격의 일부가 되고, 마음에 소중한 것이 되며, 우리 자신에게는 아주 개인적인 것일 수도 있습니다. 물론 집단이나 조건에 의해 영향을 받기도 하지만, 가치관은 본질적이고 개인적인 것입니다. 윤리는 조금 더 나아가 우리가 세상과 어떻게 교류하는가에 관해 외부적으로 더 발전한 것으로 보입니다. 유치원에서 나는 가치관과 윤리를 우리가 특정 지침을 준수한다면 어떻게 평화롭게 함께 지내고, 효과적으로 함께 배울 것인지에 관한 것으로 소개합니다. 그러나 설교를 하거나 처벌하기보다는 실시간으로 예를 통해 우리가 그것을 따르지 않을 때 얼마나 파괴적일 수 있는지, 그리고 우리가 이런 식으로 함께 살면 얼마나 좋은지를 보여 주려고 노력합니다." 조이의 말과 경험은 나에게 진실되게 들렸다. 그래서 앞으로 내가 이 용어들을 사용할 때, 이런 내용으로 하고 있는 것이다.

내 의사 보조 경력과 관련해서 마음챙김, 윤리, 가치관, 그리고 내 일에 있어서 표면적으로는 다른 사람을 돌보고, 교육과 진단, 치료를 통해 사람들의 웰빙을 향상시키려는 의도를 가진 의료 행위는 나 자신을 지지할 수 있는 소중한 방법이다.

처음 시작했을 때는 그렇게 느껴졌다. 그러나 나는 젊었고 모든 것이 바뀌었다. 의학에서 우리는 "첫째, 해를 끼치지 않는다."라는 맹세를 한다. 하지만 해를 끼치지 않는 것은 사실 그리 쉽지도 명확하지도 않다. 그라시엘라를 예로 들 수 있다. 장기간에 걸쳐 주사한 스테로이드는 관절에 좋지 않지만, 단기간에 적절하게 사용하면 아마도 괜찮을 것이고, 그녀가 처한 특정 현실을 고려해 보면 주사를 맞아야 그녀는 활동을 잘할 수 있을 것이다. 그것은 복잡한 시스템이고 우리의 의사 결정에 영향을 미치는 많은 것이 있다. 몇 가지만 말하자면 보험 회사, 제약 회사, 대규모 광고 캠페인들이다. 우리가 처방하는 모든 약물은 부작용이 있고, 우리가 하는 모든 절차에는 위험이 있다. 동료들과 나는 위험과 이익의 비율을 끊임없이 저울질하고 있다. 내가 요정처럼 좋은 결정을 내렸다고 느낄 때에도 보험 회사나 환자는 내 말에 동의하지 않을 수도 있다. 그리고 나서 나는 재평가를 하고 종종 타협을 해야 한다.

오늘 하루가 끝날 무렵에는 해를 입힌 것보다 좋은 일을 더 많이 했다고 말하고 싶지만, 사실 잘 모르겠다. 내가 말할 수 있는 것은 내 의도는 유익하고 계속해서 관심을 기울이고 씨름한다는 것이다. 무술을 하던 시절 멍이 든 채 집에 올 때처럼 기꺼이 불편해지려고 노력해야 한다는 뜻이다. 나는 열린 마음으로 진실되게 내 일에 접근하고 싶다는 것을 알고 있다. 이것이 내가 원하는 것이다. 나는 긴 안목으로, 완벽하게 하지는 않지만, 그 모든 좋지 않은 것에 깨어있기 위해 노력하고 있다.

그라시엘라도 자신이 하는 일에 고심하고 있다. 카지노는 우리 동네에서 많은 일자리를 제공하지만, 그녀는 도박을 좋아하지 않는다. 그녀는 많은 단골 손님의 이름도 알고 가족들도 알고 있다. 오늘 그녀가 내게 말했다. "불쌍한 앤드루스(Andrews)씨는 돈을 너무 많이 잃었고, 몹시 화를 냈어요. 하지만 나는 그가 또 도박을 시도할 거라는 것을 알고 있어요. 그런 게 싫어요."

이해한다. 나는 도박을 포함한 다양한 것에 중독된 많은 사람을 상대한다. 보는 것은 정말 고통스럽다. 내 경우엔 비코딘(Vicodin)과 옥시코돈(Oxycodone)을 달라는 요구에 안 된다고 자주 말한다. 어떤 환자들은 화를 내고 불만족스러워하는데, 나도 그런 기분이 든다. 다시 말하자면, 쉬운 대답은 없지만 마음챙김으로 행동하려는 나의 의도는 나를 감싸고 폭풍우 속에서도 나를 잡아 준다. 산에 사는 것처럼 날씨는 험악할 수 있지만 그 아래에서는 고요함을 발견할 수 있다. 내가 기댈 수 있는 단단한 무언가가 있다.

나는 고군분투하는 동안 MBSR과 불교에서 배운 것을 적극적으로 사용한다. 내 의사결정을 명확히 하기 위해 호흡과 신체에 대한 인식을 이용한다. 예를 들어, 스트레스를 받을 때는 혈류가 전두엽 피질로 돌아갈 때까지 호흡에 집중한다. 좌절할 때는 내 마음을 선한 의도에 연결한다. 나는 고통에 대한 고귀한 진리를 알고 있고, 내가 내 방식대로 바른 방법으로 일을 처리하기를 갈망함으로써 그것을 더 악화시킬 수도 있다는 것을 알고 있다. 나는 나의 현안문제로 인해 지금 당장 내 관심을 필요로 하는 사람에게 주의를 기울이지 못하는 것에 대한 아픔을 너무나 잘 알고 있다. 나는 바른 견해, 바른 생각, 바른 노력, 바른 말을 적용한다. 이런 식으로 행동하는 건 정말 필요하다! 궤도에서 벗어날 때는 정말 고통스럽다. 그래서 나는 마비되거나 잠들지 않으려고 노력한다. 또한 이런 식으로 하면 더 나은 의료 서비스를 제공하게 되고 환자들에게 더 연민을 갖게 된다. 그리고 내가 명상함으로써 다른 사람들의 혈압을 낮출 수는 없지만, 적어도 나는 직접 시도해 볼 수 있다.

수업에서의 윤리

MBSR 수업에서 나는 전 세계의 MBSR 지도자가 하는 것처럼 의식적으로 윤리와 가치관에 연결되어 있는 '참여 마음챙김 또는 외부 마음챙김(engaged or external mindfulness)'의 실천에 매우 주의를 기울인다.

이것은 나에게 개인적인 일이 아니다. 그것은 수련과 프로그램에 필수적이다. 예를 들어, MBSR에서는 부작용이 있을 수 있는 약물을 처방하지 않는 반면, 또한 내 현안문제 같은 다른 것도 처방하지 않으려고 노력한다. 그렇다. 가끔씩 하나는 있다. 사실이다. 나는 사람들이 더 나아지길 바란다. 하지만 시간이 흐르면서 나는 각 개인에게 '더 나은' 것이 무엇인지 모른다는 것을 알게 되었다. 심지어 나에게 더 나은 것도 모르겠다. 내가 어떤 결과에 집착할 때나, 누군가가 고군분투할 때 내가 화가 나는 것을 알려고 노력한다. 그것을 알게 되면, 나는 내 관심을 안으로 돌려 나만의 수련을 한다.

나의 윤리와 가치관을 지키는 구체적인 방법은 무엇인가? 나는 UMASS CFM와 긴밀히 협력하고 있다. 나는 선 센터와 집에서 규칙적으로 계율을 생각한다. 가장 중요한 것은 혼자가 아니라는 것이다. 만약 화를 내게 만드는 참가자가 있거나 영원한 친구가 되고 싶어하는 참가자가 있다면, 나는 그런 것에 대해 누군가와 이야기한다. 우리는 그런 식으로 같이 일한다. 그리고 나는 계율을 기본 원칙으로 사용한다. 나는 진실한가? 그들에게 그리고 나 자신에게? 내가 무해한 행동을 하고 있는가? 연민을 느낄 수 있는가? 내게 주어지지 않은 것을 가지지 않는 것을 분명히 하고 있는가? 성적인 경계가 분명한가? 나는 어떤 식으로든 중독되지 않았는가? 물질로도 생각으로도.

경험에 따르면, 우리 모두가 그렇듯이 내가 스승, 멘토, 친구, 동료 집단과 긴밀한 접촉을 하고 있으면 갈망이나 정당화, 합리화로 길을 잃을 확률이 훨씬 적다는 것을 알 수 있다. 사람들은 내가 무슨 일을 하는지 알고 있다. 나는 필요할 때 빨리 도움을 청한다. 우리는 우리 자신과 연결되기 위해 서로가 필요하다. 내가 새로운 교사들과 일할 때, 우리가 가장 먼저 이야기하는 것 중 하나는 앞의 모든 것을 포함하는 개인 수련의 중요성이다. 그냥 앉아 있는 것이 아니라, 우리의 노력을 정직하게 공유할 수 있고 책임감 있는 현명한 사람들과 수행공동체를 이루는 것이다. 나는 단호하게 "우리는 이것을 혼자 할 수 없다!"라고 말한다.

키를 잡는 손

MBSR 7번째 수업을 위해 의료센터로 운전해 가면서 나는 집중수련의 영향에 대해 듣기를 기대하고 있었다. 방에 들어서자 노마와 앨런 주변에 사람들이 모여 있는 것이 보였다. 나는 그들이 다시 온 것을 환영하러 갔다. 앨런은 살이 좀 빠졌지만, 환해 보였다. 그들은 조, 르네, 아일린에게 자동차 쇼에 대해 이야기하면서 웃고 있었다. 다 듣고 싶었지만 모두 함께 모여야 했다.

7회기 수업의 주제는 우리가 무엇을 어떻게 소비하는지, 무엇을 받아들이고, 무엇을 배제하는지를 포함하는 일상생활에서의 마음챙김이다. 다시 말해, 우리 삶과 사회의 넓은 영역을 알아차림 하는 것이다. 토요일에 했던 긴 시간의 수련으로 사람들이 삶과 행동에서 어떤 것을 알게 되었는지 보는 것은 흥미로울 것이다. 나는 그 주에 있었던 일부터 이야기해 달라고 했다.

"집중수련 이후에 무엇을 알았습니까? 수련은 어떻게 되어 가고 있습니까? 여러분 인생에서 무슨 일이 일어나고 있습니까?"

"아시다시피 우리는 자동차 쇼가 열리는 북쪽으로 갔어요." 앨런이 말했다. "오래된 친구들을 많이 만나서 정말 좋았어요. 그 친구들 중 내 차가 세 번째였어요! 그건 정말 중요한 여행이었고 매우 즐거웠어요. 우리가 이 수업을 하지 않았다면, 그 여행을 우선순위로 두었을지 알 수 없어요. 나는 그것을 고려하지 않았을 것 같아요. 하지만 의미심장할 것이라고 느낄 수 있었고 정말 그랬죠. 그것은 나의 마지막 자동차 쇼이고 그것을 놓치지 않았다는 것이 기뻐요."

"그리고 우리는 매일 바디스캔을 했어요!" 노마가 끼어들었다.

나는 앨런이 이야기를 하고 있을 때 그녀가 부드럽지만 가슴 아픈 표정을 짓고 있는 것을 알았다.

그들을 보고 그들의 이야기를 들으니 행복과 슬픔이 동시에 밀려오는 것을 느끼고 눈물이 솟아올랐다. 우리 모두에게 중요한 이 메시지를 온몸으로 받아들였다. 나는 잠시 감정의 물결을 타고 다른 사람들이 그들 쪽으로 몸을 기울이고 있음을 알게 되었다. 그들 중 몇몇은 눈가에 눈물이 반짝이며 흘렀다. 그중 한 명이 조이다.

"음, 기억하실지 모르겠지만, 토요일에 조용히 점심 식사를 하면서 귤과 사랑에 빠졌죠." 피터가 미소를 지으며 말했다. "잘린 단면과 맛이 아주 정교하고 복잡했죠. 정말 놀랍게도, 내가 집을 들어섰을 때, 딸이 피아노를 수련하고 있었고, 저는 딸을 같은 방식으로 보았어요. 나는 발길을 멈췄어요. 딸이 너무 아름다웠어요. 그리고 피아노 소리도. 내가 정말 딸을 내 마음속으로 받아들였는지 잘 모르겠어요. 오랫동안 아마도 ……." 그는 조금 목이 메여 아래를 보았다. "딸이 갓난아기였을 때부터 그렇지 못했어요. 이제 열세 살이 되었어요. 그날, 그리고 제가 느꼈고, 지금 느끼는 방식은 제가 사는 방식과 감정과 대조적으로 느끼게 해 주었어요. 그리고…… 너무 여유가 없었어요. 일 때문에 소진되었죠. 다른 중요한 일도 잊고 있었어요. 저녁 식사까지 이렇게 해서, 가족을 보았고, 라자냐를 맛보았어요. 아내가 너무 고마웠어요."

우리 모두는 마치 우리도 그의 가족과 함께 이 순간을 음미하고 있는 것처럼 잠시 침묵 속에서 그와 함께 숨을 쉬었다.

"더 이야기 할 게 있어요, 피터?" 내가 물었다. 뭔가 더 있다는 느낌이 들었다.

"수업을 시작했을 때, 제가 직장 스트레스 때문에 여기 왔다고 말씀드렸어요. 최근에야 나는 그곳 상황이 얼마나 나쁜지, 그리고 조직의 어떤 행동 때문에 얼마나 화가 나고 실제로 상처를 입었는지 깨닫게 되었어요. 의문의 여지가 있는 몇 가지 문제와 관행이 있었는데, 나는 내 의견을 억누르고 있었어요. 뭔가 변해야 한다는 걸 알고 있었어요. 내가 바뀌야 했어요."

"고마워요, 피터. 이런 복잡한 문제에 직면하려면 많은 용기가 필요해요. 당신이 만들고 싶은 변화를 만드는 데 도움이 될 수 있는 것이 있었나요? "

"물론이죠. 나는 바디스캔에 전념해 왔고, 내 몸과의 연결은 돛단배의 방향타처럼 되었어요. 항해를 할 때는 바람과 날씨를 알아야 하고, 돛의 방향과 팽팽함에도 주목해야 하지요. 그리고 또 키 위에 손을 얹고 수면 아래 깊은 곳의 방향키를 인식하고 있어야 해요. 우리가 가고 있는 방향을 알아야 하고 융통성도 가져야 해요. 전체적인 과정은 바람과 날

씨와 돛 그리고 방향키 간의 상호 작용입니다. 최근까지도 나는 대체적으로 바람과 돛, 다른 사람들과 조직의 압력과 의제에 거의 완전히 집중하고 있었어요. 나는 키손잡이와 키와 단절되어 있었어요. 내가 완전히 손을 뗐다고 말할 수는 없지만 그것과 별로 관련이 없었어요. 여기서 키는 내 개인적 가치관, 내적 안내 시스템입니다. 여기서 우리가 속도를 늦추는 것은 고요함으로, 말 그대로 내 몸에서 느껴지는 것과의 접촉은 키의 손잡이를 더 단단히 잡게 하지요. 물론 나는 바람과 날씨와 상호작용을 해야 하지만, 나는 더 깊은 무언가와 연결되어 있어요. 그건 잃어버렸던 것이에요. 이제 나는 가족의 아름다움을 느끼고 볼 수 있으며 직장에서의 고통을 느낄 수 있어요. 이런 일들이 나를 인도하고 변화를 주도록 움직이게 합니다. 질문에 답이 됐나요?"

나는 소름이 돋았다. 피터는 수련을 해야 하는 중요한 이유를 매우 훌륭하게 표현했다. 수년에 걸쳐 나는 의학 콘퍼런스에서 마음챙김의 이점에 관한 연구에 대해 파워포인트로 많은 강의를 했다. 나는 세포 단계에서 행동 변화 단계에 이르기까지 명상을 해야 할 많은 이유를 알려줄 수 있다. 하지만 내가 정말로 말하고 싶은 것은 이런 수련이 자신의 진정한 삶을 보장해 주는데, 즉 우연히 일어나는 것이 아니라 자신이 가치를 가장 깊게 두는 것과 일치하는 삶을 살 수 있도록 하는 좋은 방법이라는 것이다. 피터의 비유를 들자면 우리가 키에 손을 얹고 있지 않는다면 바람에 날아가 버린다는 것이다.

내 생각에는, 그의 깨달음과 경험에 대해 가장 좋은 것은 그가 스스로 그것에 도달했고 이제 그것이 완전히 그의 것이 되었다는 것이다. 그리고 그가 말했듯이 사람들은 수업에 완전히 빠져 있었고, 여러분은 그들의 얼굴과 열렬한 관심을 봤어야 한다. 그는 자신의 수련을 통해 자신의 가장 깊고 진실한 가치에 어떻게 다시 연결되는지 보여 주었고 나머지 사람들에게 본보기가 되었다.

니키가 손을 들었다. "고마워요, 피터. 정말 도움이 되었어요, 베스. 약속을 지키지 못해서 기분이 나빴을 때, 집중수련에서 당신이 내게 했던 질문에 대해 많이 생각해 봤어요. 당신은 내가 아직 여전히 약속 지키는 것을 철저히 하냐고 물었지만, 피터의 말을 듣고 다른 무언가에 대해서, 나도 역시 바람에 많이 날려왔다는 것을 깨달았어요. 이제 난 방향키에 더 전념하고 있는 것 같아요. 아니면 적어도 그렇게 되고 싶어요. 그것이 나의 의도예요. 애초에 왜 의학을 시작했는지 쉽게 잊어버리게 돼요."

"토요일에 오기로 한 선택은 키에 손을 얹는 것과 같았어요."

"한 가지만 빨리 말하자면" 라울이 말했다. "아니 두 가지요. 코스트코에서 얼마나 적게 쓰는지 알았어요! 그렇게 되었는데, 내 말은 청구서가 수백 달러 줄었다는 거예요. 또 나의 작은 리그 팀은 잘하고 있어요. 그들은 정말로 이 마음챙김에 빠져 있어요!"

7회기 수업에서는 미디어와 기술을 통해 받아들이는 것과 먹고 구입하는 것의 영향을 함께 탐구한다. 하지만 참가자들은 그들의 삶에서 분명히 실험 작업을 하고 있고 그들이 발견한 것을 보여 주고 있다.

여기서 내가 일상생활에서의 명상에 대해 많은 것을 말할 필요가 없다. 덧붙일 것도 없다.

무위를 통한 바른 행동

붓다가 팔정도의 윤리적 측면에 대해 가르쳤던 방법으로 넘어가면서, 거기에는 바른 말(6장에서 다룸)뿐만 아니라 바른 행동과 바른 생활이 있는데, 우리는 MBSR 전문가 관점과 우리 자신의 경험에서 그것들을 직접 봄으로써 시작할 것이다. 명상수련을 '배꼽을 응시하는 것'이라고 부르는 사람이 있다는 말을 들어 본 적이 있는가? 아니면 침묵과 고요함 속에서 시간을 보내면 수동적으로 될까 봐 걱정할 수도 있다. 걱정이나 두려움, 분노를 일으키지만 겉보기에는 동기부여가 되는 에너지가 없다면 우리가 삶에 연결이 덜 될 수도 있다는 지속적인 우려가 있는 것 같다. 나는 완전히 이해한다. 수차례 나 자신도 궁금하던 것이기에.

하지만 실제로 보여 주는 경험—것은 내 경험을 의미하지만, 수천 년의 역사는 말할 것도 없고 수십만 명의 사람들의 경험을 의미하기도 한다.—은 우리가 조용히 앉아, 몸을 느끼고, 생각과 느낌의 흐름을 알아차리고, 뛰어다니는 것을 멈추었을 때, 실제로 우리를 괴롭히는 것을 진정으로 마주하고, 차분하고 명확한 곳에서부터 어떤 일을 하도록 움직일 수 있다는 것이다. 우리는 연민으로 움직일 수도 있다. 우리는 더 나은 선택을 하고, 더 많은 긍정적인 행동을 한다. 우리는 앞의 수업에서 이것을 보았다. 피터와 니키와 라울은 중요한 변화를 일으키고 있거나 아니면 적어도 변화로 이어지는 심오한 질문을 던지고 있다. 왜냐하면 그들은 단절된 상태에서는 불편함을 느낄 수 있었기 때문이다. 그들은 돛에 부는 바람보다 더 깊은 무언가로 연결되어, 배를 가리키는 길을 찾고 있다. 우리는 또한 위대한 사랑으로부터 변화를 만들고 더 바른 행동을 하도록 동기를 부여받을 수도 있다. 피터에게는 가족에 대한 사랑으로 다시 연결되는 것이 직장에서 그의 가치관 때문에 불편함과 단절감을 느꼈던 감정을 변화시키고자 했던 것과 똑같이 강한 동기 부여가 된다는 것을 나는 느꼈다. 아일린도 마찬가지로 가르치는 것과 아이들에 대한 사랑을 느끼는 것이 방향키의 일부였으며, 그것으로 그녀는 다시 생각하고 더 연결되도록 하였다. 우리가 가족과 친구들을 보살피며 바르게 살고 행동하고 있다고 느끼는 것처럼 지구보호와 관련하여 물을 절약하거나 지구와 지구에 살고 있는 모든 생명에 대한 큰 사랑을 느끼며 이산화탄소 배출량을 줄일 수 있다. 테레사 수녀(Mother Teresa)는 "우리는 위대한 일을 할 필요가 없으며, 위대한 사랑으로 단지 작은 일만 하면 됩니다."라고 말했다. 이것이 바른 행동과 바른 생활을 실천하는 것이다.

바른 행동과 바른 생활

우리는 지금 팔정도의 바른 행동과 바른 생활이라는 요소를 다루고 있는데 이는 내가 '참여 마음챙김'이라고 하는 것을 고전적으로 일컫는 것이다. 바른 말과 함께, 이것은 우리가 하는 수련이 이 세상 속에서 우리의 결정과 말, 품행, 행동, 그리고 우리의 일을 알려 주는 지점이다. 여러 면에서 그것은 내면을 향하면서 자연스럽게 생겨난 결과물이다. 피터가 그렇게 훌륭하게 표현한 것처럼, 우리의 경험에 친밀하게 접촉하려고 할 때, 우리는 내면의 윤리, 즉 도덕적 나침반과 연결될 수 있을 것 같다.

고전적 가르침에서 붓다는 바른 행동과 바른 생활의 실천에 대해 매우 구체적이고 분명히 말했다. 언제나 그렇듯이, 던지는 질문은 다음과 같다. 무엇이 고통을 덜어 줄 것인가? 무엇이 더 많은 고통을 초래할 수 있을까? 여기서의 질문은 우리의 개인적인 고통을 넘어서서 사회 수준에서 생각하도록 한다. 더 건강한 공동체를 만드는 것은 무엇인가? 더 건강하고 건전한 사회를 만드는 것은 무엇인가? 조이가 그녀의 유치원생들에게 물어본 것처럼!

붓다는 다른 모든 전통에서도 확인된 세 가지 영역에 집중했는데 이세 가지가 우리에게 가장 큰 고통을 주는 것으로 알려진 영역이기 때문이다. 간단히 말해, 바른 행동은 계율과 일치하는 행동이지만, 특히 다음에서는 더 그렇다.

- 생명을 빼앗는 것을 자제하고, 생명을 함양하고 존중할 것
- 주어지지 않은 것을 취하지 않고 관대한 마음을 키울 것
- 관능적이고 성적인 부정행위를 자제하고, 존경스럽고 정직한 관계를 할 것

이 교훈을 다시 살펴보려면 6장을 다시 참조하라.

이 계율은 외부에서 우리에게 부과된 격언이 아니다. 그것들은 우리가 한 선택을 더 잘 탐구하고 의식하도록 격려하는 지침이다. 예를 들어, 계율 중 "살생하지 말라."가 있다. 매우 엄밀한 의미에서 살아 있는 생명체를 죽이는 것이 고통을 초래한다는 것을 알게 된다. 그것은 종종 고통의 특정한 형태, 즉 탐욕, 분노, 무지에서 비롯되며 사실 그 자체로 고통의 한 형태가 된다. 그러나 사람들은 살생을 하지 말라는 지침을 들으면 종종 다음과 같은 의문을 갖는다.

"내가 채식주의자가 되어야 한다는 뜻인가? 부엌을 뒤덮고 있는 개미들은 어떻게 하지?" "내가 사용하는 화석 연료로 인해 생명체는 어떻게 될까? 내가 현명하게 사용하고 있는가?" 내가 사는 곳은 가뭄이 심해서, 물을 사용할 때마다 스스로에게 물어본다. 왜냐하면 그렇게 하지 않으면 지구를 해치게 한다는 것을 알기 때문이다. 내가 나만의 의제를 강요하는 것이 아니다. 이것들은 함께 수행하고 계율을 토론하는 공동체와 그들만의 윤리와 전통을 가진 모든 계층의 사람들 사이에서 종종 생기는 질문들이다.

이것들은 우리가 물어야 할 중요한 질문들이다. 우리가 그것들을 묻는 것은 필수적이다. 그것들을 전혀 묻지 않아서 많은 해를 끼쳐 왔다. 우리는 이것이 끝없는 전쟁에서부터 인종적인 이유로 인한 살인, 사회적 불평등, 그리고 기후 변화에 이르기까지 무수히 많은 방식으로 반영된다고 본다. 적어도 질문을 해 보자. 다양한 형태로 죽이거나 해를 입히는 것에 대해 불편함을 느끼도록 해 보자. 그리고 거기서부터 안내를 받도록 해 보자.

분명히 이것들은 많은 요인이 있는 복잡한 문제들이기 때문에 지나치게 단순화하지 말고, 인식함으로 시작하는 것이 맞다. 우리는 음식이 어디서 오는지, 옷이 어디서 오는지 알 수 있다. 누군가 그 과정에서 피해를 입는가? 균형은 어디에서 찾을 수 있는가? 우리는 불의에 대항하여 목소리를 높이는가? 지갑에 변화를 가져올 수 있을까? 이런 질문을 던지고, 우리가 그 사실을 알게 되면 어떤 기분이 드는지, 그리고 그것이 우리의 행동에 어떤 영향을 미치는지 살펴보자. 우리는 올바른 답을 찾기 위해 애쓰고 있다. 우리는 일련의 외부 규칙을 따르기보다는 스스로 답을 찾도록 초대받았다.

오늘날의 바른 생활

바른 생활에 관한 한, 오늘날의 삶과 이 책과 수업의 맥락에서, 우리는 조사하고 능력을 최대한 발휘할 수 있는 또 다른 것이 있다. 아마도 그라시엘라처럼 자신의 가장 깊은 가치를 대변하지 못하는 직업을 가지고 있을 수도 있다. 하지만 그것은 자신의 능력에 맞고 가족을 부양할 필요를 충족시킨다. 그래서 당신은 무엇을 할 것인가보다 어떻게 할 것인지에 집중한다. 여러분은 수업에 있는 사람들이 이렇게 하고 있다는 것을 알 수 있다. 라울과 니키, 그리고 그들 중 많은 사람이 뭔가 변했다. 직장을 그만두고 선원에서 살 필요는 없다. 연민과 자각으로 사무실에서 '선원(temple)'을 만들 수 있다.

그렇다고 해서 당신의 선택 사항을 검토할 가치가 없다는 뜻은 아니다 나에게는 MBSR을 가르치고 파트타임으로 보조 의사로 일하는 것이 다른 직업을 선택한 것보다 재정적으로는 덜 안정적이지만 내 마음의 소명과는 일치한다. 그것이 반드시 더 쉽다는 것은 아니다. 비록 그것이 덜 확실하게 사는 것을 의미할지라도 내게는 바른 생활처럼 느껴지는 또 다른 종류의 도전이다. 정말 확실한 것은 무엇일까?

해를 끼치지 않는 기술

무해(non harming)는 자신의 상황을 포함하여 많은 요인에 따라 달라지는 '고군분투' 주제 중 하나이다. 우리 집에서는 가끔 집에서 나온 거미, 딱정벌레, 그리고 다른 생물들을 조심스럽게 우리의 '버그 카트(bug buggy)'에 태워 밖에 둔다. 내가 발견한 이 사소한 행동은 나에게 홍미로운 영향을 주었다. 속도를 늦추고, 벌레를 잡아서 밖으로 데리고 나가서 벌레가 방향을 바꾸고, 멀어지는 것을 지켜보는 순간, 나는 그들과, 나 자신, 그리고 모든 사람에게 있는 생명력에 현존하게 된다. 그것은 상호연결성을 실천하는 것이 된다.

반면에, 만약 집에 아기와 검은과부거미가 있다면, 다르게 다룰 수 있다. 나도 그렇다. 여기 산속에서 흔히 볼 수 있는 딜레마는 방울뱀을 다루는 방법이다. 이 경우, 다시 말하지만, 만약 여러분이 애완동물과 아이들이 있다면, 그렇지 않은 경우와는 다를 것이다. 그것은 삶을 존중하려는 의도에 관한 것이고, 사람마다 그것이 어떤 것인지 순간순간 결정한다. 군대와 사법 당국에 있는 내 친구들은 다른 결정을 내려야 한다. 그것은 그들에게 큰 고군분투이고 그들은 그것을 최선을 다해 처리한다.

나는 최근에 오랜 여행으로 비워 두었던 집으로 돌아왔다. 집은 비어 있지 않았다. 침대 옆 탁자 위에는 독성이 있는 것으로 알려진 큰 푸른 지네가, 욕실에는 레이서 뱀 새끼가 그리고 부엌 조리대는 개미로 뒤덮여 있었다. 나는 각 상황을 다르게 처리하고 비교적 평화롭게 잠자리에 들었다. 무엇보다도 나는 혼자가 아니라는 사실을 상기했다. 나는 이 행성을 모든 종류의 존재와 공유하고 있다. 그리고 이 행성은 우리 모두의 것이다.

좀 더 미묘한 차원에서, 만약 여러분이 집중수련 중, 계율에 대한 이야기나 토론이 있거나 또는 요코지 선 마운틴 센터(Yokoji Zen Mountain Center)에서 우리가 매달 계율에 대해 반성하는 날이 있다면, 여러분은 자신의 일부를 죽이는 방법에 대해 생각해 볼 수 있다. 자신이 싫어하는 부분이 있는가? 그 일을 마주치면 어떻게 하는가? 우리는 다른 사람의 의견이나 감정을 정신적으로 파괴하는가? 이것은 우리가 관심을 가질 만한 또 다른 수준의 조사이다.

우리가 성적 행동에 대해 논의하기 시작하면, 옳고 그름에 대한 단순한 발언 때문에 종종 실패하게 되고, 공허한 도덕적 입장을 취하는 악화 상태로 간다. 우리는 각자의 지침과 길을 찾아야 한다. 특정 사회의 승려와 수녀들에게 그것은 성적 행동을 완전히 자제하는 것을 의미할 수 있다. 평범한 사람들에게는 그것은 수련의 기회이며 깨어있기 위한 매우 중요한 지점이다.

권력의 불균형이 있는 경우, 특히 성적 행동에 깨어 있는 것이 중요하다. 미성년자와 어린이 그리고 취약하고 자신을 보호할 능력이 없는 사람에게 성적 착취와 성관계에 대한 권력을 행사하지 말아야 한다. 많은 전문직 종사자는 학생, 의뢰인 또는 환자와 성관계를 갖지 않는 것을 포함하는 윤리적 지침을 가지고 있다. 성추행을 둘러싼 문제들은 헤아릴 수 없는 많은 고통을 야기했다. 이것은 또한 생명체를 해치지 말아야 한다는 계율뿐만 아니라 바른 말의 정직함과도 직접적으로 관련이 있다.

최근에 내가 관심을 갖게 된 것은 우리 공동체의 두 남자가 내 생각에 그들의 가치체계라고 알고 있던 것을 위반하는 성관계를 가졌다는 것이다. 한 경우는 친한 친구의 남편이 결혼생활 28년이 되는 해에 젊은 여성과 바람을 피운 것이었다. 또 다른 경우는 한 교사가 학생과 관계를 했다. 이들은 착하고 친절하며 선의를 가진 사람들이다. 무슨 일이 있었던 걸까? 그들의 행동은 우리가 감각적 쾌락으로 길을 잃거나 술에 취했을 때 어떤 일이 일어날 수 있는지 보여 준다.

두 가지 상황 모두에서 내가 알 수 있는 것은 가장 가까운 사람들도 깊은 상처를 입었지만, 이 남자들 또한 몹시 고통받고 있다는 것이다. 그것은 마치 그들이 혼수상태에서 깨어나 후회와 자기혐오로 가득 차 있는 것과 같다. 이는 모든 사람을 위해 깨어 있는 것이 얼마나 중요한지 보여 주는 예들이다. 수련은 우리에게 이런 가능성, 훈련을 하게 해 주고 자신들의 윤리를 검토하고 어려운 질문을 하는 데 전념하는 다른 사람들과 연결시켜 준다. 우리 중 누구라도 이런 식으로 길을 잃을 수 있지만, 앞서 말했듯이, 우리가 수행공동체에 피난처를 마련한다면 잘못될 가능성이 훨씬 적어진다.

붓다와 그의 제자 아난다(Ananda) 사이의 대화에서 아난다는 붓다에게 "존경하는 스승님, 좋은 우정, 좋은 동료애, 좋은 동지애 이것은 영적인 삶의 절반입니다."라고 말했다.

"그렇지 않다, 아난다, 그렇지 않다!" 붓다가 대답했다. "이건 영적인 삶의 전부이다. 좋은 친구, 좋은 동반자, 좋은 동지가 있다면 고귀한 팔정도를 키워 나갈 것으로 예상된다."

우리가 이야기하고 있는 것과 관련하여, 나는 이제 이 가르침을 더 깊이 이해한다고 느낀다. 전에도 말했지만, 일반적으로 다르마 수련자와 MBSR 지도자 연수생들에게 이렇게 말한다. "혼자서는 이 과정을 끝까지 할 수 없습니다." 이것이 바로 이 대화가 내게 의미하는 바이다. 그것이 당신에게 어떤 의미인지 곰곰이 생각해 보라.

내가 가르치는 사막의 통찰 공동체(Insight Community of the Desert)에는 정기적으로 참석하며 회복 중인 사람들이 꽤 많다. 수행공동체의 중요성에 대해 이야기를 나눈 후, 한 남자가 이렇게 말했다. "우리는 콘필드 그룹(Cornfield Group)이라 불리는 AA 모임을 가졌습니다. 그것을 시작한 부부는 전국 도로횡단여행에서 들판 중앙에 있는 옥수수가 가장 높이 자라는 것을 발견하고 그렇게 이름을 붙였습니다. 지나온 것을 보면 사람들은 회복중인 다른 알코올 중독자들과 가까이 있으면 재발할 가능성이 훨씬 적다는 것을 알 수 있습니다."

누군가 즉시 물었다. "어떻게 하면 우리 모두 들판 중앙에 있게 될까요?"

"우리는 교대로 합니다." 그가 대답했다.

우리는 이 훌륭한 예를 통해 우리가 특정한 중독으로 고통받지 않을지라도, 여러 가지로 갈망에 취약하고 그것에 휩쓸릴 수 있다는 것을 알 수 있다. 여기서 우리는 바른 생각, 바른 노력을 요구할 수 있고, 놓아버리기와 정직의 토대를 찾을 수 있다.

몇 년 전 MBSR 참가자 중 타냐(Tanya)라는 여성이 있었다. 그녀는 물리학 박사 학위를 받은 뛰어난 젊은 대학원생이었다. 그녀는 학문적 호기심으로 MBSR에 참가하러 왔다. 그녀는 다른 사람들을 좀 멀리하는 것처럼 보였고 내가 완전히 이해할 수 없는 질문을 자주 했다. 내가 도달한 습관적인 곳 중 하나는 "나는 그녀를 돕거나 그녀에게 답해 줄 만큼 똑똑하지 않다."이다. 그러나 내 속의 더 현명한 부분은 마음챙김이 이런 종류의 지적 지능에 관한 것이 아니라는 것을 알고 있으며, 나는 우리 둘 다 "알지 못한다"를 허용한 채 그녀에게 마음을 열려고 노력했다. 내가 그렇게 했을 때, 그녀가 힘들어하는 것을 볼 수 있었지만, 우리 둘 중 누구도 쉽고 빠르게 접근할 수 있는 문제가 아니었다.

마침내 어느 날 타냐가 우리 둘이서만 얘기할 수 있는지 물었다. 그녀는 빠르게 쉬지 않고 말을 했고, 나는 참을성 있게 앉아 있었다. 나는 어디로든 착륙할 곳, 만날 곳을 찾아 헤매는 것처럼 혼란이 점점 커졌다. 하나도 찾을 수가 없었다. 40분쯤 지나자 그녀는 교수 한 명과 바람을 피우고 있다고 말했다. 그녀는 그것이 왜 두 사람 모두에게 괜찮은지에 대해 신중하게 여러 번 반복해서 설명했다. 나는 그냥 귀를 기울였다. 하지만 이제 나는 왜 그녀가 혼란과 불편함을 느끼는지 알 수 있었다.

수업 시간에 한 수련과 솔직한 나눔은 그녀가 한 선택과 그 선택의 결과를 더 명확하게 볼 수 있는 기회를 주는 거울이었다. 내 역할은 어떤 제안도 하지 않고 완전히 비판단적인 주의와 나 자신의 윤리로 그저 입증을 하고 점점 불편해지는 불길에서 그녀의 발을 친절하게 잡고 있는 것이었다. 나는 그것을 내 주의를 통해서만 보여 주었다. 나는 질문을 하거나 제안을 하지 않았다. 왜냐하면 그녀는 나에게 어떤 것도 요구하지 않았기 때문이다. 나는 그녀가 느끼는 불편함이 실제로 그녀의 현명하고 정직한 마음을 이끌 수 있을 정도로 커지기를 희망했다.

그녀가 무엇을 했는지, 무엇을 배웠는지 정확히는 모르지만, 나에게는 훌륭한 가르침이었다. 나는 잭 콘필드가 윤리에 관해 "거짓말하고 속이고 도둑질한 날은 명상하는 것이 꽤 어렵다."라고 말한 것을 들었다. 바람을 피우는 것은 이 모든 것을 포함하기 때문에 타냐가 MBSR 수련을 하는 것은 정말로 어려웠다.

초등학교 교사인 아일린은 몇 주 동안 수련을 한 후, 그녀가 소리쳤던 학생과 함께 문제를 해결해야 한다는 것을 알았다. 피터는 직장에서 자신의 윤리를 지키지 않는 것이 얼마나 고통스러운지를 느끼고 있고, 기꺼이 지키려고 한다. 고통에 대한 원래의 가르침에서, 붓다는 더 많은 고통을 주는 두 번째 화살로 설명한 불필요한 고통과 고통을 덜 겪게 하는 필요한 고통에 대해 이야기했다.

바른 행동과 바른 생활은 고통을 덜어 주는 고통의 범주에 들어갈 수 있을 것 같다.

이 책의 시작 부분에서 나는 몸에 대한 마음챙김이 고통에 대한 알아차림을 증가시킬 수 있는 방법과 사람들이 때때로 "도대체 내가 왜 그걸 하고 싶어 하겠어요?"라고 묻는 것에 대해 이야기했다. 나는 그 알아차림이 어떻게 몸을 더 잘 돌보게 하는지에 대해 썼다. 어떤 면에서는 고통이 가장 깊은 사회적 변화로 이어진다. 마틴 루터 킹 2세(Martin Luther King Jr.)는 인종 차별의 고통을 느꼈으므로 무언가 행동했다. 테레사 수녀는 가난의 고통을 느꼈고, 그래서 무언가를 했다. 그들은 또한 인류에 대한 큰 사랑과 우리를 보살피려는 깊은 열망을 공유했으며, 이 사랑은 또한 그들에게 동기를 부여했다. 하지만 현명하고 헌신적인 행동을 하기 위해 반드시 위대한 영웅이 될 필요는 없다. 여러분을 포함해서 우리 모두는 이런 능력을 가지고 있다. 여러분은 알고 있는 것보다 더 많은 방법으로 그것을 수련하고 있을 것이다. 때때로 이 삶의 현실에 대한 고통이 바른 행동과 바른 생활을 위한 원동력이 될 수도 있고, 때로는 위대한 사랑이 될 수도 있다. 그것이 우리 마음의 집으로 돌아가는 길이라고 느낀다.

9장

지혜에 대한 다르마:
끊임없이 수련하라

나는 하루 종일 검사실을 들락날락하며 환자들을 만나고 있었다. 단지 보기만 하는 것이 아니라, 모든 감각을 사용하고 있다. 복부에 손가락 끝을 대고 간 가장자리를 더듬고, 고혈당의 느글거리는 단내를 맡고, 귀 도관과 목구멍을 응시하고 소리를 듣는다. 나는 환자들의 이야기를 듣고 청진기를 등에 대고 호흡소리를 듣는다. 호흡소리는 때로는 바람처럼 부드럽고 풍성하고 때로는 녹슨 기계처럼 쌕쌕거리고 조이는 듯하다. 나는 환자들 가슴에 청진기를 대고 그들의 심장 소리를 듣는다.

건강 검진과 진단은 마음챙김 수련, 집중 수련이다. 나는 의사보조사들과 간호사들에게 마음챙김을 가르칠 때, 컴퓨터에서 눈을 떼고 사람 전체를 보라고 권한다.

여러 해 동안 얼마나 많은 환자가 이렇게 검진을 마음챙김하며 개별적인 방식으로 하는 사람은 처음이라고 말하는 지를 들으면 놀랄지도 모르겠다. 나에게 그것은 정보를 모으는 방법일 뿐만 아니라, 내가 원하지 않을 때조차도 연결되고 속도를 늦추는 방법이다. 믿어 보라. 나는 누구 못지않게 서두르고 싶은 충동을 느끼지만 그렇게 하지 않는다. 이것은 수련이 필요하다. 오늘, 많은 일이 일어나는 가운데, 수련한 것과 알아차림을 사용하여 현재 해야 할 일을 해 나간다. 그리고 내가 그것을 기억하고 있을 때, 정신이 산만하거나 서두를 때보다 더 많은 것을 즐기고, 많은 것을 배우고 있다는 것을 알게 된다.

하루가 꼬박 지났다. 오랜 친구이자 환자인 아서가 들어왔다. 지금까지 우리는 그가 사랑하는 애완동물들과 함께 집에 머무를 수 있도록 충분히 건강관리를 해 주었다. 그는 지난번만큼 슬퍼하지 않았다. 그가 준 물통에 딱따구리 외에도 엄마 사슴과 새끼 사슴이 찾아오고 있다고 말하면 그의 표정은 상당히 밝아진다. 하지만 그의 생명은 점점 사라져 가고 있고 심장 소리는 다소 약해지고 있다. 그는 울혈성 심부전증으로 듣기에 독특한 소리를 내고 있다.

나는 이곳 아프리카계 미국인 공동체의 침례교 목사이자 지도자인 육중한 몸을 가진 루비(Ruby)의 쿵쾅거리는 심장 소리를 듣고 있다. 그녀는 내게 축복을 내리며 나를 위해 기도를 하고 있다고 말했다. 그리고 나서 축구를 해도 되는지 검진하러 온 8세 제니퍼(Jennifer)의 활동적인 심장 소리를 듣고 있는데 문제가 없어 보인다.

물고기 잡는 법 배우기

내 앞에는 이번 MBSR의 마지막 수업인 8회기가 남아 있다.

병원으로 운전해 가면서, 우리가 보통 서로에게 많이 감사하며 작별 인사를 나누는 가슴 아픈 시간을 생각해 본다. 나는 이 그룹으로부터 다른 모든 그룹과 마찬가지로 감동과 영감을 받았다. 작별 인사를 하고 싶지는 않지만, 한 주기가 마무리되어 가는 것도 좋다. 이 그룹과의 여행을 생각하면, 나도 여기에서 마음의 소리를 듣고 있었다고 말할 수 있을 것 같다. 우리 모두는 우리 자신과 서로의 이야기를 듣고 있었다.

어제 휴의 암센터에서 MBSR 8주 한 주기가 끝났다. 그가 집에 돌아왔을 때 물어보았다. "어땠어요?" 그가 말했다. "당신에게 보여 줄 게 있어요." 그는 배낭을 뒤져 빨간 가죽 상자를 꺼냈다. 상자를 열고 그는 배경에 세계지도가 있는 정교한 황금 나침반을 보여 주었다. 그러고 내게 카드를 건네주었다. "우리 자신의 길을 찾는 방법을 알려 주셔서 감사합니다."라고 쓰여 있었다. 12개의 서명이 있었다. MBSR 지도자나 그 어떤 교사가 듣고 싶어 하는 것이 이 외에 또 무엇이 있겠는가?

그의 선물은 몇 년 전에 받은 카드를 생각나게 한다. 앞면에는 다리 위에 어부가 있는 화려한 목판화가 있었다. 안에는 이렇게 적혀 있었다. "누군가에게 물고기 한 마리를 주면, 하루를 살 수 있지만, 물고기를 잡는 법을 가르쳐주면 평생 동안 살 수 있다. 물고기 잡는 법을 가르쳐 주셔서 감사합니다." 내가 함께한 그룹이 어떤 기분일지, 무슨 말을 할지는 모르겠지만, 그들은 확실히 스스로 물고기를 잡고 있다. 나는 사람들이 개인 수련 경험으로 자신만의 나침반을 가지고 일할 수 있는 방법을 알게 되고, 자신만의 방식으로 물고기를 잡으러 가는 여행을 하게 되기를 바란다.

무엇이 변했는가

내가 들어갔을 때 교실은 서로 이야기하는 사람들로 웅성거리고 있었다. 나는 브라이언과 자크가 머리를 맞대고 활기차게 이야기하는 것을 보았다. 교실은 조금 조용해지긴 했지만, 내가 자리에 앉으면서 사람들의 주의를 끌기 위해 종을 몇 번 쳐야 했다. 몇 주 전에 바닥에 누워서 했던 긴 시간 바디스캔으로 오늘 저녁을 시작했다. 방은 안정되었고 조용해지고 나는 그 분위기로 빠져들었다. 다시 자리에 앉았을 때 내가 물었다. "어땠어요? 8주 전과 다른 점이 있나요?"

니키가 먼저 말했다. "전보다 바디스캔에 훨씬 더 많이 머무를 수 있다는 것을 알았어요. 오, 세상에, 다른 팔 전체라고. 정말? 이런 생각을 알아차리긴 하지만, 참지 못할 정도는 아니에요. 그러나 그것 때문에 지금 미소를 짓고, 나 자신한테 말해요. 오, 그래, 그런 생각들 중 하나를 더 하고 나서 다시 팔로 돌아가자." 그녀는 장난기 어린 미소를 지으며 웃었다. "하지만 진지하게 말해서, 이 수련은 제가 환자들과 우리 가족들에게 집중하는 데 도움이 됩니다. 휴대폰을 확인하고 싶은 충동을 느꼈지만, 그저 알아차리기만 하고 다시 듣기에 관심을 기울였어요."

리제트가 말했다. "이제 정말 내 몸을 느낄 수 있어요. 처음에는 감각이 없는 부분이 많이 있었어요. 나는 먹는 방식을 바꾸었고 왜 살이 빠지는지 알겠어요. 과식하는 건 정말 불편해요. 그리고 건강에 좋은 음식을 먹으면 나중에 기분이 좋아져요."

"저는 바디스캔이 정말로 두렵고 회의적이었던 것이 기억나요." 진이 말했다. "너무 아파서 그랬어요."(나도 이 사실을 기억한다!) 하지만 이 수련을 고수하는 것은 나 자신을 대하는 방식을 완전히 바꿔 놓았어요. 내 몸을 느끼는 게 그렇게 두렵지 않아요. 사실, 난 그렇게 두렵지 않아요. 통증이 있을 때에도 다른 방식으로 나 자신과 함께 있고 싶어요. 이는 내 인생에 다른 도전적인 것들이 있어도 함께 있을 수 있다는 것을 의미해요. 그리고 나서, 음, 그것은 단지 다른 거예요. 그렇게 큰일이 아닌 것이죠. 난 정말 내가 꽤 용감하다고 생각해요." 그녀는 고개를 조금 들었다.

"그건 나도 동의해요, 진. 처음 바디스캔을 시도했을 때부터 엄청난 용기를 보여 줬죠. 우리와 함께 나눠 줘서 고마워요."

마음이 방황할 때도 덜 방황하고 덜 판단한다는 의견도 많다. 그리고 몸에 대해 덜 판단하면서 몸에 대한 자각이 더 많아졌다고들 했다. 많은 사람은 새로운 선택지를 보고, 그들이 일을 다르게 처리하고 있다는 것을 알아차린다. 8주 동안 사람들이 모든 것이 변한다는 것을 관찰했다는 단순한 사실도 있다. 사실, 주의를 기울이고 있다면, 8분이나 8초 후에 상황이 변하는 것을 볼 수 있다.

팔정도의 마지막 단계: 바른 마음챙김과 바른 집중

우리는 내내 마음챙김에 대해 이야기해 왔다. 사실 그것은 'MBSR(마음챙김에 근거한 스트레스 완화)'의 첫 번째 단어이다! 이제, 수업과 팔정도에 대한 이야기가 거의 끝나 가고 있고, 우리는 다른 요소들에 의해 개발된 지혜의 렌즈를 통해 다시 한번 마음챙김을 살펴보고 있다. 나에게는 바른 마음챙김이 무엇을 의미하는지 질문이 생긴다. 바른 마음챙김과 바른 집중이라는 맥락에서 참가자들의 의견을 반영하면서, 마음챙김은 프로그램 전체에 걸쳐 조성되고 개발되는 '비판단적' 태도를 지속적으로 발전시키는 데 어느 정도 기반을 둘 수 있다. 나 자신의 수련과 사람들이 수년간 '비판단적'이라고 말하는 것을 들으면서, 몇 가지만 예로 들자면 호기심, 친절, 연민, 인내심과 같은 단순해 보이는 문구에 너무 많은 것이 담겨 있다는 것을 깨닫게 되었다.

팔정도는 자유로워지는 방법이며, 지혜는 이런 방식으로 빛을 비추기 때문에, 지혜는 우리 자신과 다른 사람들을 더 많이 수용하고 연민을 느끼는 것을 의미한다. 그것은 니키의 유머스러운 태도와 "오, 그건 그런 생각들 중 하나야." 그리고 "그건 그냥 생각일 뿐이야." 같은 강력한 인식을 포함한다. 전에는 그녀의 삶을 지배한 것은 한정 짓는 말들이었다. 이제 그녀는 그런 말들에 영향을 덜 받는다. 리제트는 바른 마음챙김으로 더 건강하게 먹게 되었다. 그리고 진은 두려움을 덜 느끼고 창의력을 발휘하며 살게 되었다.

내가 팔정도가 선형이 아니라고 했을 때는, 그것은 많은 가닥이 꼬인 밧줄에 더 가깝고, 각각의 가닥이 밧줄 전체를 더 강하게 만든다는 것을 기억하라. 이제 우리는 MBSR에 관한 이 책의 끝부분으로 다가가고 있다. 팔정도의 처음과 가운데 마음챙김이 있는데, 끝에서 다시 그것을 살펴보고 있다. 하지만 이제 우리는 밧줄에 많은 가닥을 추가했다. 이제 마음챙김은 사성제에 대한 자각과 우리가 보고 있는 렌즈에 대한 더 많은 이해인 견해를 성찰함으로써 알게 된다. 그것은 놓아 버리기, 선의, 연민의 끈을 포함하는 바른 생각과 바른 노력에 의해 강화되었다. 그리고 그것은 바른 말, 바른 행동, 바른 생활이라는 윤리에 확고하게 달려 있다. 바른 마음챙김은 단순히 명료하게 보고 알게 되는 것 이상의 의미를 가지며, 자신이 무엇을 하고, 보고 느낀 것으로 현실을 어떻게 살아야 할 지 더 많이 알려 준다. 수련을 많이 할수록, 그것은 우리의 방향키와 바람이 된다.

이런 배경에 대한 이해로, 우리는 마음챙김이 아닌 것을 알 수 있다. 불교 학자이자 지도자인 존 피콕(John Peacock)은 "마음챙김은 차가운 시선이 아닙니다."라고 말한다. 명상지도자로서, 나는 수업시간에 사람들에게 비판적이고, 평가적인 사고와 친절, 개방성, 호기심을 포함한 바른 마음챙김에 대한 현재 이 순간에 대한 인식의 차이를 구별하도록 지도하는 데 많은 시간을 할애한다는 것을 알게 되었다. 사람들이 자신의 경험을 공유할 때, 그 경험에는 몸과 마음에 대한 관심과 좌절감을 포함하고 있는데, 이것은 바른 경험으로서가 아닌 미묘하든 아니든 자신의 경험을 평가한다는 표시이며, 자신의 경험과 함께하고 그것을 명확하게 보거나 친절한 마음으로 곁에 있는 것이 아니다. 평가는 매우 정상적이며, 우리는 평가를 할 조건을 매우 잘 갖추고 있으며, 평가는 그 용도가 있다. 하지만 항상 요구되는 것은 아니다. 평가를 하면 명상수련을 잘하지 못하기 때문에 실제로는 짜증이나 불안을 유발할 수 있다. 우리는 이 마지막 수업에서 참가자들이 공유한 의견으로부터 참가자들이 실제로 바른 마음챙김을 개발했다는 것을 알 수 있다. 그들은 판단을 덜 하게 되고 어떤 일이 일어나든 더 큰 능력을 키웠다. 당신은 어떠한가?

또한 바른 마음챙김은 우리가 이전 장에서 살펴본 붓다의 마음챙김에 대한 포괄적인 가르침에서 언급되는 네 가지 분야에서 마음챙김을 확립하는 수련을 하고 있다는 것을 의미한다. 다시 이 네 가지 영역을 기억해 보면 다음과 같다.

- 몸
- 경험의 느낌이나 범주
- 마음 상태
- 삶의 가르침, 다르마

앞서 언급했듯이, 마음챙김의 네 가지 토대에 관한 담론 전반에 걸쳐 반복되는 것은 내면과 외부에 관심을 기울이고, 모든 것이 나타나고 사라지는 것을 보라는 것이다. 이 담론이 무엇인지 구체적으로 알지 못하지만, MBSR 수업에 참가한 사람들은 이 분야에 대한 인식을 공유하고 사물의 본질이 무상하다는 것을 알고, 가장 중요한 것은 그들이 이러한 인식을 가질 때 고통을 덜 받는다는 것을 인정하는 것이다.

텐신 선사는 매우 실용적이고 일상적인 방법으로 바른 마음챙김의 좋은 예를 보여 주었다. 당신의 집이나 직장과 마찬가지로 일이 있는 활동적인 선원에는 끝없이 해야 할 일이 있고, 승려들과 거주자들은 그 장소를 계속 유지하기 위해 많은 일을 해야 한다. 그들은 그저 앉아서 절을 하고, 노래를 부르고, 향을 밝히고 있는 것이 아니다. 그들은 나무를 자르고, 욕실을 청소하고, 우리처럼 이메일에 답을 한다! 그래서 사람들이 방문할 때 텐신 선사는 친절하게 알려 준다. "마음챙김이 반드시 느리게 한다는 뜻은 아닙니다. 설거지를 할 때, 고개를 들어 뒤에 줄이 얼마나 길게 있는지 보세요. 그 줄에는 어딘가 있어야 할 사람들이 있습니다. 그들에게 당신의 마음챙김을 확장하십시오!"

이런 상황에서 마음챙김은 당신이 여전히 철저할 수 있고, 물을 느낄 수 있으며, 완전히 존재할 수 있으며, 공동체는 당신이 움직이는 것을 필요로 한다는 사실에 깨어있다는 것을 의미한다. 이것은 아름답고 단순하게 내면의 마음챙김(자신 안에서 일어나는 일)과 외적 마음챙김(주변에서 일어나는 일)을 표현한다. 그것은 또한 마음챙김이 개념적이지 않다는 점을 상기시킨다. 이것은 마음챙김이 어떤 것인가에 대한, 공상을 하는 누군가가 생각에 잠긴 상태에서 천천히 설거지를 하는 것에 대한 생각이나 개념이 아니다. 오히려 바로 이 순간 바로 앞에 있는 것, 자신 안에 있는 것, 그리고 주변에 있는 것과의 친밀한 만남이다. 이것이 항상 쉬운 일은 아니다. 우리의 마음은 개념화하고, 판단하고, 구체화시키는 것을 좋아한다. 이러한 마음의 오랜 습관은 그것이 무엇이든, 어떤 느낌이든, 우리가 매일매일 수련을 계속함에 따라, 더 분명히 알게 되고, 어쩌면 없어질 수도 있다.

지금 단지 집중에 대해서만 언급하는가

그렇다. 집중에 대해 이야기해 보자. 팔정도의 8번째 요소는 바른 집중이다. 집중은 또한 내가 좋아하는 단어인 '몰입'으로 번역된다.

MBSR 수업을 시작할 때부터, 우리는 가능한 한 충분히 건포도에 집중하고 경험하여 집중력을 개발하도록 한다. 어떤 사람들은 건포도가 어떤 것과 무슨 관련이 있는지 궁금해하거나 다른 선입견으로 생각이 가득할 수도 있다. 하지만 우리는 주의를 집중해서 몇 차례 씹는 것을 계속하라고 한다.

그리고 바디스캔을 통해 주의를 기울여 신체의 여러 부위에 머물도록 하고, 때로는 놀랍게도 얼마나 많이 방황하는지 보게 된다. 마음이 무슨 일을 하든 간에 우리는 계속 그 일을 하도록 한다. 시간이 지남에 따라 판단하고 비판하는 것이 줄어들수록 더 진정되기 시작한다. 이것을 당신 스스로 알아차렸는가? 우리는 MBSR 수업에서 확실히 보았다.

팔정도에서 보면 집중은 순간적 경험을 심화시킨다. 우리는 주의를 집중한 다음 잠시 그대로 있으라고 요청한다. 이런 종류의 지속적인 집중은 어느 정도 안정을 가져오고, 집중 자체를 명료하게 한다. 존 카밧진은 지속적인 수련으로 생기는 안정성이 없이 분명하게 보려고 노력하는 것을 물침대 위에서 망원경을 통해 보려고 노력하는 것에 비유했다. 그렇게 하면 아무 것도 분명하게 볼 수 없을 것이다.

주의를 유지할 수 있을 때, 우리의 행동과 태도의 결과를 보고 느낄 수 있고, 필요할 때 고칠 수 있다. 반대로, 우리가 뭔가 비숙련된 일을 하고 다음 일로 급히 달려간다면, 윤리적이고 친절한 행동으로 이어지는 중요한 피드백을 놓칠 수 있다.

아주 육체적인 면에서, 나는 과식을 하고 점심 식사 후 앉아 있으면, 정말 얼마나 불편한 느낌인지 집중수련 때 몇 번 알아차렸다. 이렇게 하면 다시 일어날 가능성을 훨씬 낮추게 된다. 정말로 내 행동의 결과를 경험하기 때문이다. 내 주의가 계속되기 때문에 이 피드백 순환을 이용하여, 그것을 기억한다. 마찬가지로, 작은 친절을 베풀고 현재에 머무를 때, 친절한 것이 얼마나 만족스러운지에 대한 피드백을 받게 되는데 이 것은 내가 어떤 사람이 되려고 노력하기 때문이 아니라, 그렇게 하면 기분이 좋기 때문에 그렇게 행동하도록 격려하는 것이다.

집중, 즉 친절과 호기심을 가지고 계속 주의를 기울이는 것을 목표로 하면 수업 참가자들이 보여 주었듯이 고통을 움켜쥐고 있는 것을 느슨하게 할 수 있다. 이것의 한 예로, 브라이언의 경우가 있다. 브라이언은

2회기 때 실패한 고관절 수술에 관한 딜레마를 안고 합류했다. 그는 엄청난 육체적 고통을 겪었을 뿐 아니라, 통제력의 상실과 '나는 모든 사람을 돌볼 것이다.'라는 강한 신념의 상실감을 느꼈기 때문에 깊은 절망과 두려움에 빠졌다. 그가 처음 바디스캔을 시도했을 때, 고통받지 않는 부분이 많이 포함된 신체 부위에 집중하면서, 고통스런 이야기를 그만두고 평화를 경험할 수 있었다. 이런 식으로 주의를 집중시키는 능력을 8주 동안 성장시키고 강화하여 이전에 찾을 수 없었던 자유를 느꼈다. 4회기(4장 참조)에서는 붓다가 가르친 첫 번째 집중 훈련인 호흡에 대한 자각 명상을 수련했다. 캐롤이 그것을 시도했을 때 "하루 종일 괴롭혔다."는 무릎 통증은 여전히 있었지만, 그것에 대한 반응이 바뀌었다고 말했다. 그녀는 더 이상 그것 때문에 그렇게 괴로워하지 않았다. 다시 말해서, 그녀는 현재 호흡에 집중하면서 자신의 전체성에 연결되어 통증을 거기 있도록 하면서 불편한 가운데에서 평화를 찾았다. 그녀는 무릎 통증으로 고립되지 않고, 온전한 자신과 다시 만났다.

그것은 바른 집중이 준 선물 중 하나이다.

그러나 집중이나 몰입이 어려움만을 위한 것은 아니다. 그것은 음악을 만들거나, 강아지와 놀 때, 아이 이야기를 듣는 것같이, 우리가 좋아하는 일을 할 때, 실제로 아주 자연스럽게 일어난다. 그것은 우리 삶에서 긍정적인 것들을 즐기고 감사하는 능력을 향상시킬 수 있지만 반드시 그런 것은 아니다. 우리가 즐기는 일을 하면서도 쉽게 그 순간에 머무르지 않을 수도 있고, 마음이 그렇게 산만하고 사로잡혀 있지 않으면 잠재적으로 즐길 수도 있다. 나는 나중에 내가 어디에서 일해야 한다는 것을 기억하기 전까지, 일에 대해 생각하며 산책하다 숲에서 길을 잃은 적이 많다. 그래서 우리는 집중으로 삶의 기쁨에 더 완전히 몰입하고 살아가도록 할 수 있다. 내가 텐신 선사에게 몰입에 대해 물었을 때, 이렇게 말했다. "일을 하고, 아이를 키우고, 수련하고, 그리고 내가 그냥 추위를 느낄 때도 완전히 몰입할 수 있습니다. 그것에 대해 긴장을 풀려고 하거나 죄책감을 느끼려고 노력하는 대신, 내 에너지가 분열되어 흘러가지 않도록 나는 더 많이 즐깁니다." '분열되지 않는' 느낌은 몰입이 종종 통합되는 방법으로 불리는 이유이다.

바른 집중에 관한 나의 질문에 관해서 말하자면, 집중수련을 하는 동안 존경스러운 다르마 스승인 템펠 스미스(Tempel Smith)가 말한 법문에 대해 생각하고 있었다. 그는 우리가 증오나 독선, 혹은 분노로 가득 차 있을 때 매우 집중하고 있고 그것을 매우 분명하게 느낄 수 있다고 지적했다. 그게 사실이 아닌가? 적어도, 그가 그렇게 말하자마자 나는 그것이 나에게 진실임을 깨달았다. 우리를 괴롭히는 어떤 것에서 주의를 돌리기는 거의 불가능하다. 우리의 주의는 자극, 분노, 심지어 신체적 고통으로 가득 차 있을 때 레이저 광선처럼 보일 수 있다. 그것은 분명히 우리가 추구하는 그런 종류의 집중력은 아니다!

그것이 바로 우리가 팔정도의 다른 요인을 개발하는 중요한 이유로 그래야 우리가 바른 집중력을 가질 수 있기 때문이다. 우리는 어디에 어떤 태도로 집중해야 하는지 알기 위해 현명하고 친절한 의도뿐만 아니라 윤리가 필요하다. 마음챙김은 부정적인 것에 집중하면 우리가 어떻게 느끼는지 분별할 수 있도록 도움을 준다. 분노나 걱정에 사로잡혀 있을 때는, 판단이나 대응하지 않고 현재의 순간에 몰입하는 것과는 몸에서 매우 다르게 느껴진다.

몰입은 평온과 평화로 이어지므로, 그렇게 하지 않는다면 몸에 대한 마음챙김과 마음에 대한 마음챙김인 마음챙김의 첫 번째와 세 번째 토대를 통해 이것을 알고 재정립하기를 원할 것이다. 수련을 통해 이 어려움을 다르게 견디어 내고, 공간을 더하고, 호기심으로 무슨 일이 일어나는지 물어보고, 무슨 일이 일어나고 있는지 더 명확하게 볼 수 있도록 충분히 고요해질 때까지 잠시 호흡에 집중할 수 있는지 보라.

붓다는 또한 집중력이 왼쪽 엄지발가락에 집중되는 것처럼 일점이 될 수도 있고 몸 전체에 집중하는 것처럼 넓게 포괄할 수도 있다고 가르쳤다. 일점 집중 개발은 매우 평온하고 안정적일 수 있다. 게다가 그것은 우리의 삶에 도움이 된다. 예를 들면, 프로젝트 전체나 조직 전체가 아니라 업무의 한 측면에 온전히 관심을 기울여야 할 때, 또는 더 큰 문제에서 특정한 측면을 해결하는 데 집중해야 할 때가 있다. 하지만 우리는 다시 원래대로 돌아가서 더 큰 맥락에서 이 문제를 확인해야 할 수도 있다. 우리는 집중을 할 수 있고 여전히 약간의 융통성을 가질 수 있다. 이것은 실제로 우리가 일상생활에서 어떻게 사용하는지에 따라 매우 유용하고 적용 가능하다. 앞에서 보았듯이 우리는 MBSR에서 다양한 방식으로 수련한다. 바디스캔에서 일부분 또는, 전체를 앞뒤로 움직인다. 앉기명상에서는 호흡과 몸 전체, 소리와 생각에 초점을 맞추고, 그리고 나서 '선택 없는 알아차림' 수련에서 전체적인 자각의 영역을 개방한다. 집중이 넓든 좁든, 우리는 식료품 목록을 작성하거나 연설을 준비하는 것이 아니라 우리가 집중하기로 선택한 것에 여전히 몰입하고 있다.

마지막으로, 고통으로부터 벗어나고자 하는 가장 중요한 의도 속에서 우리가 왜 항상 집중하고 있는지 인식하는 것이 좋다. 틱낫한은 우리가 "자신이나 고통으로부터 도망치기 위해 집중을 하지 말아야 합니다."라고 했다. 다시 말해서, 집중은 억압적인 기술이나 거리를 두는 수련을 의미하지 않는다. 오히려 마음챙김과 친절함과 결합되면, 자유로워지기 위해 직면할 필요가 있는 것들에 진짜로 직면할 수 있는 안정성을 제공한다.

지금 무슨 일이 일어나고 있는가

앞서 배운 것이 이 마지막 수업에서 어떻게 펼쳐지는지 보자. 나는 바디스캔에 대해 토론한 뒤, 전체 프로그램에 대해 안내하며 성찰을 이끌어낸다. "위엄 있고 깨어 있는 자세로, 자신의 호흡을 느낍니다. 이제 왜 이 프로그램에 왔는지, 그리고 자신에게 어떤 일이 있었는지 생각해 봅니다. 혹시 어떤 변화가 있는지 알아차렸습니까? 자신을 인정할 수 있습니까? 여기에 있는 것만으로도 여러분의 노력과 다른 사람들을 지지한 방식에 경의를 표합니다. 지금은 어떤 경험을 하고 있습니까?"

나는 그들이 보고 배운 것을 서로 공유하게 하기 위해 짝을 지으라고 했다. 그리고 독자 여러분도 이 점을 생각해 볼 수 있을 것이다. 이 책을 읽고 수련을 해 보면서 뭔가 달라진 게 있는가?

나는 이 여행자들을 향한 애정과 존경심으로 가슴이 가득 찬 것을 느끼며 원을 둘러보았다. 나는 간간이 이야기를 들었다. "나는 우리가 서로 없었다면 어땠을지 모르겠어요!" 그리고 "베스에게 무슨 생각을 하는지 물어볼 거예요." 나는 궁금했다. 무엇에 관해?

가끔은 마지막 몇몇 수업 동안 사람들이 내게서 확실한 답을 얻을 수 있는지 알아보려고 한다. 하지만 나는 지금까지 그들에게 아무것도 주지 않았다. 오히려 나는 항상 그들을 자신의 경험으로 되돌려 놓거나, 잠시 동안 더 '알지 못함'으로 초대했다. 그들이 이미 알지 못하는 것이

나 알지 못하게 될 어떤 것에 대해서도 정말 아무 말도 할 수가 없다. 결국, 이제 프로그램은 끝나지만, 이것은 평생 해야 할 수련의 시작일 뿐이다. 나는 그들이 한 과정에 대해 존경과 신뢰를 가지고 있다. 더 이상 덧붙이고 싶지 않다.

가장 중요한 수업

우리는 크게 원으로 앉았다. 나는 참가자들이 원한다면 전체적으로 그들의 경험을 공유하도록 한다. 나는 첫 수업에서처럼 자크가 내 옆에 앉아 있다는 것을 깨달았다. 자크는 8주 전처럼 마지막에 하는 대신, 먼저 시작하고 싶다고 말했다.

"전 최악의 상태에서 여기 왔고, 여기 있고 싶지도 않았어요. 하지만 첫날밤에 무슨 일이 일어났어요. 여러분 모두의 말을 들었는데 그 자체만으로도 기적이었어요." 그는 엄마를 향해 미소를 지었다.

"전 항상 남의 얘기를 잘 듣는 편이 아니었는데, 그날은 정말 귀 기울여 이야기를 들었어요. 그리고 모든 사람에게 시련이 닥친다는 걸 깨달았어요. 그리고 제가 혼자가 아니라는 것을 알았고, 마음챙김이나 명상이 얼마나 도움이 될지 전혀 몰랐지만, 여기 다른 사람들과 함께 있으면 도움이 될 것 같은 느낌이 들었어요. 그리고 그랬죠. 많이요. 브라이언과 얘기하고 있는 중이에요. 다른 사람들을 도울 수 있는 일들에 대해서요. 이제 생각해 보니, 저는 정말 유용한 것들을 배웠어요. 제 주의를 어디에 두어야 할지, 언제 두어야 할지, 내가 그런 선택을 할 수 있다는 걸 몰랐어요. 더 잘할 수 있다는 걸 알았어요. 처음에는 너무 화가 나서, 시작했을 때는 한 페이지도 읽을 수 없었지만, 집중을 더 잘하게 되면서 책 한 권을 다 읽었어요. 그리고 힘든 감정이 찾아오고, 그 기억이 나면, 저 자신에게 더 친절해져요. 그러나 생각해 보면 내가 수업에서 가장 많이 얻은 것은, 그것은 확실히 첫 수업이었어요. 첫 번째 수업은 가장 중요한 수업이었어요."

다음 차례는 아일린이다. "가장 놀란 건 제가 명상에 능숙하지 못하더라도 내 말은, 마음이 너무 많이 방황하고 있다는 거예요. 솔직히 말하면, 여전히 시간을 내는 데 어려움을 겪고 있어요. 하지만 저는 수업으로 내 삶이 바뀌었다고 분명히 말할 거예요. 아이들과 더 많이 함께한다는 것은, 내가 더 많은 유대감을 갖고 더 재미있다는 것을 의미해요. 그리고 심지어 내가 싫어하는 것들, 예를 들어 채점하는 것, 그걸 하려면 오레오 한 봉지를 다 먹고 끔찍한 교육 시스템에 대해 씩씩거리며 화를 냈죠. 이제는 그냥 해요. 한 번에 하나씩, 쓸데없는 생각을 하지 않고 한 가지에 집중하면 시간이 훌쩍 가요. 쿠키는 필요하지 않아요. 모두 감사합니다. 모두 저에게 깊은 감동을 주었어요."

자크와 아일린은 바른 마음챙김과 바른 집중력을 명확하게 설명하고 있다. 그들은 수련을 계속하고 있으므로 그것이 스스로 생기고 유기적으로 펼쳐지고 있다. 이 일이 독자들에게도 일어날 수 있다고 상상해보라.

조는 손에 뭔가를 들고 일어섰다. 그는 돌아서서 나를 똑바로 쳐다본다. "베스, 내가 가끔 당신을 힘들게 했다는 걸 알아요. 모든 사람을 힘들게 했지요. 당신은 내가 요통이 있고, 심술궂은 늙은이라고 알고 있겠지만, 당신이 모르는 것은 내가 예술가라는 것이지요. 난 평생 혼자였지요. 하루 종일 집중수련을 한 후에 집에 가서 오랜만에 다시 그림을 그리기 시작했어요. 여러분 모두를 위해 제가 만든 것입니다."

그리고 나서 그는 춤추는 듯 흐르는 듯한 붓놀림이 있는 밝고 화사한 원색의 엽서를 주었다. 우리 모두를 위해 하나씩.

"고마워요, 조." 내가 말했다. "이 그림을 뭐라고 부르죠?"

"여기요."

"자, 여러분, 이제 내 인생은 끝나 갑니다. 그들이 말하길 갈 날이 얼마 남지 않았다고 해요." 창백하고 마른 앨런이 말했다. 그에게서 고요함이 발산되는 것 같았다.

"이 수업은 저에게 그리고 우리에게 떠날 시간에 무엇을 하고 싶은지 물어볼 기회를 주었고, 우리는 그것을 했고 하고 있어요. 정말 값진 선물이었어요. 이 특별한 시기에 오게 되어 정말 운이 좋다고 생각해요. 또 여러분 모두를 알게 되어 정말 행운이에요. 여러분의 성원과 친절에 감사드리며, 여러분에게 좋은 일이 있기를 바랍니다."

노마는 간단히 말했다 "우리는 여러분 모두를 사랑해요."

르네가 말했다. "우리도 당신들을 사랑해요." 그녀는 방 안을 둘러보고 잠시 멈추었다. "첫 번째 수업에서 내가 말했죠. '모든 사람이 무언가 가지고 있습니다.' 오늘밤 나는 '우리는 모두 이것을 함께했습니다.'라고 덧붙일 거예요."

아, 정말 지혜롭다.

그런 일은 다시 일어났지만, 여전히 완전히 신선하고 새로운 느낌이 든다. 이 붓다 서클은 나에게 다르마를 가르쳐 준다. 나는 정말 운이 좋은 사람이다.

그러니 독자 여러분, 우리 모두가 이 일을 함께하고 있다는 것을 알자. 당신은 혼자가 아니고, 당신도 붓다이다. 당신도 깨어 있으며 온전하고 사랑받고 있다.

10장
네 개의 훌륭한 정원에 대한 다르마:
태도 기르기

최근 한 지역 의료 사업자가 병원에서 가르치는 수업에 대해 물었다. 그는 MBSR, 마음챙김, 존 카밧진 또는 붓다의 가르침에 대해 아무것도 알지 못했다. 나는 간략하게 이 수업은 사람들에게 스트레스에 더 효과적으로 대처할 수 있는 능력을 향상시키는 기술 개발을 포함하여 스트레스에 대해 교육하는 방법과 몇 가지 선택사항을 제공한다고 말했다.

"스트레스요?" 그가 말했다. "그런데 그 때문에 특별히 어려운 사람들이 몰려들 것 같군요. 그 사람들의 스트레스와 당신 자신의 스트레스를 개인적으로 어떻게 다룰 수 있습니까?"

나는 그의 질문에 깊이 감사했다. 그것은 진심으로 의미 있게 느껴졌다. 이 장은 부분적으로는 그 질문에 대한 나의 대답이다. 이 책에서 언급했듯이 나는 진찰실, 병실, 교실에서 깊은 고통을 겪고 있는 사람들과 때로는 나만의 '완전한 재앙'이 일어나고 있을 때 그들과 함께한다. 그리고 이 질문은 내가 많이 고려하고 수련한 것이다.

아마도 나는 그의 질문에 매우 감사했을지도 모른다. 왜냐하면 나는 몇 년 동안 지혜롭게 회복력을 발휘하지 못했기 때문이다. 그리고 그것 때문에 매우 고통스러웠고, 소진되었으며 심지어 절망까지 했다. 그의 질문은 좋은 질문처럼 나를 돌아보게 했다. 어떻게 대처해야 할까? 나는 수련을 하고, 피난처를 마련한다. 나는 지금까지 우리가 탐구해 온 모든 수련을 이용한다. 그리고 점점 나는 다른 사람의 고통과 내 고통의 차이를 구분하는 것이 어렵다는 것을 알게 된다. 르네가 8회기 말에 말했듯이 "우리 모두 함께 이 일을 하고 있다." 이 관점으로 나는 더 편안하고 평화로워진다. 또한 나는 아직 논의하지 않은 다음 수련이 있다. 다음에 그것이 있다.

사무량심

이 장에서는 여러분의 여정에 도움이 될 만한 전통적인 가르침을 하나 더 주고자 한다. 나는 이 세상에서 어려울 때 견고하고 위안이 되는 멧목을 제공하며 교사, 임상의, 인간으로 지내는 것이 매우 도움이 된다는 것을 알고 있다. 이 가르침은 다른 모든 불교의 가르침과 마찬가지로, MBSR에서 명확하게 언급되지 않는다. 하지만 나는 여러분이 이러한 가르침이 암시적으로 어디에서 펼쳐졌는지 상징과 자각을 통해 볼 수 있도록 초대한다.

이 가르침은 신성한 사범주(divine abodes)로 번역되기도 하는 네 개의 브라마 비하라(brahma viharas)로 구성되어 있다. 이것은 사무량심(四

無量心, The Four Immeasurables)이라고도 한다.

1. 메타(Metta, 자무량심, 慈無量心): 자애 또는 무한한 친절, 우리의 타고난 선의를 키우는 방법
2. 카루나(Karuna, 비무량심, 悲無量心): 연민, 우리의 자애, 선의, 특히 고통을 만났을 때 마음의 자연스러운 반응
3. 무디타(Mudita, 희무량심, 喜無量心): 공감하여 더불어 기뻐함, 다른 사람들의 행복에서 진정한 기쁨을 누릴 수 있는 능력
4. 우페카(Upekkha, 사무량심, 捨無量心): 평정심 – 다른 세 무량심의 지혜와 실천을 바탕으로 균형과 명료성과 존재감을 유지하면서 삶에 존재하는 슬픔과 아름다움과 함께 삶의 변화를 겪는 방법

마음챙김 수련에는 앉기명상, 바디스캔, 걷기명상과 같은 공식적 수련과 친절과 호기심을 가지고 일상을 알아차리는 먹기, 일하기, 양육하기, 놀기와 같은 비공식적 수련이 있다는 사실을 기억할 것이다. 사무량심 또한 공식적이고 비공식적인 수련 방법을 가지고 있다. 이 장에서는 주로 비공식적 측면을 강조하면서, 주로 그 느낌과 의도와 일상적인 적용을 제시하고자 한다.

이 장에서 '네 개의 훌륭한 정원'이라고 한 이유는 이 가르침이 우리가 아직 가지지 않은 것을 추가하는 게 아니라는 것을 이해하는 것이 중요하기 때문이다. 오히려 그것은 우리가 타고난 능력에 물을 주고, 비료

와 햇빛과 산소를 주는 것이다. 이 능력은 때로 바쁜 삶에서 줄어들기도 하지만 보살핌으로 성장하고 꽃을 피울 수 있다. 자, 정원 가꾸러 가자.

뒷문을 통해서 사무량심 배우기

샤론 살즈버그(Sharon Salzberg)는 버마에서 배운 고대 가르침인 사무량심을 서양으로 전파하였다. 나는 운 좋게도 그녀로부터 사무량심에 대해 배웠다. 이 부분에서는 MBSR 수업에 오는 '일반적인 사람들'과는 다른 사람들을 소개할 것이다. 왜냐하면 이 특별한 수업을 하면서 정말 나의 한계를 벗어났기 때문이다. 몇 년 전 나는 노숙여성 재활센터에서 MBSR을 가르쳐 달라는 요청을 받았다. 그 수업은 의무적이었지만 대부분의 여성은 하고 싶어 하지 않았기 때문에 많은 어려움이 있었다. 많은 여성이 술에 취하지 않게 되었고 중독으로부터 벗어났지만 다양한 정신 건강 문제가 있었다. 그들은 당연히 지쳐 있었다.

처음 큰 집단을 만났을 때 부드럽게 말하자면 나는 행복하거나 기대하는 얼굴을 보지 못했다. UMASS CFM에서 멘토들과 함께 적응을 위한 준비를 했고 내가 뭔가를 알고 있다고 생각했지만, 곧 내 능력 밖이라는 것을 깨달았다.

이 그룹과 첫 수업을 한 후, 나는 샤론 살즈버그와 함께하는 사무량심에 관한 주말 집중수련에 참석할 수 있었다. 나는 모든 단어에 신경 쓰고 최선을 다해 수련했다! 이 도전적인 수업과 집중수련이 합해져 이런 맥락에서 여러분에게 제공하는 매우 귀중한 학습의 장이 되었다.

메타: 자애 또는 무한한 친절

불교학자 존 피콕은 '무한한 친절'이 빨리어 메타를 더 정확하게 번역한 것이며 종종 '자애'로 번역된다고 말한다. 나는 개인적으로 그의 번역에 공감하지만, 자신에게 어떤 것이 맞는지 보라. 많은 사람이 '사랑'이라는 단어와 강한 연관성을 가지고 있는데, 아마도 이 단어를 낭만적인 사랑이나 가족에 대한 강한 애착, 혹은 가까운 몇 사람에게 연결시킬 것이다. 심지어 "나는 초콜릿을 사랑해."라는 말도 있다. 메타는 그런 것이 아니다. '무량'이라는 단어는 그것이 무엇인지를 보여 주는 단서이다. 그리고 '친절'이라는 단어는 '사랑'보다 더 개방적이고 덜 감정적인 느낌을 줄 수 있다.

우리는 반대쪽과 잘 어울리는 마음을 가지고 있기 때문에 붓다는 각 무량심이 가까운 적과 먼 적(여기서 "적"은 단순히 장애가 되는 것을 의미한다)이 있다는 것을 가르쳤다. 메타의 먼 적은 증오나 악의라는 것을 발견하기가 매우 쉽다. 그것이 당신의 기분을 어떻게 만드는지 알기 때문에 언제 그런 적을 키우는지 알 것이다. 다음과 같은 속담이 있다. "분노를 키우는 것은 쥐약을 먹고 쥐가 죽기를 기다리는 것과 같다." 그렇다, 그게 악의(ill will)에서 느껴지는 것이다.

메타의 가까운 적들은 부분적으로는 기분이 좋을 수 있기 때문에 잡기가 쉽지 않다. 이 가까운 적들은 "당신이 이 일을 이런 방식으로 해서 내가 안전하다고 느끼면 당신을 사랑할 거예요."와 같이 더 애착이 가는 조건부 사랑이다. 그것은 소유권을 포함한다. 표지에 과감히 "내 것이 되어 주세요."라고 쓰인 발렌타인 카드나 "당신은 내 것이야." 또는 "당신이 나를 떠나면 죽을 거예요."라고 부르는 노래를 생각해 보자. 이러한 생각이나 감정은 메타의 적이라고 한다. 왜냐하면 우리가 그 가운데 있게 되면, 모든 사람에게 빛날 가능성이 있는 무조건적인 친절을 제공하는 것이 실제로 어렵기 때문이다. 나는 그것을 경험했기 때문에 가까운 적이 어떻게 작용하는지 안다.

주말에 샤론 살즈버그와 함께 집중수련을 하는 동안 메타의 가까운 적에 대해 들었을 때, 내 안에서 약간 '아! 그거다.' 하는 느낌이 있었다. 내가 말했듯이, 나는 여성 쉼터에서 수업하느라 고군분투하고 있었고, 내가 잘하지 못하고 있다고 느꼈다. 나는 좌절했고 적절하지 못한 느낌이었고 그리고 조금은 길을 잃은 기분이었다.

샤론이 말하는 동안 나는 내가 어디에 사로잡혀 있는지 보았다. 나는 무의식적으로 결과에 집착했다. 나는 그 여성들이 특별한 경험을 하고 고통으로부터 안도감을 갖기를 원했고, 그들에 대한 나의 친절은 부분적으로 그들이 그 경험을 하는 것에 달려있었다.

그것을 알게 되니 정말 도움이 되었다! 집중수련에서 집으로 돌아왔을 때, 나는 교육과정을 바꾸었다. 나는 그 여성들과 저녁을 먹고 그들에 대해 더 많이 알기 위해 보호소에 일찍 도착하기 시작했다.

나는 미술도구와 음악을 준비하고 교과 과정을 완전히 놓아 버렸다. 난 그저 그 대가로 아무것도 기대하지 않고 그냥 친구가 되었다. 휴! 좀 나아졌다. 장애물이 무엇인지 알면, 정원 가꾸기 과정 중 이 부분은, 경운기나 쟁기로 경작을 하여 잡초나 오래된 식물을 흙으로 바꾸어 우리가 재배하고 싶은 작물의 비료로 만드는 것과 같다. 우리가 알아차림과 좋은 지도자들이 우리에게 보여 주는 것을 통해 배운다면, 아무것도 잃을 것이 없고 단지 퇴비가 될 뿐이다.

메타 정원 가꾸기

메타 수련에서는, 조용하게 앉아 있거나 누워 있는 동안, 상대적으로 복잡한 관계가 아닌 동물을 포함하여 당신이 사랑하는 누군가 또는 무언가에 대한 이미지를 생각하며, 이들에 대한 친절을 불러일으키게 한다. 생각하면 쉽게 미소를 지을 수 있는 사람. 이 존재를 보거나 느낄 때, 사랑과 감사와 보살핌의 느낌이 몸에 있는지 확인하라. 따스함이 있는가? 따끔거리는가? 복부나 가슴에서 느껴지는가? 어떤 경험을 하든, 몸 전체에 걸쳐서 커지고 퍼지도록 한다. 그것이 자신의 전체를 채울 수 있는지 심지어 그 이상으로 갈 수 있는지 확인한다. 침묵과 고요 속에서 시간을 보내면서, 이 선의를 자신과 다른 존재들에게 퍼지도록 한다. '무량(boundlessness)'으로 시도해 보며, 아는 사람들, 모르는 사람들 그리고 모든 살아 있는 생물과 지구 자체에 그것을 줄 수 있다.

어떤 수련에서는 선의의 감정에 스스로 조용히 반복되는 간단한 문구로 양분을 줄 수 있다. 안전, 행복, 건강, 복지, 편안함에 대한 부드러운 소망, 즉 고통으로부터의 자유를 포함할 수 있다. 예를 들어, 이렇게 할 수 있다. "나와 모든 존재가 편안하고 행복하게 살기를."

메타를 수련할 때 한 가지로 느낄 수 있는 방법이 없다는 것을 알아야 한다. 기분이 좋을 수도 있고, 전혀 그렇지 않을 수도 있고, 심지어 그 반대일 수도 있다. 슬픔이나 분노가 발생할 수도 있다. 마음챙김 자기연민(Mindful Self Compassion: MSC)프로그램을 개발한 나의 동료 크리스토퍼 거머(Christopher Germer)와 크리스틴 네프(Kristin Neff)로부터 배운 말이 있다. "사랑은 그것 자체와 다른 모든 것을 드러냅니다." 자애를 느끼거나 연결되자는 제안이 나올 때면, 우리가 사랑받지 못했다고 느끼는 시간과 장소로 빠르게 갈 수 있다는 뜻이다. 이것은 자연스러운 반응이며, 이런 일이 일어나도 잘못된 것은 아무것도 없다.

만약 여러분이 메타수련을 하는 동안 화가 나거나 슬퍼진다면, 친절하게 행동하고 다시 호흡으로 돌아가거나 그냥 수련을 계속한다. 그렇지 않으면, 가까운 적이 나타나는 순간 '아 그거다' 하는 나처럼, 강요하지 않고 호기심으로 머물려고 노력함으로써 자신에 대해 많은 것을 배울 수 있다. 간결하고 다정하게 친절함이 부족한 곳에 친절함을 주고 친해질 수 있는지 알아본다. 여러분은 자신에게 무엇이 옳은지 알고 있다. 도움이 필요하면 현명한 친구나 지도자에게 말하라.

자신을 향한 자애에 대한 주석

불교의 고전적인 가르침은 자신부터 시작하라고 하는데, 처음 할 때, 자신에게 하는 것이 시간과 장소적으로 타당하고, 시작하기에 가장 쉬운 것으로 여겨졌다. 사실 붓다는 분명히 말했다. "온 우주를 찾아봐도 결코 자신의 사랑을 자신보다 더 많이 받을 만한 사람은 없다." 그러나 이 시기에, 많은 사람은 자신부터 시작하는 것이 어렵다는 것을 알게 된다. 만약 당신도 그렇다면 혼자만 그런 것이 아니라고 말하고 싶다. 만약 당신이 수련할 때 이 문제에 직면한다면, 지도자나 친구 혹은 치료사와 함께 친절하게 그 문제에 대해 조사할 수 있을 것이다. 우리 대부분은 자신에게 친절을 베푸는 것이 매우 중요하고 실제로 필요한 것이라고 배우지 않았다. 이것이 당신에게 큰 장애물이라면(그리고 그것은 분명히 나를 위한 것이었다), 나는 이 책의 끝 부분에 있는 추천서에 있는 MSC

에 관한 크리스토퍼 거머와 크리스틴 네프의 가르침을 높이 추천한다. 이 가르침들은 사무량심과 함께 나에게 대단히 도움이 된 것이었다.

메타수련에 관한 마지막 지침 중 하나는 매우 중요하고, 다른 세 가지 무량심에 적용될 수도 있는데, 이것은 고통을 덮거나 도전에서 벗어나기 위한 수련이 아니라는 것이다. 사실, 붓다의 무량심에 대한 원래 가르침은 승려들에게 그들의 두려움과 혐오감을 다루는 방법으로 주어졌다. 붓다는 그들에게 두려움에 직면하고 용감하게 맞서 선의를 베풀라고 했다. 이 수련은 매우 효과적이라는 것이 증명되었기 때문에 여전히 유효하다. 이런 정신으로, "어떤 일이 일어나든 내가 평화로워지기를."이라는 문구를 포함하는 것이 도움이 될 수 있다. 이것은 인생에는 어려움이 있지만, 그 한가운데 온전하게 평화가 존재할 가능성이 있다는 것을 인정하는 방법이다.

메타의 일상적 수련

마음챙김 수련과 마찬가지로, 다른 많은 일이 없을 때 메타를 수련할 시간을 따로 두는 것이 중요하다. 하지만 먹을 때나, 걸을 때, 양육할 때 마음챙김을 도입하는 수련을 하는 것처럼, 또한 그때그때 일의 한가운데서 메타를 바로 수련할 수 있다. 예를 들어, 공항의 TSA 노선에 조바심을 내며 앉아 있을 때, 나는 나 자신과 주변 사람들에게 메타를 보낸다. 비행기와 버스에서도 그렇게 한다. 여행 경험이 정말 바뀌었다. 식료품 가게에서도 거리를 걸어가는 낯선 사람들에게도 시도해 보라.

카루나: 연민의 씨앗에 물 주기

카루나의 문자 그대로의 번역은 고통에 대한 응답으로 발생하는 "마음의 떨림"이다. 메타가 모든 조건하에서 모든 존재가 행복하기를 바란다면, 카루나는 이 선의가 고통에 직면할 때 일어나며 고통이 완화되어야 한다는 요구나 명령 없이 고통이 완화되기를 바라는 마음이다. 그것은 마음의 온화한 성향이다.

연민의 먼 적은 잔인함이나 해를 끼치려는 소망이다. 연민의 가까운 적은 압도당하는 느낌인데, 다른 사람이 겪는 고통을 너무 심하게 느껴서 도움이 되기에는 자신이 너무 고통스럽게 되는 것이다. 그것은 또한 유감이나 동정심으로, "그 점에 대해 너무 유감스럽게 생각합니다."와 같이 분리되는 느낌이다.

사무량심을 탐구하게 된 첫 주말에, 나는 연민의 가까운 적에 대해 듣자마자 다시 '아! 그거다.' 하는 느낌이 왔다. 나는 즉시 내 환자나 사랑하는 사람들의 고통이 너무 마음 아팠던 것처럼 여성 보호소에서 느꼈던 고통의 강도에 내가 압도되고 있다는 것을 알았다. 메타가 우리를 회복시켜 주지 않는다면, 다른 사람의 고통에 빠져 죽을 수도 있다. 적어도 난 여러 번 그런 식으로 느꼈다. 당신도 그런가? 편안함에 대해 무조건적인 소망 없이 고통을 느끼는 것은 정말 압도당하는 느낌이다.

그래서 메타수련과 마찬가지로 자신에게 연민을 보내면서 카루나에 대한 수련을 시작한다. 다른 사람들의 고통을 보는 것은 어렵다. 우리는 우리 자신을 위한 연민을 가질 수 있다. 왜냐하면 비록 다른 이들의 고통에 비해 흐릿하더라도 우리 자신의 고통을 겪고 있기 때문이다. 우리는 인간이기 때문에 우리 자신부터 시작한다. 이 사실을 기억할 때 우리는 다른 사람들의 고통에 더 많이 머무를 수 있다. 잭 콘필드는 이렇게 말한다. "자신에 대한 연민이 없다면 그것은 불완전한 것이다." 카루나는 우리에게 뭔가 지켜야 할 강한 것을 주면서 우리의 고통과 다른 사람들의 고통 사이의 구분을 줄이도록 한다.

이 강력한 학습을 마치고 보호소로 돌아가기 전 나는 호주 원주민 활동가 단체에서 나온 내 책상 위에 있는 인용문을 떠올렸다. "당신이 나를 돕기 위해 여기에 왔다면 시간을 낭비하고 있는 것입니다. 하지만 당신의 자유가 나의 자유와 관련이 있기 때문에 왔다면, 우리 함께해 봅시다." 나는 보호소 여성들을 도우러 온 것이 아니라, 내 고통과 자유가 그들의 고통과 자유와 관련이 있다는 것이 기억났다. 그래서 압도당했다는 사실에 대해 연민을 가지기 시작하면서, 나 자신에게 연민을 베푸는 수련을 했다. 내가 좀 더 강해진 것을 느끼기 시작했을 때 그 여성들에게 연민을 베풀었고, 그다음에는 가난과 폭력의 영향으로 고통받는 모든 사람에게 연민의 마음을 가졌다.

이 수련의 결과로, 나는 더 안정감을 느끼기 시작했고 그들과 나 자신이 함께 하기 시작했다. 그리고 우리는 함께 진정한 관계를 갖기 시작했다.

연민 확인해 보기

수련에 대해 스스로 확인할 수 있는 한 가지 방법은 자신이 연민이 부족하다고 느끼는지 확인하는 것이다. 만약 그렇다면, 지금이 당신이 자신을 포함하고 있는지, 아니면 당신이 연민의 가까운 적으로 빠져 들었는지 볼 시간일지도 모른다. 혹시 '연민 피로증(compassion fatigue)'이라는 표현을 들어 본 적이 있는가? 나는 스탠퍼드의 '연민 함양 프로그램(Compassion Cultivation Training)에서 한 리더가 실제로 연민 피로증은 느끼지 않았고 결과 피로증(outcome fatigue)만 느꼈다고 말한 것을 들었다. 이것은 정말로 나의 관심을 사로잡았다. 나는 진실을 깊이 인식했다. 특정한 일이 일어나기를 기대하지 않고도 연민을 느낄 수 있을까?

마음챙김의 근거가 되는 곳이 여기라는 것이 정말 도움이 된다. 그것이 나에게 어떻게 작용하는지 알려 주겠다. 나는 피로감이나 압도당하는 느낌이 생기는 것을 알아차린다. 나는 그것을 먼저 내 몸이 무겁거나 가라앉는 것으로 느낄지도 모른다. 그러면 스스로 확인해 보고 나 자신에게 연민을 줄 수 있다. 내가 길을 잃었기 때문이다. 나는 내 기대가 무엇인지 물어볼 수도 있다(가끔은 기대가 아주 교활할 수도 있다). 그 기대를 보고 난 후 그냥 다시 시작한다. 비록 예전에는 그랬지만, 나 자신을 탓할 필요도 없고 실패자처럼 느낄 필요도 없다.

이 수련은 융통성이 있고 끝없이 관대하다. 자신과 다른 사람들에게서 무엇을 보든 연민으로 끌어안을 수 있다. 연민은 고통에 대한 자연스러운 반응이며, 의도적으로 수련하는 것이 유용할 수 있다. 특히 우리 자신을 향할 때는 더욱 그렇다.

일상생활에서의 카루나 수련

일상생활에서, 자신이 고통을 겪고 있거나 다른 사람의 고통 앞에 있는 자신을 발견할 때 친절한 말이나 따뜻한 느낌으로 들숨을, 다른 사람을 향한 연민이 나간다는 상상으로 날숨을 쉬며, 자신을 위한 연민의 감정으로 호흡을 시도할 수 있다. 이 수련은 MSC 프로그램의 일부이다. 교통 체증에 갇히면, 우리 모두 교통 체증에 함께 있기 때문에 그냥 연민을 느낄 수도 있으므로 연민 수련을 해 볼 수도 있다.

무디타: 기쁨으로 빛나는 햇살

무디타는 "모든 존재의 행복을 크게 기뻐하는 건강한 태도"로 선한 의지인 메타가 기쁨과 만났을 때의 마음의 반응이다. 단지 다른 누군가가 심지어 전혀 모르는 사람이 웃는 것을 들었다는 이유만으로 자신이 웃고 있는 것을 발견한 적이 있는가? 아니면 미소 짓는 것을 보고 미소 지은 적이 있는가? 이건 자발적인 무디타이다! 기분 좋게 느껴지지 않는가? 그것은 언제 어디서나 기쁨을 찾을 수 있는 방법이다. 하지만 이것이 적극적으로 초대되고 키워질 수 있다는 생각은 여러분에게 새로운 것일 수도 있다. 적어도 나에게는 그랬다. 비록 무디타가 존재할 때의 그 느낌에 아주 익숙했지만.

다른 사무량심과 마찬가지로, 무디타는 우리가 그렇게 분리되어 있지 않고 우리의 고통과 기쁨이 서로 '연결되어' 있다는 생각에 기초하고 있다. 달라이 라마(Dalai Lama) 성하는 무디타가 사실 '현명한 이기심'이라고 말한다. 만약 우리가 다른 사람의 기쁨을 느낄 수 있고, 지구상에 70억 명의 사람들이 있다면, 우리는 행복할 수 있는 기회가 증가될 것이다. 계산을 해보자. 70억이다. 훨씬 더 행복할 것이다.

현재 문화와 이 시대에 우리는 아마도 나의 행복과 다른 사람의 행복에 대해 생각하는 경향이 있을 것이고, 어쩌면 모두에게 돌아갈 만큼 충분하지 않다고 생각할지도 모른다. 페이스북에 접속한 후 친구들이나 심지어 내가 모르는 사람들이 웃는 아이들에게 둘러싸여 멋진 휴가를 보내는 것을 보거나, 철인 3종 경기를 마치고 막 돌아와서 다채롭고 건강에 좋은 요리를 하는 것을 보면 드는 감정이 있다.

그 감정이 무엇이든 더불어 기뻐하는 마음은 아니다. 그런 식으로 느낀 적이 있는가? 좋은 기분은 아니다. 이 느낌은 무디타의 먼 적인 질투나 부러움일 수 있다. 하지만 때로는 이런 감정이 무디타의 가까운 적 중 하나인데, 이는 당신의 삶을 다른 사람들과 비교하고, 받을 수 있는 행복이 제한적이라는 믿음에서 비롯된다.

무디타의 또 다른 가까운 적은 지나침이다. 그렇다면 어떻게 작용하는 걸까? 우리가 행복하기 위해 다른 누군가가 행복해야 한다는 강한 욕구를 가지고 있을 수도 있다. 우리가 연민의 마음이 별로 없을 때, "오, 감사합니다. 당신이 행복해서 이제 마음을 놓을 수 있어요." 이런 마음을 가지고 타인의 행복을 강하게 바랄 수 있다. 아니면 누군가의 성취에 지나치게 열광하게 되고 그것이 상대방에게는 부담으로 느껴질 수도 있다. 다른 가까운 적들과 마찬가지로, 그것은 어느 정도의 기대를 포함할 수 있다. 이것을 알고 알아차림으로 가지고 오는 것이 좋다.

무디타의 가까운 적이 아주 많다는 것을 알게 되었을 때, 나는 다시 '아! 그거다.' 하고, 내가 보호소에서 열심히 일한 것이 어디에 사로잡혀 있었던 건지 연민어린 알아차림으로 바라보았다. 이 일을 할 수 있는 보조금에 대해 처음 들었을 때, 나는 확실히 행복했다. 나는 많은 새로운 도전이 있을 거라는 것을 알았다. 나는 적응에 대한 지침을 얻기 위해 비슷한 집단과 함께 일했던 UMASS CFM의 동료들과 친구들에게 연락을 했다. 그때까지, 나는 신이 났고 순진했다.

첫째, 의무적인 수업을 하는 것은 한 사람이 등록해서 하는 수업과는 매우 다르다. 하지만 나의 지나친 열정 때문에 보지 못한 다른 많은 어려움이 있었다.

열정은 심지어 수업에서 뭔가를 얻고, 감사하게 생각하고 있는 여성들에게 걸림돌이 되었다. 왜냐하면 나중에 내가 그것에 너무 집착한다는 것을 깨달았기 때문이다.

일단 내가 수업 시간 외에 여성들과 더 많은 시간을 보내기 시작하자, 그들의 삶에 대해 더 많은 것을 배웠다. 한 명은 면접을 보고, 다른 한 명은 고용이 되었고, 한 명은 고졸학력인증서를 받았다. 한 사람은 딸이 방문해서 좋은 시간을 보냈다. 나는 그들의 행복과 성공에 기쁨을 느끼기 시작했다. 그 행복은 그 수업이나 내가 그곳에 있는 것과는 아무 상관이 없었다. 이로 인해 나는 특별한 일이 일어날 것이라는 기대를 버리고 그룹에 들어가서 그들을 계속 만날 수 있는 용기가 생겼다. 몇 주가 지나자 사람들이 이렇게 말했다. "나는 버스 정류장까지 마음챙김 걷기를 하고 있어요. 늦는 것에 대해 너무 스트레스를 받지 않아서 정말로 도움이 되었어요." 또는 "나는 직장에서 실수를 덜하고 있어요." 또는 "나는 마약을 사용하려는 충동을 알아 차렸어요. 하지만 하지 않았어요." 이런 말을 들으면 나는 기대에 매달리지 않고 그들의 행복이 계속되기를 부드럽게 바랄 수 있었다. 그리고 과도한 열정을 놓아 버리는 것은 다음 주에 일어나는 슬픔과 함께하는 데 도움이 되었다. 예를 들어, 성공에 대한 이야기를 공유한 참가자가 마약을 사용해서 더 이상 그 보호소에 머물 수 없을 때 같이 말이다.

일상의 무디타

수업 전에 커피를 마시러 나가서 속상하거나 무기력하게 느껴질 때, 분명히 즐거운 시간을 보내고 있는 사람들을 볼 수도 있다. 그들의 웃음 소리를 듣고 나는 잠시 멈춰서 가라앉은 기분을 보내고 그들의 행복이 계속 커지기를 바란다. 그렇게 하면 커피 한 잔보다 더 많은 에너지를 얻을 수 있다. 주변에서 기쁨을 알아차리도록 노력하라. 그것은 단순히 개가 꼬리를 흔들거나 아이가 즐겁게 뛰는 것일 수 있다. 그것을 발견했을 때, 잠시 멈추고 그들에게 행복을 빌어 주자. 그리고 어떤 현상이 일어나는지 본다. 그것은 또한 '페이스북 느낌'에 대한 훌륭한 해결책이다.

우페카: 평정심의 토양에 영양분 주기

우페카는 '평정심'으로 번역되며, '스트레스하에서 성질의 평정과 평온함'으로 정의된다. 그것은 붓다가 세속적인 풍파라고 하는 칭찬과 비난, 성공과 실패, 이득과 상실, 즐거움과 고통이 빠르게 변할 수 있고, 우리는 그것들에 의해 휘둘릴 필요가 없다는 것을 이해하면서 시작된다. 사무량심을 논의하면서, 통찰 명상지도자인 길 프론스달은 인도에서 사용된 우페카에 대한 구어체적 의미를 제공했다. "인내심을 가지고 보십시오." 정말 좋다! 우페카는 멀리 보는 것도 포함한다. 나는 그것을 '진짜를 오랫동안 사랑스럽게 바라보는 것'이라고 불렀다.

우페카의 가까운 적은 무관심이다. 우리는 스스로를 멀리하고 멀리서 관찰하는 것이 평정심을 만든다고 느낄지도 모른다. 반대로, 우리가 너무 평정심을 유지한다면 좋아하는 것과 사랑하는 사람들에 대한 열정을 잃어버릴 것이라는 두려움이 있을 수도 있다.

어떤 사람들은 삶이 평온하면 따분하고 차가워질지도 몰라서 두렵다고 말하는 것을 들었다. 평정심은 실제로 따뜻하고, 그 안정감으로 삶에 더 가까이 다가가고, 사랑하고, 깊이 살 수 있게 해 준다. 왜냐하면 우리가 평정심을 잃었을 때, 균형을 회복할 수 있는 능력을 기반으로 하고 있기 때문이다. 의사를 보조하면서 무의식적으로 무관심하게 될 만큼 소진된 적이 몇 번 있었는데, 무관심이 나를 어떻게든 보호할 것이라고 생각했다. 그렇지 않았다. 보호소에서의 나의 일에 관해서, 무관심에 대한 배움에서는 '아! 그거다.' 하는 것이 없었다. 나는 그곳의 여성들과 나의 노력에 대해 깊이 신경을 썼다. 그러나 나는 평정의 먼 적에 관해서는 크게 '아! 그거다.' 라고 느꼈는데, 그것은 균형을 잃고 있는 것이었다. 보호소에서 어려움에 직면했을 때, 나는 정말로 신경계가 활성화되어 있었고, 돌아오는 길을 찾는 데 어려움을 겪고 있었다. 나는 집중수련 도중 질의응답 시간에, 무심코 마이크를 붙잡고 도움을 청했다. 나는 잠시 상황을 설명했고, 샤론이 내게 가장 먼저 한 말은 "시간을 연장하세요. 어떤 씨앗을 심고 있는지, 언제 꽃이 필지 모릅니다."였다.

나는 그 말을 간직한 채 다시 여성 보호소로 가서 수업이 끝난 후 한참 후 중요한 순간에 누군가에게 효과가 있을 새로운 시각과 감정 조절 기술을 심고 있다는 것을 깨달았다. 나는 이것이 내 인생에서 확실한 사실임을 깨달았다. 그 당시에 내가 들을 준비가 되지 않은 것들이 나타나서 몇 년 후 나를 지탱해 주었다. '시간을 연장하라'는 말은 오랫동안 나와 함께 지내면서 중심을 벗어나는 느낌이 들 때 '평정의 만트라'가 되었다. 전통적인 가르침은 우리에게 모든 사람의 삶은 많은 선택과 행동으로 이루어져 있고, 우리는 전체 그림을 알 수 없다는 사실을 지적한다. 삶에 대한 우리의 소망은 할 수 있다면 삶에 조금이라도 영향을 미칠 수 있으며, 그 영향은 삶의 조건과 행동, 선택에 따라 더 많이 달라진다. 우리는 누군가의 삶을 통제할 수 없다. 하지만 우리는 실망하고, 좌절하고, 상처를 입을 수 있고, 여전히 평정에 마음을 열어 둘 수 있다.

평정심의 일상적 수련

붓다는 평정심을 유지하는 한 가지 방법은 현명하고 평온한 사람들과 함께 지내는 것이라고 가르쳤다. 요즘에는 어떤 매체에서 받아들이는 정보로부터 보호되는 것도 포함될 수 있다. 어떤 상호작용이 안정감을 주는 현명한 선택을 하도록 장려하는지, 그렇지 않은지 주목하라.

여러분이 활동적이 되거나 소외감을 느낄 때, 특히 다른 사람의 삶과 투쟁을 중심으로 그럴 때, 마음챙김을 통해 자신이 어떤 기분인지 알아차리고, 호흡에 집중하고, 그리고 나서 여러분이 전체 이야기를 알지 못한다는 것을 기억하라. 그다음 시간을 연장하라!

구현된 정원

내가 메타, 카루나, 무디타, 우페카의 이런 특성에 대해 배운 가장 강력한 방법 중 하나는 명시적으로 언급되지 않고도 MBSR 수업에서 자연스럽게 펼쳐지는 것을 지켜본 것이다. 나는 사무량심이 진정으로 우리의 자연적인 상태라는 것을 안다. 수련을 몇 가지만 해도, 사무량심이 나타난다. 이 책에서 살펴본 바에 따르면, 우리는 참가자들이 자신과 서로에게 선의를 베풀고, 누군가 고군분투할 때 연민을 가지고, 서로의 기쁨을 축하하는 모습을 보았다. 우리는 그들이 무슨 일이 일어나건 간에 균형을 찾는 것을 보았다.

나는 나의 스승들과 파트너 휴로부터 사무량심에 대해 똑같이 강력한 교훈을 얻었다. 내가 많이 속상한 시기에 그들과 함께 있으면, 그들이 내 행복에 대해 말없이 빌어 주는 것을 느낀다. 그들의 친절과 연민을 경험한다. 나는 때때로 어느 정도 기쁨을 공감한다고 생각한다. 왜냐하면 내가 내 경험에 깊이 접촉하고 그것이 자유로 가는 길의 일부라는 것을 그들이 알기 때문이다.

마지막으로, 나는 그들의 평정심을 진정으로 느꼈다. 내가 엉망이라고 느끼더라도, 그들의 얼굴에 어떠한 불안이나 걱정도 보이지 않는다. 그들은 나뿐만 아니라 다른 사람들에게도 그러하듯이 내 온전함과 힘을 신뢰한다고 느껴진다. 무엇보다도 이 때문에 나는 가장 안 좋은 순간에도 나 자신을 위해 나의 온전함을 기억할 수 있다. 이것은 사무량심이 구현된 것이다.

대지를 믿기

도입부에서 언급되었던 린다를 기억하는가? 그녀의 삶은 질병으로 완전히 엉망이 되었지만 MBSR 수업과 다르마 공부를 통해 그녀는 질병 자체에 대한 치료법은 찾지 못했어도 평정심을 찾았다. 나는 최근에 팜 스프링스에 있는 인사이트 센터에서 열린 법문에서 도우미 개 키키와 돌아다니고 있는 그녀를 보았다. 그녀는 보행기를 놓고 두 팔로 나를 감싸 안으며 웃었다. "당신한테 줄 게 있어요." 그녀는 이렇게 말하고 작은 상자를 건넸다. 안에는 '희망'이라는 단어가 적힌 은색 펜던트가 들어 있었다.

"고마워요, 정말 아름답네요." 내가 말했다.

"그건 당신이 나한테 준 거예요." 그녀가 말했다.

"음, 난 당신이 희망과 관련이 많이 있다고 생각해요." 내가 대답했다.

"아무도 당신을 위해 수련할 수는 없지요, 그렇죠?"

"맞아요." 그녀가 동의했다. "만성 통증 환자를 위해 내가 시작한 그룹에 대해 들었나요? 우리는 화요일에 여기서 만나요."

"예, 정말 중요한 제안이에요, 린다."

"난 그저 희망과 평화를 전하고 싶을 뿐이에요."

당신은 어떤 씨앗이 뿌려지는지 모른다. 정말이지 결코 알지 못한다. 하지만 나는 대지가 꽃을 피울 것을 믿는다고 생각한다.

산속에서 사는 문제 중 한 가지는 우리가 산불로 여러 번 영향을 받았다는 것이다. 어느 가을에는 특히 불이 심하게 났다. 우리 집은 무너지진 않았지만 땅은 검게 타 버렸다. 내가 모르게, 휴는 수선화, 크로커스, 튤립 구근을 수백 개나 심었다. 그는 조용히 식물들을 돌보았고, 자연이 나머지 일을 했다. 겨울 동안 눈이 구근들을 덮고 있었고 다른 날에는 태양이 비추었다. 놀랍게도 4월이 되자 우리 집은 검정과 회색 속에서 노란색, 빨간색, 자주색으로 눈부시게 빛났다. 나는 땅속에 무엇이 있는지 몰랐지만, 그 화려한 풍경을 보고 기쁨으로 가득 찼다.

우리의 수련은 그런 것이다. 당신의 수련이 어둡고 밝은 시간에 영양을 주고 당신을 지탱할 수 있기를, 땅속에서 일어나는 일에 놀라기를, 당신의 온전함을 믿고, 자신의 선한 마음에서 피어나는 꽃에 감사하게 되기를 바란다.

용어집

다음은 독자들에게 친근할 수도 있고 그렇지 않을 수도 있는 용어들이다. 명확하게 하기 위해, 여기 저자가 의도한 정의가 있다.

존재의 세 가지 특성

1. 무상
2. 고통
3. 무아

세 개의 귀의처

1. 붓다
2. 다르마
3. 수행공동체

마음챙김의 네 가지 토대

1. 몸에 대한 마음챙김
2. 느낌에 대한 마음챙김
3. 마음에 대한 마음챙김(혹은 마음 상태)
4. 다르마에 대한 마음챙김

네 가지 고귀한 진리

1. 우리 모두 고통받고 있다.
2. 고통의 원인이 있다.
3. 고통의 끝이 있다.
4. 팔정도

사무량심

1. 메타(자애)
2. 카루나(연민)
3. 무디타(더불어 기뻐함)
4, 우페카(평정심)

오계

1. 살아 있는 것을 죽이지 않는다.
2. 주어지지 않은 것을 취하지 않는다.
3. 성적 부정행위를 하지 않는다.
4. 거짓말을 하지 않는다.
5. 중독성 물질을 복용하지 않는다.

다섯 가지 장애

1. 불안이나 걱정
2. 감각적인 욕망이나 집착
3. 분노나 악의
4. 혼침과 나태
5. 의심

팔정도

1. 바른 견해(정견, 正見): 현실의 진정한 본질에 대한 통찰력

2. 바른 생각(정사유, 正思惟): 놓아 버리기, 선의, 무해함 배양

3. 바른 말(정어, 正語): 연민을 가지고 하는 말

4. 바른 행동(정업, 正業): 윤리적 행동, 연민을 드러내는 행동

5. 바른 생활(정명, 正命): 윤리적이고 해롭지 않은 수단을 통한 생계

6. 바른 노력(정정진, 正精進): 좋은 성질을 키우고, 불건전 성질 제거

7. 바른 기억(정념, 正念): 온전한 몸과 마음에 대한 알아차림

8. 바른 집중(정정, 正定): 명상수련을 통해 마음의 안정과 함께 현실의 본질을 깊이 들여다보기

붓다(Buddha): 깨달은 자

시타(Citta): 마음

다르마(Dharma): 붓다의 가르침과 삶의 가르침

두카(Dukkha): 고통, 불만

카루나(Karuna): 연민

킨힌(Kinhin): 선 전통에서 걷기명상

메타(Metta): 조건 없는 친절 또는 자애

무디타(Mudita): 더불어 기뻐함

닙바나(Nibbana 또는 Nirvana): 해탈

삼마(Samma): 바른

사티(Sati): 마음챙김

사티파타나 수타(대념처경, Satipatthana Sutta): 마음챙김의 네 가지 토
   대에 관한 담론

탄하(Tanha): 갈애, 풀 수 없는 갈증

우페카(Upekkha): 평정심

웨다나(Vedana): 유쾌, 불쾌, 중립 느낌

추천도서 및 참고자료

책

Anâlayo. (2003). *Satipatthana*: The Direct Path to Realization. Cambridge, UK: Windhorse.

Bodhi, B. (1994). *The Noble Eightfold Path: Way to the End of Suffering*. Onalaska, WA: Pariyati.

Fletcher, C., & Scott, D. (2001). *The Way of Zen*. New York: St. Martin's Press.

Germer, C. (2009). *The Mindful Path to Self-Compassion: Freeing Yourself from Destructive Thoughts and Emotions*. New York: Guilford.

Gethin, R. (1998). *The Foundations of Buddhism*. Oxford, UK: Oxford University Press.

Goldstein, J. (2013). *Mindfulness: A Practical Guide to Awakening*. Boulder, CO: Sounds True.

Kabat-Zinn, J. (2013). *Full Catastrophe Living*. New York: Bantam.

Kabat-Zinn, J. (2011). "Some Reflections on the Origins of MBSR, Skillful Means, and the Trouble with Maps." *Contemporary Buddhism* 12: 281-306.

Kabat-Zinn, J., & Williams, J. (2013). *Mindfulness: Diverse Perspectives on Its Meaning, Origins, and Applications*. Abingdon, Oxon: Routledge.

Kornfield, J. (2008). *The Wise Heart: A Guide to the Universal Teachings of Buddhist Psychology*. New York: Bantam.

Neff, K. (2011). *Self-Compassion: The Proven Power of Being Kind to Yourself*. New York: HarperCollins.

Nhat Hanh, Thich. (1998). *The Heart of the Buddha's Teaching: Transforming Suffering into Peace, Joy, and Liberation*. Berkeley, CA: Parallax.

Ryan, T. (2012). *A Mindful Nation*. Carlsbad, CA: Hay House.

Salzberg, S. (1995). *Loving-Kindness: The Revolutionary Art of Happiness*. Boston: Shambala.

수련 자원

읽기는 좋은 것이지만 당신은 '안에서 밖으로 학습'을 위해 집중수련회에 참석하기를 원할지 모른다. 숙박집중수련에 참가할 수 있는 곳 몇 개만 제시한다. 아니면 당신의 수련을 지지하고 다르마 법문을 들을 수 있는 지역 명상 그룹을 찾아보라. 당신이 사는 곳에 통찰 명상센터나 선 센터를 찾아보라.

Boundless Way Temple/Worcester Zen Center, Worcester, MA: http://www.worcesterzen.org/. Sit with Melissa Myozen Blacker Roshi and David Dae An Rynick Roshi.

Insight Meditation Society, Barre, MA: www.dharma.org.

Mindful Way: Mindfulness-Based Training Programs and Retreats (an affiliate of the UMASS Center for Mindfulness). Various locations in the United States and Europe: www.mindful-way.com. Sit with Beth Joshi Mulligan and Hugh O'Neill.

Spirit Rock Insight Meditation Center, Woodacre, CA: http://www.spiritrock.org/.

Yokoji Zen Mountain Center, Mountain Center, CA: www.zmc.org. Sit with Charles Tenshin Fletcher Roshi.

Online Dharma talks: www.dharmaseed.org.

마음챙김 연구 자원

American Mindfulness Research Association (AMRA), a comprehensive data base with monthly updates: www.goamra.org.

UMASS Center for Mindfulness: www.umassmed.edu/cfm. Click on the "Research" tab.

* 이 책 관련 영어 오디오 내용은 다음 주소에서 참고 할 수 있다.
www.newharbinger.com/39164

저자 소개

베스 앤 멀리건Beth Ann Mulligan

의사보조사. 1982년 미국 듀크 대학교 의과대학 내과의사 보조 프로그램을 우등으로 졸업하고 지난 30여 년간 다양한 환자에게 주요 돌봄의료를 제공해 왔다. 그녀는 미국 메사추세츠 의과대학 마음챙김센터의 MBSR 인증지도자 및 국제 지도자 트레이너이며 MSC(마음챙김자기연민) 프로그램의 인증지도자이며 국제 지도자 트레이너이다. 그녀는 수잔 사뮤엘리 통합의학센터(Susan Samueli Center)와 인사이트엘에이(InsightLA)에서 MBSR과 MSC를 가르치고 있으며, 마음챙김 국제회의에서 연사로 발표해 왔다. Insight Community of the Deseart에서 지도법사로서 그리고 Yokoji Zen Mountain Center에서 상급제자로서 미국 전역에서 명상 집중수행을 지도하고 있다.

역자 소개

안희영 Ahn Heyoung

미국 컬럼비아 대학교에서 MBSR 지도자 교육과정을 주제로 박사학위를 받았다(성인학습 및 리더십 전공). 2005년부터 마음챙김에 근거한 스트레스 완화(MBSR) 프로그램을 국내에 보급하고 있다. 2010년 미국 MBSR 본부 마음챙김 센터(CFM)에서 한국인 최초로 MBSR 지도자 인증을 취득하였고, 2019년 현재 국내 유일의 CFM 공인 MBSR 지도자로서 한국MBSR연구소(http://cafe.daum.net/mbsrkorea)를 중심으로 MBSR 일반과정 137기를 배출하였다. 또한 미국 브라운 대학교 마음챙김센터(BMC)와 아시아 최초로 국제 마음챙김 협력기관(GMC) 협약을 맺고 MBSR 지도자 국제인증 교육을 하고 있다. 기업용 프로그램인 미국 내면검색(Search Inside Yourself) 프로그램 인증취득, 포텐셜 프로젝트(Potential Project) 과정을 이수하였다.

현재 한국MBSR연구소 소장, 서울불교대학원대학교 석좌교수, 한국불교심리치료학회 운영위원, 대한명상의학회 고문 등을 맡고 있다. 미국 뉴욕 대학교에서 풀브라이트 교환교수, 한국심신치유학회 회장, 서울불교대학원대학교 부총장, 대한통합의학교육협의회 부회장, 한국정신과학학회 부회장 등을 역임하였다.

역서로는 『스트레스, 건강, 행동의학』(공역, 학지사, 2018), 『온정신의 회복』(공역, 학지사, 2017), 『의식의 변용』(공역, 학지사, 2017), 『8주 마음챙김(MBCT) 워크북』(불광출판사, 2017), 『켄 윌버의 ILP』(공역, 학지사, 2014), 『예술과 과학이 융합된 마음챙김』(공역, 학지사, 2014), 『MBSR 워크북』(공역, 학지사, 2014), 『8주 나를 비우는 시간』(공역, 불광출판사, 2013), 『존 카밧진의 처음 만나는 마음챙김 명상』(불광출판사, 2012), 『마음챙김에 대한 108가지 교훈』(공역, 학지사, 2012), 『자유로운 삶으로 이끄는 일상생활 명상』(공역, 학지사, 2011), 『마음챙김과 정신건강』(학지사, 2010), 『마음챙김에 근거한 심리치료』(공역, 학지사, 2009) 등이 있고, 해외 저술로는 『Resources for Teaching Mindfulness』(Springer, 2017)의 7장 "Teaching MBSR in Korea" 등이 있다.

논문으로는 「통합심신치유의 통전적 패러다임 모델」(공동, 예술심리치료연구, 2013), 「현대 서구사회에서의 마음챙김 활용」(불교학연구, 2012), 「MBSR 프로그램의 불교 명상적 기반」(불교학연구, 2010), 「통합미술치료를 위한 MBSR 프로그램 활용방안」(예술심리치료연구, 2010), 「마음챙김과 자기기억의 연관성」(한국선학, 2010) 등이 있다.

다르마를 통해 본 마음챙김 명상

MBSR(마음챙김에 근거한 스트레스 완화) 프로그램의 핵심

The Dharma of Modern Mindfulness

2020년 1월 5일 1판 1쇄 인쇄
2020년 1월 10일 1판 1쇄 발행

지은이 • Beth Ann Mulligan
옮긴이 • 안희영
펴낸이 • 김진환
펴낸곳 • ㈜ **학지사**
　　　　　04031 서울특별시 마포구 양화로 15길 20 마인드월드빌딩
대표전화 • 02)330-5114　　　팩스 • 02)324-2345
등록번호 • 제313-2006-000265호

홈페이지 • http://www.hakjisa.co.kr
페이스북 • https://www.facebook.com/hakjisabook

ISBN 978-89-997-1979-0 93180

정가 15,000원

이 도서의 국립중앙도서관 출판시도서목록(CIP)은 서지정보유통지
원시스템 홈페이지(http://seoji.nl.go.kr)와 국가자료공동목록시스템
(http://www.nl.go.kr/kolisnet)에서 이용하실 수 있습니다.
(CIP 제어번호: CIP2019044870)

출판 · 교육 · 미디어기업 **학지사**

간호보건의학출판 **학지사메디컬** www.hakjisamd.co.kr
심리검사연구소 **인싸이트** www.inpsyt.co.kr
학술논문서비스 **뉴논문** www.newnonmun.com
원격교육연수원 **카운피아** www.counpia.com

한국MBSR연구소
-깨어 있는 삶의 기술, 건강하고 행복한 삶으로의 초대-

MBSR(Mindfulness-Based Stress Reduction) 프로그램은 미국 매사추세츠 주립대학병원에서 개발되어 39년 이상의 임상결과로 인정된 세계적인 심신의학 프로그램으로『Time』『Newsweek』등 세계 유수 언론매체에 많은 보도가 되어 왔습니다. 프로그램의 임상적 효과에 대한 연구가 최고 수준이며, 의사의 지지가 매우 높은 프로그램으로서 만성 통증, 불안, 우울, 범 불안장애 및 공황장애, 수면장애, 유방암 및 전립선암, 건선, 외상, 섭식장애, 중독, 면역 강화 등의 다양한 정신적 증상의 완화 또는 치료, 그리고 스트레스에 기인한 고혈압, 심혈관 질환 등 많은 만성질환의 증상 완화, 예방 및 치료에 효과가 있는 것으로 보고되어 있습니다.

2014년 2월 3일 영어 주간지『Time』은 〈마음챙김 혁명〉이라는 특집기사에서 미국을 중심으로 서구사회에서 마음챙김(mindfulness)이 커다란 변화를 일으키고 있다고 보도하면서 MBSR 프로그램에 대해 자세하게 보도하고 있습니다. 일반인들이 이해하기 쉬운 언어 사용, 과학적인 효과검증 등을 바탕으로 배우기 어려울 수 있는 명상을 매우 체계적이고 알기 쉽게 제공하는 것이 MBSR을 비롯한 서양의 마음챙김 접근법들의 성공비결이라고 시사하고 있습니다. MBSR은 이제 병원에서의 스트레스 치유뿐 아니라 학교나 기업에서 인성교육, 창의성, 리더십 교육에 적극 활용되고 있는 추세입니다. 또한 MBCT, 구글의 내면검색 프로그램, 제너럴 밀즈의 마음챙김 리더십 프로그램 등 수많은 명상 프로그램에 깊은 영향을 준 프로그램이기도 합니다. 동양의 마음챙김 명상과 서양의학이 이상적으로 접목된 MBSR은 끊임없는 임상적 발표를 기반으로 이제 의료 분야에서 가장 성공적으로 인정되는 프로그램이 되었으며, 더 나아가 학교 교육, 기업체 교육, 리더십, 코칭, 스포츠 분야 등으로 꾸준히 확산되고 있는 추세입니다.

국내에서도 KBS TV 〈대장경 천년 특집 4부작 다르마〉 중에서 2부(치유편, 2011년 10월 16일 방영)에서 소개된 바 있습니다, 2012년 11월에는 한국MBSR연구소의 초청으로 창시자 카밧진 박사가 방한하여 관심 있는 많은 분에게 깊은 인상을 준 바 있습니다. MBSR은 특히 고대 수도원 전통의 마음챙김 명상을 의료, 사회, 교육을 포함한 현대 주류사회에 특정 종교 색깔이 없이 체계화했다는 평을 받고 있습니다.

국내에서도 이 책에 소개된 MBSR 프로그램을 제대로 배울 수 있는 길이 열려 있습니다. 한국MBSR연구소에서는 국내 유일의 미국 MBSR 본부(CFM) 공인 MBSR 지도자인 안희영 박사를 중심으로 MBSR 일반과정 8주 과정과 MBSR 국제인증 지도자과정을 제공하고 있습니다.

TEL (02)525-1588 E-MAIL mbsr88@hanmail.net

다음 카페 http://cafe.daum.net/mbsrkorea 서울특별시 서초구 효령로26길 9-12 봉황빌딩 3층

MBSR 창시자 카밧진 박사의 CD 시리즈 한국어 녹음 시판

이제 이 책에 나오는 마음챙김 명상을 저자이자 MBSR의 창시자인 카밧진 박사가 가르쳤던 그대로, 우리말 번역으로 배울 수 있는 길이 열렸습니다.

MBSR은 세계가 인정한 마음챙김 명상 브랜드입니다. 창시자 카밧진 박사는 "치유는 명상수련이 존재의 길로서 이루어질 때 그 수련 자체에서 나오는 것"이라고 말합니다. 근본적인 치유를 위해서는 무엇보다도 존재의 영역으로 들어가 내려놓아야 한다는 것입니다.

구체적으로 이 책『마음챙김 명상과 자기치유(Full Catastrophe Living)』에 나오는 마음챙김 명상을 직접 수련하려면

마음챙김 명상에 어느 정도 기초가 있다면 카밧진 박사의 '마음챙김에 근거한 스트레스 완화(MBSR) 프로그램 CD 공식 시리즈 1'을 이 책을 보면서 수련해도 좋습니다.

명상이 처음이거나 혼자 수련하면서 진전이 없는 분들은 이 책의 근간이 되는 MBSR 8주 수업(한국MBSR연구소, 다음 카페 http://cafe.daum.net/mbsrkorea)에 실제로 참여하기를 권합니다.

이 명상 안내 CD는 원래 카밧진 박사가 지도했던 스트레스 완화 클리닉 수업에서 병원 환자들이 사용했던 것입니다. 이후 20년 동안 이 CD는 미국 전역, 캐나다, 유럽, 남아프리카에서부터 호주와 뉴질랜드에 이르기까지 병원과 클리닉에서 진행하는 MBSR 프로그램에 활발하게 사용되고 있습니다.

궁극적으로, 이 명상 프로그램의 효과는 개인이 의도를 가지고 규칙적으로 수련을 하느냐에 달려 있습니다. 마음챙김 명상수련은 급진적인 사랑의 행위, 자기존중의 행위, 당신의 내면 깊은 곳의 지혜와 치유 능력을 존중하는 행위입니다. 마음챙김 수련이 뿌리를 내리고, 자라고, 계속해서 꽃피울 때, 우리의 삶은 심오한 수준에서 더욱 풍요로워질 것입니다.

CD 시리즈 1은 카밧진 박사의 첫 저서『마음챙김 명상과 자기치유(Full Catastrophe Living)』(학지사)와 함께 나온 것으로 우리말 녹음 CD는 미국 MBSR 본부 인증지도자인 안희영 박사가 제작하였습니다. 서점이나 한국MBSR연구소(서울특별시 서초구 효령로26길 9-12 봉황빌딩 3층, 다음 카페 http://cafe.daum.net/mbsrkorea)에서 구입할 수 있습니다. CD 시리즈 3은 카밧진 박사의 최근 저서『Coming to Our Senses: Healing Ourselves and the World Through Mindfulness』(Hyperion, 2005)와 함께 나온 것으로서, 한국어판『온정신의 회복』은 시판 중이며, CD 시리즈 3의 우리말 녹음 CD는 현재 준비 중입니다.